| 军事情报前沿理论探索丛书 |

主编 | 王　亮

——— “双重”建设重点项目 ———

美军联合情报条令体系研究

李晓芬 | 著

金城出版社
GOLD WALL PRESS
·北京·

图书在版编目（CIP）数据

美军联合情报条令体系研究 / 李晓芬著 .—北京：金城出版社有限公司，2023.4
（军事情报前沿理论探索丛书 / 王亮主编）
ISBN 978-7-5155-2035-3

Ⅰ.①美… Ⅱ.①李… Ⅲ.①军事情报—条令—研究—美国 Ⅳ.① E712.416

中国版本图书馆 CIP 数据核字（2022）第 172132 号

美军联合情报条令体系研究

作　　者 李晓芬
策划编辑 朱策英
责任编辑 李晓凌
责任校对 蔡传聪
责任印制 李仕杰
开　　本 710毫米×1000毫米　1/16
印　　张 15.5
字　　数 223千字
版　　次 2023年4月第1版
印　　次 2023年4月第1次印刷
印　　刷 天津旭丰源印刷有限公司
书　　号 ISBN 978-7-5155-2035-3
定　　价 58.00元

出版发行 **金城出版社有限公司** 北京市朝阳区利泽东二路3号　邮编：100102
发 行 部 (010) 84254364
编 辑 部 (010) 64222699
总 编 室 (010) 64228516
网　　址 http://www.baomi.org.cn
电子邮箱 jinchengchuban@163.com
法律顾问 北京市安理律师事务所　（电话）18911105819

◂ 丛书总序 ▸

努力系统探寻军事情报活动的“道”与“理”

一

对军事情报活动“道”与“理”的探寻，始于2500年前的孙子时期。“用间”篇、“相敌三十二法”等思想在军事历史的长河中熠熠生辉，引领与指导着军事情报实践活动，至今仍然闪耀着智慧的光芒。这份东方智慧在西方直至19世纪上半叶还无法被军事理论的研究者认同。西方的“兵圣”克劳塞维茨在《战争论》中依然仅用不足千字来讨论“战争中的情报”，主要阐释的是，指挥官面对情报的“不可靠性和多变性”应该如何“保持真正的镇静”，对于从情报人员视角思考怎样做好情报保障工作，克劳塞维茨既无信心也无办法。

西方开始系统理性地思考情报活动规律已然是20世纪的事情。19世纪末20世纪初，新老帝国主义国家之间激烈博弈，对情报活动产生了巨大的需求，情报活动随之迅猛发展。在谍报领域，各国的情报侦察能力向体系化和精细化两个向度发展。在技术侦察领域，第一次世界大战前后，无线电技术侦察和航空侦察纷纷登上情报活动的历史舞台，极大地拓展了情报侦察手段的多样性。日俄战争催生了俄国独立的情报分析机构的产生，侦察和分析成为情报工作链条上两个独立的环节。日益复杂的情报活动既为系统的情报研究活动提供了实践基础，也对深入理解情报活动的内在规律提出了现实需求。战后，曾是沙皇俄国第一位晋升为将军军衔的情报人员——巴秋申撰写了《秘密军事情报工作与反情报工作》，这应该是最早对现代情报活动展开理性探讨的专门著作。此后，日本、英国等多个国家出现了类似的研究成果，但数量稀少，基本上是有着丰富情报工作经历的人员对情报经验的总结与升华，这些成果也多成为各国情报人员培训教材。

1949 年，曾在第二次世界大战期间服务于美国战略情报局的谢尔曼·肯特，撰写了《战略情报：为美国世界政策服务》，开启了美国情报理论研究的先河，更开启了文人研究情报活动的先河。肯特在战前 20 年的时间里，受训和执教于耶鲁大学，已经打下了扎实的学术训练功底，形成了极强的理论意识和方法意识，《战略情报：为美国世界政策服务》正是他的学术意识与情报领域实践活动结合的产物，更是他力图透过系统建构情报理论从而统筹与规范复杂的战略情报活动的尝试。自此，经验总结与升华不再是情报领域理性思考的唯一路径，引入自然科学和社会科学的理论，运用理论分析军事情报问题，进而创建军事情报理论，成为美国军事情报理论研究活动的不同面向。肯特之后，以罗伯特·沃尔斯塔特为代表的非情报人员出身的学者也投入到情报研究中来，形成了诸多研究成果。张晓军教授在《美国军事情报理论著作评介》一书的前言中曾经这样概括美国战后的军事情报理论研究："美国的军事情报理论研究，数十年热度不退……这些著作从不同层面、不同视角，对军事情报理论与实践进行了探讨。"[1]

与战后美国情报学界的百家争鸣景象不同，同样有着超强情报实力的中国与苏联，因为国家安全观念和情报文化的不同，在情报理论创新上鲜少呈现学者的相互争鸣，公开出版的情报相关文献有着共同的话语体系和共同的认知内容。《苏联军事大百科全书》和《中国人民解放军军语》及其修订版最有利于观察两国情报理论创新的节奏与面貌，其中情报相关篇章论述极

[1] 张晓军主编：《美国军事情报理论著作评介》，北京：时事出版社，2005 年，第 1 页。

为精练，但其中却蕴含着极为丰富的情报工作实践经验与理性思考。

东西方情报理论创新成果的广泛交融出现在冷战结束以后。20 世纪 90 年代，俄罗斯情报界开始向西方开放，俄罗斯情报学界也外溢出情报界，诸多国际政治和军事问题研究机构（大学和智库等）纷纷开始研究情报问题。传播本国继有的情报理论，引入美国情报理论研究成果，运用历史学研究方法深挖解密档案，创造性地引入系统论等现代科学方法探索军事情报问题，蔚然成风。在我国，20 世纪 90 年代末开始学术化地“研究军事情报活动的规律与指导规律”，系统构建军事情报理论知识与经验知识体系。由此，国内军事情报研究领域的拓荒者们一方面系统梳理情报活动的历史经验，另一方面从继承、“拿来”和创新三个路径探索情报理论。在对中国古代军事情报思想进行系统总结与提炼后，学界把目光投向了百花齐放的美国情报理论界。张晓军教授开此先河，《美国军事情报理论著作评介》丛书为国人打开了美国情报理论研究的万花筒，《美国军事情报理论研究》一书则开启了对美国军事情报问题的原创性理论研究。

过去的 20 年间，国内军事情报学者在军事情报理论的翻译与研究道路上大踏步前进。“情报与反情报丛书”“国家战略预警研究译丛”等书系为国内业界提供了丰富的美国情报理论研究全本译著，“军事情报学博士文库”“国家安全与情报丛书”等学界的研究成果也不断推陈出新，相映生辉。更为重要的是，一些研究大战略和战略问题的学者加入情报理论研究的行列，为学界贡献出不同视角下的情报理论研究成果。中国军事情报学界初露锋芒。

二

当我们讨论军事情报理论时，到底在指涉什么？军事情报活动是否需要理论？

为此需要先理解何谓理论。各个学科几乎都要从回答这一问题开始。陈嘉映在《哲学·科学·常识》一书中认为，“我们叫作‘理论’的东西，首先是一般的东西、普遍的东西、抽象的东西，是和具体情况相对的”，“理论的另一个含义是对世界的整体解释。”[1]文军在探讨何谓社会学视野下的“理论”时指出，“从功能主义的观点来看，理论实际上就是力求解释社会进程的过程和因果关系的一种体系或架构，在这一框架中，各种陈述都会由逻辑的关系连接起来，而逻辑必然性依靠的又是一套内部相关一致的定义和规则。所以，理论也可以看作是对事物的合理解释或事先预测，是对客观事物本质及其运动规律的一种科学认识。”[2]国际关系学者詹姆斯·多尔蒂和罗伯特·法尔兹格拉夫劝告该领域的学生不应被“理论”一词吓到，“理论只是对现象系统的反映，旨在说明这些现象，并显示它们是如何相互密切联系的。”[3]不一而足。从这些学者对“理论”的界定来看，第一，它是对世界（理论所对应领域）进程的反映，但是是对具体现象的系统反映，因而是一种抽象的反映；第二，它对世界进程中的因果关系提供一种解释，这种解释往往是整体的、结构化的，由多重逻辑关系构成的。

如果说上述对于什么是理论的定义具有较强的西方科学思维的色彩，那么从中国传统文化中对什么是“道”与“理”的解读，似乎更可帮助我们以中国人的思维习惯视角理解理论的内涵及价值。

庄子以一则《庖丁解牛》建构起了两组对立统一的概念——“技”与“道”、“道”与“理”。当文惠君感叹庖丁解牛技术之高明时，庖丁却为自己理解解牛的“道”而自豪，甚至向文惠君详细描述了处理大骨、小骨、骨结合部等部位的方法，此所谓“道”，即“所然”。庖丁进而解释了这些

[1] 陈嘉映：《哲学·科学·常识》，北京：中信出版社，2018年，第60页。
[2] 文军：《西方社会学理论》，上海：上海人民出版社，2006年，第6页。
[3] 倪世雄等：《当代西方国际关系理论》，上海：复旦大学出版社，2001年，第2页。

方法的形成依据，所谓“依乎天理”，即“道”背后的“理”，“所然”背后的“所以然”，按照今天的话语体系，庖丁所遵循的“天理”应为牛的内在结构。能够保证庖丁所用之刀十九年仍仿佛“新发于硎”的，并非“切割”这样的表象活动及其技巧，而是对所解之牛内在深层次结构（理）理解基础上的用刀之法（道）。

散见的道理无处不在。中国文化传播的特点是将诸多道理分别寓于形象化的故事中表达出来。散见的道理不能称为理论。道理还需要系统地说——“系统说理”。“常识所关的……是简单而基本的事实和道理”，而“细致、系统观察到的现象，仪器观察和实验所产生的结果，更是常识难以解释的”，所以需要“系统说理”，“所谓‘穷理’……是向深一层去探究事物的所以然”，“我们关于世界的东鳞西爪的知识，通过对所以然的追问，收归原理的统辖之下，形成一个系统”。“系统说理通过一套原理贯通各种具体问题”。[1]

由此，东西方关于“何谓理论”的理解达成了共识。抽象地阐述事物的所然，系统地理解事物的所以然，从而对事物形成整体的、结构性的认识，应为“理论”的本质内涵。

需要强调的是，“系统说理”的“系统”有着具体的内涵。中国文化中有强烈的“悟道”习惯，仿佛《关尹子教射》中的关尹子，所谓“教”者，只是明示列子需要知道射箭的“所然”与“所以然”，但“所以然”需要列子在实践中去体悟。西方的理论是对“所然”与“所以然”的系统逻辑推理过程。这也应该是陈嘉映所谓“系统说理”的本意吧。所以，我们进而可以说，通过系统地逻辑推理实现求道穷理的过程即为理论创造的过程，这一过程的产物——运用严密的逻辑推理过程系统地表达事物表象背后的“道”与“理”，即为理论。

当理解“理论”的内涵后，也就理解了“理论”的价值。人们应该皆

[1] 陈嘉映：《说理》，北京：华夏出版社，2011年，第32—33页。

希望自己是文惠君所赞之庖丁，而非“月更刀”“岁更刀”的“族庖”和“良庖”。《韩非子·解老》甚至有言，“夫缘道理以从事者，无不能成。”但是哲人们也提醒我们，不要过高估计“道”的价值。走过“确定领域中的确定事物中的沟沟坎坎”往往还需要经验和通过经验的累积而日益熟悉的“术”的帮助。[1]

所以，所谓军事情报理论应为对军事情报活动“道”与“理”的系统逻辑推理，是对军事情报活动“所然”与“所以然”的结构化理解。

三

今天，中国军事情报学界已经走过了理论研究的拓荒时期。诸多军事情报理论探索的前辈在这一领域深耕 20 余载，形成了自己对情报活动“所然”与“所以然”的认识。更为重要的是，他们以自己丰厚的学养和拓荒者的精神培养了新一代的情报理论研究者。薪火相传中，新一代的情报学人们承载着新的使命。

如果说，中国军事情报学界前 20 年的理论探索为军事情报理论研究领域不断拓展边界，赋予了它足够的宽度，那么在接下来的时间里，情报学人们努力的方向也许是：

首先，可以潜心深耕这片沃土。把情报理论研究前辈们已经开拓出的这片研究领域，作为情报理论探索的核心地带，努力为其中的每一个情报理论问题提供扎实的研究注解，这是构建系统情报理论的第一步，就像所有的通史研究都需要首先做好各个断代史的研究一样。

其次，可以在继承和拿来的基础上更加专注于对情报问题的原创性理解与阐释。事实上，美国的情报理论创新最重要的路径是将哲学和社会科学的方法引入到情报问题的理解中来，比如小理查兹·霍耶尔的《情报

[1] 陈嘉映：《说理》，北京：华夏出版社，2011 年，第 32—33 页。

分析心理学》、凯瑟琳·弗森的《战略情报的批判性思维》，即是将认知心理学的最新发展成果和西方传统的批判性思维引入到情报具体研究领域中来。面对情报活动中的诸多理论问题，我们也可以打开视野，运用不一样的哲学理论或者跨学科理论工具形成独特的系统解释。

再次，需要对军事情报活动的“所然”与“所以然”给出现代中国的答案。每一个民族每一种文化都有自己在长期的生产生活中形成的独特思维方式。如果说现代科学有共通的“天理”，当涉及人的精神理解时则必然会有文化的烙印。情报领域所需面对的问题既有科学的问题也有人文的问题。现代中国对军事情报基本理论的回答必然依托于自己的文化心理和思维方式。与此同时，情报理论学人们也应努力回答国家发展过程中所迫切需要回答的情报理论问题。信息时代，情报能力作为国家重要战略能力之一，面临着更大的竞争挑战，有着更为迫切的发展需求，通过理论创新引领与推动国家情报能力的发展是情报理论研究者责无旁贷的使命。

最后，需要紧跟时代发展的前沿努力探索情报理论的发展方向。“每一个时代的理论思维，从而我们时代的理论思维，都是一种历史的产物，在不同的时代具有非常不同的形式，同时具有非常不同的内容。”这句耳熟能详的教导同样适用于军事情报理论探索领域。这个时代的理论创新，一方面是对这个时代所产生新现象的深入系统理解；另一方面也应该包括以这个时代的视角和理解方式阐释军事情报的基本问题。

上述每一个方向的探索都殊非易事。好在我们都是“思想的苇草”，好在何兆武先生为我们指明了路径：“人的思想总是由零零碎碎的感触长期积累而逐步形成的，没有夹生的，自然也就不会有成熟的。”[1]

正是在这些思考基础上，我们策划了“军事情报前沿理论探索丛书”。

---

[1] 何兆武：《思想的苇草：历史与人生的叩问》，北京：北京师范大学出版社，2013年，前言。

这将是一个具有高度包容性的丛书系列，只要聚集军事情报理论探索问题，哪怕只是一个小小的理论问题，哪怕思想没有那么深邃，理论没有那么完美，我们都愿意将其视为珍宝奉献出来。多年以后，中国军事情报理论体系的构建也许就有今天一个小小的理论探索火花的作用。星星之火，终可燎原。

是为序。

王亮　彭亚平

2022 年 1 月 6 日

前　言

进入信息时代，联合情报已经成为指挥与控制体系最敏感的“感应器”，对夺取联合作战胜利至关重要。联合情报条令体系，既是美军法规体系的组成部分，也是其联合作战理论发展的重要成果，更是指导美军联合情报行动的权威规范体系。跟踪和研究美军联合作战、联合情报理论发展，即是追踪和把握世界新军事变革前沿成果，对完善联合作战体系构建、做好信息化作战准备具有重要的理论和现实意义。

目前，国内外学术界对美军联合情报条令体系的研究还较为零散。本书首次从体系角度切入，梳理分析美军大量原始情报条令文献，运用系统研究、文献研究、比较研究和历史研究方法，解析美军联合情报条令体系的结构组成、体系开发与应用系统等，探讨其对美军联合作战的体系化支援功能。同时，努力从历史研究角度，辨析、梳理联合情报条令体系从无到有、逐渐丰富完善的发展演变过程，从联合情报条令体系对联合情报支援组织体制及运行机制的标准化、联合情报工作流程的标准化及技术体系的互通共享等方面，还原联合情报条令体系提升一体化联合作战能力的作用路径，以获取对美军联合情报条令体系清晰、全面的认识图谱。

本书除绪论和结语外，共六章。绪论部分论述美军联合情报条令体系的属性及相关概念，分析美军联合情报条令体系在美军作战体系中的功能，阐明研究美军联合情报条令体系的必要性。第一章以信息革命和

“9 · 11”以后美国的军事转型为历史背景，分析美军建设和发展联合情报条令体系的动因，梳理联合情报条令体系发展演变过程，为更深入地分析其结构关系、特点和问题奠定基础。第二章阐明美军现行联合情报条令体系的结构组成，对体系的外部关系和体系内各层级组成条令的设计理念、重要变化及相互关系进行了系统论述和分析。第三章分析美军开发联合情报条令体系的理论基础、组织体系和工作程序，并提出互联互通的一体化开发与应用系统是促进美军联合情报条令体系建设的根本保障。第四章从优化情报力量运用和统领各军种情报条令体系建设等角度，论证了联合情报条令体系对美军整个作战体系的“效力倍增器”作用。第五章基于前文的研究，总结美军联合情报条令体系的特点并分析其存在的问题。第六章提出对建设联合情报条令体系的思考。结语总结全文，并展望未来继续进行联合情报条令体系相关研究的前景。

目 录

绪　论

一、研究对象

美军联合情报条令体系（U.S. Joint Intelligence Doctrine System）是美军指导部队有效实施情报支援行动的联合情报条令的总称，包含参联会主席（Chairman of the Joint Chiefs of Staff，CJCS）批准发布的所有情报系列"联合出版物"（Joint Publication）（详见附录 A"美军联合情报条令体系结构演变图"）。

联合情报条令体系是美军着眼于信息时代一体化联合作战体系对抗特点，从联合作战顶层设计出发，为美军"将作战、计划与情报完全融合，凝聚成一个团队"[1]而提供的权威指导，起到纡缝一体化联合作战各个环节、增强一体化联合作战能力的重要作用。联合情报条令体系明确了国家、作战司令部、下级联合部队等各层级情报组织的职责及其相互关系。通过发展和完善联合情报条令体系，美军不断统一情报支援行动、缩短情报周期、提高联合情报组织对联合部队指挥官的情报支援效能，以优化情

---

[1] 引自时任参联会主席马丁·邓普西将军为美军现行 2013 年版第 2–0 号联合出版物《联合情报》撰写的寄语。参见：U. S. Joint Chiefs of Staff, Joint Publication 2-0, *Joint Intelligence*, Washington, D. C.: GPO, 22 October 2013。

报力量运用，为联合部队战斗力赋能。[1]

联合情报条令体系由美军正式颁布的多种类别的联合情报出版物组成。截至目前，美军已先后颁布过 23 部联合情报出版物，现行联合情报条令体系主要包含 5 部联合情报出版物。[2] 根据美军条令体系开发的程序，联合情报条令还有条令的测试版、修订版（对现行条令的修订稿）以及研发版（新条令研发意向）等形式。[3] 从联合情报条令体系的历史发展演变看，其结构组成主要依条令所指导行动的战略、战役、战术层级构建[4]，具体如下图 0–1 所示。

在美军现行联合情报条令体系内，第 2–0 号联合出版物《联合情报》（Joint Intelligence）（JP 2–0）是体系中的战略级条令。作为联合作战情报职能领域的顶层条令[5]，该条令从战略层面规定了美军为联合作战和统一行动（unified action）提供情报支援的基本原则。

为辅助《联合情报》（JP 2–0），《军事行动的联合与国家情报支援》（Joint and National Intelligence Support to Military Operations）（JP 2–01）与《联合作战中的地理空间情报》（Geospatial Intelligence in Joint Operations）（JP 2–03）在战役层面规定了落实联合情报支援理论重要原则的指导理念。前者明确各级联合情报组织、国家情报界各机构等联合作战情报支援主要力量的组织结构、部门职责及其相关指挥关系；后者

[1] U.S. Joint Chiefs of Staff, Joint Publication 2-01, *Joint and National Intelligence Support to Military Operations*, Washington, D.C.: GPO, 7 October, 2004, p. I-1.

[2] 除《联合作战情报支援条令（测试版）》（JP 2–0）（1991 年）外，笔者并未从公开渠道获取到美军其他联合情报条令的测试版、修订版和研发版。1991 年的这份测试版联合情报条令已经解密，参见：U.S. Joint Chiefs of Staff, Joint Publication 2-0, *Doctrine for Intelligence Support to Joint Operations* (Test Pub), Washington, D.C.: GPO, 30 June, 1991。

[3] "Joint Doctrine Update," *Joint Force Quarterly*, Issue 92, 1st Quarter 2019.

[4] 参见：James J. Tritten, *Naval Perspectives for Military Doctrine Development*, 1994, p. 4. http://www.dtic.mil/doctrine/ new_pubs/ jointpub_reference.htm。

[5] 出自时任参联会主席亨利·谢尔顿上将为 JP 2–0 所作的序。主要参见：U. S. Joint Chiefs of Staff, Joint Publication 2-0, *Doctrine for Intelligence Support to the Joint Operations*, Washington, D. C.: GPO, 9 March 2000。

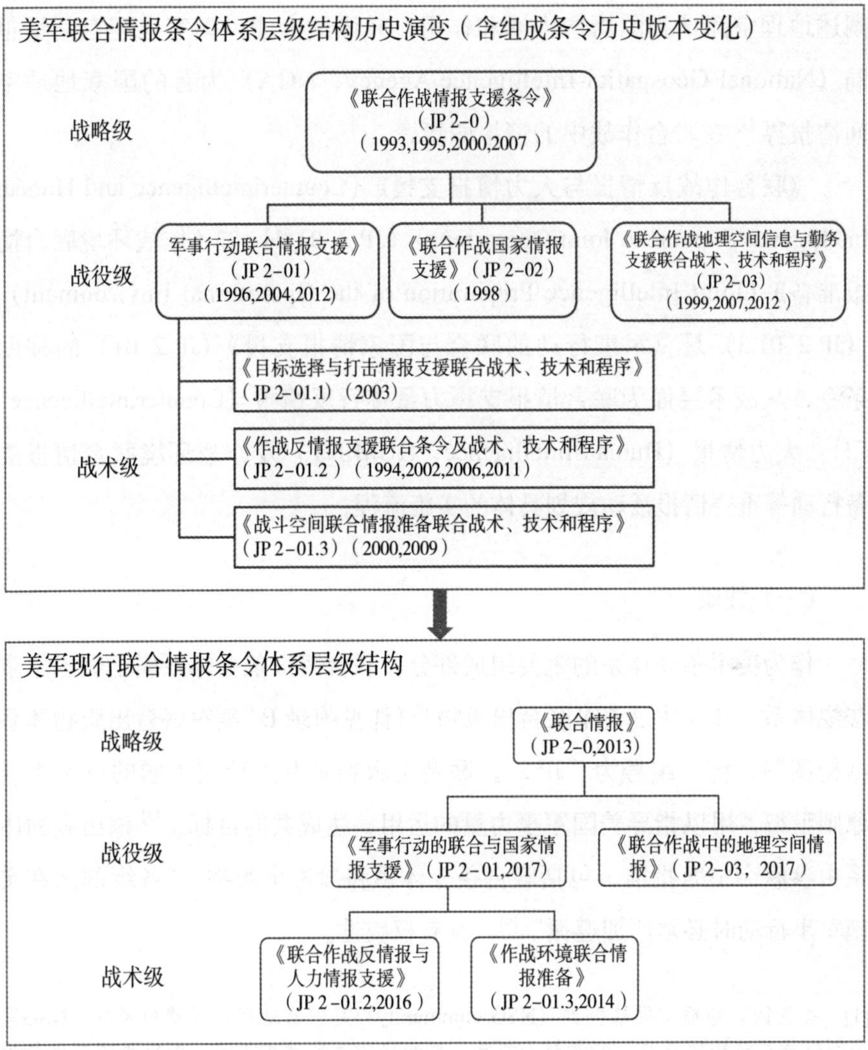

图 0–1 美军联合情报条令体系层级结构演变示意图[1]

[1] 图中有关联合情报条令体系组成条令更为具体的历史版本，详见附录 A“美军联合情报条令体系结构演变图”。该图同时参考了以下研究中的相关内容，参见：任国军：《美军情报条令导读》，北京：军事科学出版社，2013 年 6 月，第 4 页。

阐述地理空间情报的概念内涵和作用，并详细论述以国家地理空间情报局（National Geospatial-Intelligence Agency，NGA）为首的国家地理空间情报界[1]在联合作战中的情报职责。

《联合作战反情报与人力情报支援》(Counterintelligence and Human Intelligence Support to Joint Operations)（JP 2–01.2）与《作战环境联合情报准备》(Joint Intelligence Preparation of the Operational Environment)（JP 2–01.3）是《军事行动的联合与国家情报支援》(JP 2–01）的辅助条令，从战术层面为联合情报支援力量遂行反情报（Counterintelligence，CI）、人力情报（Human Intelligence，HUMINT）及作战环境联合情报准备行动等重要情报活动规划具体的实施流程。

（一）性质

作为美军条令体系的重要组成部分，联合情报条令体系属于美国军事法规体系。其载体是美军联合出版物[2](详见附录 B“美军联合出版物体系结构图”)，统一编号为“JP 2”。联合出版物是有关特定主题的基本指导原则汇编，用以指导美国军事力量的运用，达成共同目标。[3]该出版物体系由参联会主席批准，包括联合条令体系和参考出版物，“各级部队在实施军事行动时必须严加遵循”[4]，具有权威性。

---

[1] 美国国家地理空间情报界（NSG community）是国家地理空间情报系统（NSG）中所有成员机构的总称，包括核心机构、联合机构和伙伴机构等。国家地理空间情报系统是生产地理空间情报的综合体，包括技术、政策、各种能力、条令、活动、人员、数据、组织等等。参见：U. S. Joint Chiefs of Staff, Joint Publication 2-03, *Geospatial Intelligence Support in Joint Operations*, Washington, D. C.: GPO, 07 May 2017, p. II-1。

[2] 有关美军联合出版物的编号原则及结构安排详见第二章。为避免重复，本书在提及一部联合出版物时，将根据行文需要选择使用“联合出版物编号”或“联合出版物名称(编号)”。

[3] U. S. Joint Chiefs of Staff, Chairman of the Joint Chiefs of Staff Instruction (CJCSI) 5120.02D, *Joint Doctrine Development System*, Washington, D. C.: GPO, 5 January 2015, p. GL-2.

[4] U. S. Joint Chiefs of Staff, Chairman of the Joint Chiefs of Staff Instruction (CJCSI) 5120.02C, *Joint Doctrine Development System*, Washington, D. C.: GPO, 13 January 2012, p. A-1.

美军条令体系是指导军事训练和作战的权威指导文件的总和，能够体现军队的作战思想和作战理论，包括联合条令体系和军种条令体系等。美军条令体系结构纵横交错却脉络分明：纵向上，体系是以联合条令体系为纲，以陆、海、空、陆战队、海岸警卫队各军种条令体系为主体，以多军种和多国条令为补充的层级结构（doctrine hierarchy）；横向上，联合级和军种级条令体系由人事、情报、后勤、作战、计划、通信系统[1]六大职能领域的条令系列（doctrine series）构成（参见图 0–2）。其中，联合情报条令体系统领美军各军种情报条令体系建设，包含指导美军“采取协调行动、达成共同目标”[2]的基本原则，“集中体现美军的作战思想和作战理论，并在一定程度上反映美军的建军思路和做法”[3]。

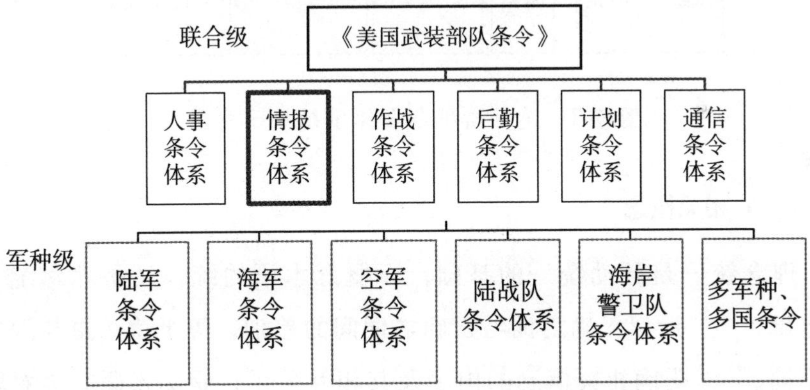

图 0–2　美军条令体系结构示意图

[1]　美军联合条令的系列结构基本遵循了参联会联合参谋部的职能部门划分，参见：U.S. Joint History Office, Office of the Chairman of the Joint Chiefs of Staff, *Organizational Development of the Joint Chiefs of Staff 1942-2013*, Washington, D.C.: GPO, April 2013, pp. 18-36; U.S. Joint Chiefs of Staff, *Joint Doctrine Hierarchy Chart*, Washington, D.C.: GPO, 08 October 2018; U.S. Joint Chiefs of Staff, Chairman of the Joint Chiefs of Staff Manual (CJCSM) 5120.01A, *Joint Doctrine Development Process*, Washington, D. C. : GPO, 29 December 2014, p. D-1。

[2]　U.S. Joint Chiefs of Staff, Joint Publication 1-02, *Department of Defense Dictionary of Military and Associated Terms*, Washington, D.C.: GPO, 8 November 2010 (As Amended Through 15 March 2014), p. 141.

[3]　黎毅：《美军条令体系及其特点》，载《外国军事学术》2005 年第 8 期。

美军认为，联合情报条令体系服务于国家政策和战略，对于达成联合部队作战目标至关重要。[1]通过提供联合情报行动标准化术语体系[2]，该体系可指导美军更加高效地运用联合情报支援力量执行既定政策、实现战略目标。联合情报条令体系与军种情报条令体系共同构成美军完整的情报条令体系，其结构关系如图 0–3 所示。

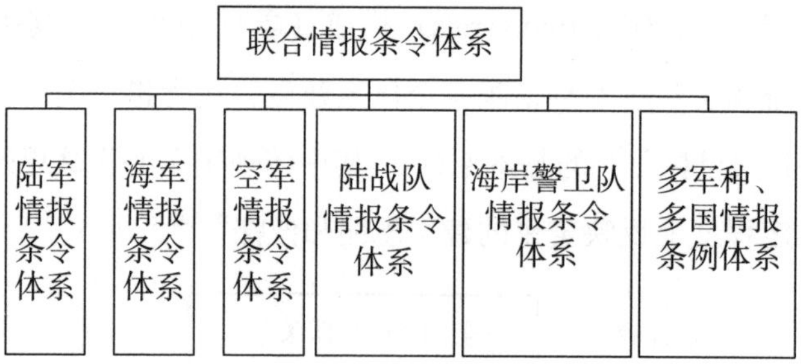

图 0–3　美军情报条令体系结构示意图

（二）相关概念

理念统一是行动统一的基础，而概念术语的统一又是理念统一的基础。[3]“近似正确之词与正确之词间的差别，等于萤火虫与闪电的不同。”[4]明确相关概念的内涵及其相互关系，是深入研究美军联合情报条令体系发展演变、结构组成、作用功能、开发与应用系统的前提。

---

[1] Douglas C. Lovelace, Jr., and Thomas-Durell Young, “Joint Doctrine Development: Overcoming a Legacy, ” *Joint Force Quarterly*, Issue 14, Winter 1996-1997, p. 94.

[2] U. S. Joint Chiefs of Staff, Chairman of the Joint Chiefs of Staff Instruction (CJCSI) 5120.02D, *Joint Doctrine Development System*, Washington, D. C.: GPO, 5 January 2015, p. A-3.

[3] 李晓芬：《美国〈国防部军事及相关术语词典〉发展情况及特点》，载《外国军事学术》2016 年第 2 期。

[4] George H. Hock, JR., “Joint Terminology: At the Heart of Doctrine, ” *Joint Force Quarterly*, Issue 62, 3rd Quarter 2011, p. 139.

1. **联合情报**

美军在 1972 年版《国防部军事及相关术语词典》中，将“联合情报”定义为“由同一国家一个以上军种的机构生产的情报”[1]。这一定义沿用至今，但随着其核心概念“情报”在美军术语体系中的不断演变，其概念内涵也随之变化。情报在美国权威军事术语词典中的概念演变如下表 0–1 所示。

表0–1 情报在美国权威军事术语词典中的概念演变[2]

词典名称及修订年份	情报的概念界定
《美国联合用途军事术语词典》(1950)	通过对外国或外国地区某一方面或多方面可用数据的逻辑分析和综合而获得的**知识**，这种知识可以对做出计划产生即时的或潜在的重要影响。[3]
《国防部军事及相关术语词典》(1972)	通过对外国或外国地区某一方面或多方面可用信息的搜集、评估、分析、综合和判读而形成的**产品**，这种产品对于制定和实施计划、政策和作战具有即时的或潜在的重要性。[4]
《国防部军事及相关术语词典》(1989)	通过对外国或外国地区可用信息的搜集、处理、综合、分析、评估和判读而形成的**产品**。[5]
《国防部军事及相关术语词典》(1998)	1. 通过对外国或外国地区可用信息的搜集、处理、综合、分析、评估和判读而形成的**产品**。2. 通过观察、调查、分析或推断获得的有关敌方的**信息**和**知识**。[6]

[1] U. S. Joint Chiefs of Staff, JCS Pub. 1, *Department of Defense Dictionary of Military and Associated Terms,* Washington, D. C.: GPO, 3 January 1972, p. 166.

[2] 根据美军《国防部军事及相关术语词典》相关内容整理而成。

[3] U. S. Joint Chiefs of Staff, *Dictionary of United States Military Terms for Joint Usage* (First Revision from 1948), Washington, D. C.: GPO, June 1950, p. 50.

[4] U. S. Joint Chiefs of Staff, JCS Pub. 1, *Department of Defense Dictionary of Military and Associated Terms,* Washington, D. C.: GPO, 3 January 1972, p. 157.

[5] U. S. Joint Chiefs of Staff, Joint Publication 1-02, *Department of Defense Dictionary of Military and Associated Terms,* Washington, D. C.: GPO, 1 December 1989, p. 184.

[6] U. S. Joint Chiefs of Staff, Joint Publication 1-02, *Department of Defense Dictionary of Military and Associated Terms,* Washington, D. C.: GPO, 15 April 1998, p. 217.

(续表)

词典名称及修订年份	情报的概念界定
《国防部军事及相关术语词典》(2008)	通过对外国、敌对或潜在敌对力量或机构、真实或潜在作战地域的可用信息的搜集、处理、综合、评估、分析和判读而形成的**产品**。该术语也用于指称获得这种产品的**活动**及从事这些活动的**组织**。[1]
《国防部军事及相关术语词典》(2019)	1. 通过对外国、敌对或潜在敌对力量或机构、真实或潜在作战地域的可用信息的搜集、处理、综合、评估、分析和判读而形成的**产品**。2. 获得这种产品的**活动**。3. 从事这种活动的**组织**。[2]

虽然1972年版、1989年版、1998年版及2008年版《国防部军事及相关术语词典》(JP 1–02) 都将情报定义为"产品",但对比1950年版《美国联合用途军事术语词典》的定义,不难发现,这种产品其实还是更高级的"知识"。在美国情报理论之父谢尔曼·肯特(Sherman Kent)提出"情报是一种知识,也是一种组织,还是一种活动"著名论断半个多世纪后,美军军语中情报的概念内涵也在经历循序渐进的演变。当前,情报在美军军语中已形成稳定的概念体系结构:由"情报是知识"到"情报是产品(高级知识)",再到当前的"情报是产品(高级知识)、情报是组织、情报是活动"的完整概念体系。

美军"联合情报"是指,由同一国家一个以上军种的机构生产的情报产品,也包括生产这种产品的活动及从事这些活动的组织。其目标是统一运用各军种、联合部队和国家层级的情报组织力量,为联合作战指挥官提供更加准确、及时的情报产品,实现战斗力倍增效果。若达成这一目标,对联合情报产品、活动、组织的规范和统一指导显得尤为关键。除不断研

[1] U. S. Joint Chiefs of Staff, Joint Publication 1-02, *Department of Defense Dictionary of Military and Associated Terms,* Washington, D. C.: GPO, 30 May 2008, p. 268.

[2] U. S. Joint Chiefs of Staff, Joint Publication1-02, *Department of Defense Dictionary of Military and Associated Terms,* Washington, D. C.: GPO, January 2019, p. 114.

发先进技术装备、创新联合情报思想，美军更通过建设和完善联合情报条令体系来实现这一目标。

2. **条令**

条令是军事力量或其作战单元采取行动支援国家目标的基本指导原则。[1] 美军早期使用“手册”(manual)，海湾战争后逐步使用“条令”(doctrine)，发布军事规章。Doctrine 是某一职业领域的从业者共同遵守的信仰和原则，通过基于 doctrine 的训练和教育来统一认识、统一行动，进而提高职业化程度。[2] 对于联合部队而言，条令反映联合部队已经获得的能力[3]，是与作战直接相关的出版物，更加强调对作战行动的规范和指导。

作为美军条令开发的先行者，美国陆军认为条令是“变革的引擎”[4]，体现陆军的军事思想、专业能力。美国海军则将条令视为衔接国家军事战略和军种战术、技术与程序的桥梁。[5] 美国空军视条令为训练空军职业判断力的指南。[6] 美国陆战队认为，条令是应用广泛的军事哲学。[7] 美国海岸警卫队认为，条令规范各级行动，营造互信环境并强化部队凝聚力。[8]

---

[1] U. S. Joint Chiefs of Staff, Joint Publication1-02, *Department of Defense Dictionary of Military and Associated Terms,* Washington, D. C.: GPO, January 2019, p. 114.

[2] Merriam-Webster Inc., *Webster's Ninth New Collegiate Dictionary*, Beijing: World Publishing Corporation, 1988, p. 371.

[3] James J. Tritten, *Naval Perspectives for Military Doctrine Development*, p. 15, 1994. http://www.dtic. mil/doctrine/ new _pubs/jointpub_reference.htm.

[4] Stephen J. Climbala and James J. Tritten, “Joint Doctrine—Engine of Change?,” *Joint Force Quarterly*, Issue 33, Winter 2002-03 , pp. 90-95.

[5] James J. Tritten, *Naval Perspectives for Military Doctrine Development*, p. 15, 1994. http://www.dtic. mil/doctrine/ new _pubs/jointpub_reference.htm.

[6] Jaylan Michael Haley, “An Evolution in Intelligence Doctrine: The Intelligence, Surveillance, and Reconnaissance Mission Type Order,” *Air & Space Power Journal*, September-October 2012, pp. 33-48.

[7] U.S. Marine Corps Headquarters, Fleet Marine Force Manual 1, *Warfighting*, Washington, DC: GPO, 6 March 1989, p. 43.

[8] U.S. Coast Guard Headquarters, Coast Guard Publication 1, *Doctrine for the U.S. Coast Guard*, Washington, D.C.: GPO, February 2014, p. 2.

综上所述，条令是军事行动的准则，属军事法规，具有权威性。

3. 体系

体系（system）是“功能、实体以及（或）行动相互关联或相互依赖的一组要素构成的统一整体”[1]。系统是“由相互联系、相互作用的要素（部分）组成的具有一定结构和功能的有机整体”[2],但多是“相同或相类似的事物按一定的秩序和内部联系组合而成的整体”[3]。就概念内涵而言,体系是“系统的系统”，可包含较小的体系。体系可包含系统，但系统不能包含体系。

美军在建设联合情报条令体系的过程中遵循了体系结构的构建原则。体系结构的构建原则可归纳为整体性、相互关联性、有序性和动态性。[4]体系的概念内涵决定了前两条基本原则，意味着研究体系的基础既包含对体系整体的考察，也包含对部分及其关系的考察。有序，使体系结构稳定；有序的结构能使体系有目的地演变，从而使体系趋于稳定。也正因此，体系是动态的、开放的、灵活的，要同外部环境、上下级体系结构保持协调一致，形成联合的体系。换言之，“联合”（jointness）是体系的基本特点，“一体化”[5]是体系的发展趋势，是更高级别的联合，即“充分的联合”（fully joint）[6]。

基于此，作为美军联合条令体系的“情报系列”，联合情报条令体系是层级不同但相互关联、相互依赖的联合情报条令构成的统一整体。联合情报条令体系内各组成条令之间、联合情报条令体系与其他联合条令体系

---

[1] U. S. Joint Chiefs of Staff, Joint Publication 3-0, *Joint Operations*, Washington, D.C.: GPO, 17 September 2006, p. 201.

[2] 许国志：《系统科学大辞典》，昆明：云南科技出版社，1994 年，第 540 页。

[3] 《辞海》（修订本），上海：上海辞书出版社，1979 年，第 200 页，第 1226 页。

[4] 《辞海》（修订本），上海：上海辞书出版社，1979 年，第 118 页。

[5] 根据美军对“一体化”（integrated jointness）的相关解释，“一体化”是与信息化战争相适应的增强型联合（enhanced jointness）。参见：Charles C. Krulak, “Doctrine for Joint Force Integration,” *Joint Force Quarterly*, Issue 14, Winter 1996-97。

[6] U. S. Joint Chiefs of Staff, Joint Publication 1, *Joint Warfare of the U. S. Armed Forces*, Washington, D. C.: GPO, 11 November 1991, p. 4.

之间以及与军种情报条令体系之间的紧密互动，不断促进联合情报条令体系的一体化发展。

二、研究意义

打赢未来战争，第一要务是将主要战略对手和主要作战对象研究透，密切关注新时代世界军事发展动向，深刻认识信息化战争联合制胜的特点规律。美军联合情报条令体系包含了美国军事情报理论研究的重要成果，以及从情报工作中总结的先进经验和深刻教训，其组成条令的更新一直是国内外军事情报领域关注的热点。关注和研究美军联合情报条令体系的发展，就是对世界上联合情报相关研究成果的跟踪和把握，对完善机械化作战体系、做好信息化作战准备具有重要的理论意义和实践价值。

（一）有助于深化对美军联合情报条令体系的认识，考察美军优化情报力量运用路径

作为美军优化情报力量、提升情报能力的顶层规范体系，联合情报条令体系已经实现理论与实践之间的互相促进、良性互动。对其进行研究，有助于深化对美军联合情报条令体系的认识，考察美军优化情报力量运用的路径。

首先，该体系为整个作战体系有效完成战略与战役层次军事目标、服务国家战略目标提供理论规范和指导方法，成为连接美国国家及军事情报任务和能力的桥梁。通过更新，体系为负责制定国家安全战略的美国高层提供了掌握美军现有能力及其极限的权威依据。跨军地、跨军种甚至跨国联合情报行动的协调必须尽可能实现公开性，但情报的特殊性质决定了联合情报条令体系须确保情报活动内涵的机密性，以实现其公开性与保密性之间的适度平衡。

其次，联合情报条令体系为美军作战体系提供权威的指导，是联合

部队统一指挥、联合作战各阶段及各作战单元统一行动有效展开的重要保障。通过对联合作战情报支援组织制度、工作流程、技术系统持续的标准化改进，该体系已经成为美军提升一体化联合作战能力的“效力倍增器”[1]。深入研究美军如何发展、完善和使用联合情报条令体系，提供了把握美军联合作战制胜理念的新视角，有助于考察美军优化情报力量运用、促进联合部队战斗力生成与转化的路径。

（二）有助于跟踪美军联合作战情报支援理论的新发展，透视信息化战争条件下美军联合作战情报支援一般规律

掌控作战对手，需要重视所有情报，以便研判对方进攻或防御时所具备的物质、精神实力，分析双方的战略优劣。[2] 联合情报条令体系作为美军联合作战情报支援理论发展的重要成果[3]，具有极其重要的理论和实践研究价值。“以战争实践、作战经验和理论研究指导条令的制定与实施，以条令的制定与实施牵引军事力量的建设、使用和发展，再以军事力量的建设、使用和发展丰富战争实践、更新作战经验、促进理论研究，已经成为美军的通行做法。”[4] 因此，研究美军联合情报条令体系，有助于及时把握美军联合作战情报支援理论的新发展。

体系在整体上具有其组成部分所没有的性质，其构成要素相互关联的紧密程度反过来影响体系的整体性、牢固性。[5] 系统梳理联合情报条令体系内不同条令的发展变化和相互关系，厘清信息化战争条件下美军联合作

[1] Douglas C. Lovelace, Jr., and Thomas-Durell Young, “Joint Doctrine Development: Overcoming a Legacy,” *Joint Force Quarterly*, Issue 14, Winter 1996-1997, pp. 94-100.

[2] U.S. Joint Chiefs of Staff, Joint Publication 2-01, *Joint and National Intelligence Support to Military Operations*, Washington, D.C.: GPO, 07 October 2004, p. II-1.

[3] 任国军：《美军联合作战情报支援研究》，北京：军事科学出版社，2010年，第36页。

[4] 任国军：《美军情报条令导读》，北京：军事科学出版社，2013年，第1页。

[5] 上海交通大学钱学森研究中心：《智慧的钥匙：钱学森论系统科学》，上海：上海交通大学出版社，2015年，第3页。

战情报支援实践及理论发展与该体系之间的联动效应，是全面认识该体系的基础，同时有助于准确把握美军联合作战情报支援的一般规律。

（三）有助于为联合情报条令体系建设提供参考

条令体系是美国军事法规体系中最具包容性的部分，既包含指导美军实施作战的理论体系，也包括提供塑造联合文化的概念和术语体系。在美军条令体系中，“联合条令体系结构在当今世界是最先进的”[1]，其中联合情报条令“在形式、体系、内容上都是其他联合条令的典范”[2]。纵观美军联合情报条令体系中历版联合情报条令，每章开篇都有引经据典的导入语，多出自世界著名的军事经典著作，如公元前 5 世纪中国的《孙子兵法》（*The Art of War*）、1832 年德国的《战争论》（*Vom Kriege*）、1838 年瑞士的《战争艺术概论》（*Preci de L'Art de la Guerre*），条令中佐证的战例也不局限于美军自身。

作为美军规范情报工作思想、原则、程序和方法的权威法规体系，联合情报条令体系为美军实施联合情报行动及相关教育训练活动提供了基本依据。研究体系的结构组成，梳理条令各个版本之间及不同层级之间更新、调整、互动等情况，进而剥茧抽丝，分析体系内的演变规律及其对体系发展的促进作用，从中获取美军建设与发展联合情报条令体系的经验，可以为联合情报条令体系建设提供有益参考。

三、研究现状

美国情报界顾问罗伯特·杰维斯（Robert Jevis）指出：“任何学术研

---

[1] David A. Sawyer, “The Joint Doctrine Development System,” *Joint Force Quarterly*, Issue 14, Winter 1996-97, p.37.

[2] 引自参与联合条令开发的美国陆军代表威廉·韦尔奇的文章《联合阅览室》。参见：William G. Welch, “The Everyman's Joint Library,” *Joint Force Quarterly*, Issue 14, Winter 1996-1997, p.129。

究领域，总是存在多种方式对所研究的现象进行归类整理，以便进行系统的分析。”[1] 对美军联合情报条令体系的研究，首先须对既有相关研究成果进行归类整理，才能继续做深入、系统的研究。

（一）国外研究现状

虽然美军联合情报条令体系、军事情报理论研究成果之丰富领先其他国家，但部分研究资料因保密限制无法获取，常常让研究陷入僵局，只能从大量研究文献中寻找线索，梳理分析美军联合情报条令体系研究格局的全貌。[2]

1. 以条令体系为主要研究对象，探讨如何提升美军整个作战体系能力

缘于条令的法规性质和情报的秘密性，公开渠道能搜集到的与联合情报条令体系直接相关的原始文献非常有限。但是，以联合条令体系、军种条令体系，以及多军种条令和多国条令为研究对象的文献则较丰富。这类文献为本书研究提供了主要的事实依据和理论参考。根据美军对联合情报条令体系与以上条令体系的等级划分，笔者将研究条令体系的文献大致分为以下两方面。

（1）以联合条令体系为主要研究对象，重点论述联合条令体系的结构、开发、功能基于信息革命和军事转型背景，对改革联合条令体系进行分析，提出自己的思考和建议。

其中，罗伯特·道蒂的《改革联合条令》[3]，分析了参联会主席权力加强后，美军开发联合条令的进展，以及联合条令体系发挥的功能。小道

[1] ［美］罗伯特·杰维斯：《国际政治中的知觉与错误知觉》，秦亚青译，北京：世界知识出版社，2003 年，第 20 页。

[2] 美军公开发布的条令、指令、手册、备忘录等相关官方文件是主要的研究和参考资料，将在不同的章节涉及，在此不作为文献综述的内容加以赘述。

[3] Robert A. Doughty, “Reforming Joint Doctrine,” *Joint Force Quarterly*, Issue 1, Summer 1993, pp. 40-47.

格拉斯·洛夫莱斯与托马斯–狄雷尔·杨的《联合条令开发：克服旧有思维》[1]，提出联合条令之于作战目标的影响就如战略之于国家战略目标一样关键，在分析当时联合条令开发存在的问题后给出了建设性意见。同一时期，在美国国防大学基金会（National Defense University Foundation）资助的“军事变革”征文大赛中，詹姆士·斯塔夫里狄斯撰写的《二次变革》[2] 拔得头筹。文章就当时美国“军事变革”（Revolution in Military Affairs，RMA）理论博引众长，提出“体系”这一概念对未来战争将具有革命性影响，认为条令体系的完善和发展是美军信息化作战体系提升的基础。这类文章还有：史蒂芬·德拉格的《联合条令与冷战后的军事干涉》[3]，以及詹姆斯·莫宁斯塔的《军事变革：技术、条令、组织》[4] 等。

从体系构建、开发、功能实现等角度，剖析美军联合条令体系优点和不足的文献，对我们了解联合情报条令体系的构建、开发、功能实现等大有裨益。其中，来自美军、拥有作战经验或从事条令开发的专家和学者的研究具有较大影响力，主要有：时任美军联合参谋部作战计划与互通局（J–7）局长戴维·索耶，在《联合条令开发体系》[5] 中详细论述了美军开发联合条令体系的领导和组织，指明了他们的职责任务。约瑟夫·普鲁厄的《联合条令层级体系再思考》[6]，基于作战需要，对已有的联合条令体系

[1] Douglas C. Lovelace, Jr. and Thomas-Durell Young, “Joint Doctrine Development: Overcoming a Legacy,” *Joint Force Quarterly*, Issue 14, Winter 1996-97, pp. 94-100.

[2] James Starvridis, “The Second Revolution,” *Joint Force Quarterly*, Issue 15, Spring 1997, pp. 8-13.

[3] Steven R. Drago, “Joint Doctrine and Post-Cold War Military Intervention,” *Joint Force Quarterly*, Issue 14, Winter 1996-97, pp.106-110.

[4] James K. Morningstar, “Technologies, Doctrine, and Organization for RMA,” *Joint Force Quarterly*, Issue 15, Spring 1997, pp.37-43.

[5] 作战计划与互通局即现在的联合部队发展局。参见：David A. Sawyer, “The Joint Doctrine Development System,” *Joint Force Quarterly*, Issue 14, Winter 1996-97, pp.36-39。

[6] Joseph W. Prueher, “Rethinking the Joint Doctrine Hierarchy,” *Joint Force Quarterly*, Issue 14, Winter 1996-97, pp.42-45.

结构作出新的思考和设计。葛格瑞·克罗德尔的《引领战斗：联合行动进入概念和联合条令》[1]，分析了美军联合界的两大项目：联合概念开发和联合条令开发及其关系，以及两个项目对增强联合作战能力的作用。这些文献对研究联合情报条令体系结构、开发和功能等方面具有十分重要的启发意义。

此外，查理斯·克鲁拉克的《服务于联合部队一体化的条令》[2]详细论述了条令的作用、目的，认为现行联合条令能够满足美军优化部队作战能力的需求，具有一定的灵活性；强调对联合条令等体系作出的调整必须基于能促进美军联合部队一体化发展。约瑟夫·雷登的《联合条令：前景》[3]，以及安图利奥·埃切瓦里亚二世的《重心：对联合条令的建议》[4]在联合条令体系发展演变的两个关键时期，总结了体系的发展现状，提出体系未来的发展方向和重点。这些研究对考察联合情报条令体系的功能实现，思考体系存在的问题等方面具有启发作用。

（2）为改善军种条令体系、多军种条令和多国条令现状，进行积极探索。

曾先后就职于美国海军条令司令部和联合司令部联合作战中心（Joint Warfighting Center，JWC）的詹姆斯·特里顿，发表过多篇关于完善美国海军条令体系的研究论文。他的论文《海军视角下的军事条令开发》[5]，从海军读者的角度对美军条令的定义、功能和发展做了概述，并介绍和评

[1] Gregory Kreuder, "Lead Turning the Fight: The Joint Operational Access Concept and Joint Doctrine," *Joint Force Quarterly*, Issue 69, 2nd Quarter 2013, pp. 103-108.

[2] Charles C. Krulak , "Doctrine for Joint Force Integration," *Joint Force Quarterly*, Issue 14, Winter 1996-97, pp.20-23.

[3] Joseph J. Redden, "Joint Doctrine: The Way Ahead," *Joint Force Quarterly*, Issue 14, Winter 1996-97, pp.10-12.

[4] Antulio J. Echevarria II, "Center of Gravity: Recommendations for Joint Doctrine, " *Joint Force Quarterly*, Issue 35, October 2004, pp. 10-17.

[5] James J. Tritten, *Naval Perspectives for Military Doctrine Development*, 1994. http:// www.dtic.mil/ doctrine/ new_pubs/ jointpub_reference.htm.

价了美国海军条令的发展状况；他的另一份研究《海军条令……由海向陆》[1]，总结了海军条令的历史演变特点，及当前的转变；同时，他与史蒂芬·辛巴拉合作撰写的《联合条令——转型的引擎》[2]，以美国陆军“空地一体战”理论进入条令为案例，论述了联合条令体系开发与新军事变革的相互促进关系，并就联合条令体系的管理和修订提出建议。这类研究还有：乔治·朱尔万的《多国行动条令》[3]，以及杰兰·迈克尔·哈雷的《情报条令新发展：情报、监视与侦察任务类型》[4] 等。这类文献多来自条令制定机构研究人员，非常具有参考价值。他们的研究为分析联合情报条令体系的演变背景提供了部分依据。

2. 从统一术语、统一概念方面分析如何促进联合部队协同行动的研究，以及部分阐述美军联合作战历史演变的研究，为考察美军联合情报条令体系部分功能的实现提供参考

劳伦斯·威尔克森的《联合的真谛》[5] 和理查德·唐尼的《定义一体化作战》[6]，对联合、一体化概念进行深度剖析，认为一体化程度更高的联合，对术语统一提出更高要求。米兰·维戈的《通用术语的问题》[7]，分析

[1] James J. Tritten, *Naval Doctrine ...from the Sea*, 1994. http://www.dtic.mil/doctrine/newpubs/jointpub reference.htm.

[2] Stephen J. Climbala and James J. Tritten, “Joint Doctrine—Engine of Change?,” *Joint Force Quarterly*, Issue 33, Winter 2002-03, pp. 90-95.

[3] George A. Joulwan, “Doctrine for Combined Operations,” *Joint Force Quarterly*, Issue 14, Winter 1996-97, pp.46-49.

[4] Jaylan Michael Haley, “An Evolution in Intelligence Doctrine: The Intelligence, Surveillance, and Reconnaissance Mission Type Order,” *Air & Space Power Journal*, September-October 2012.

[5] Lawrence B. Wilkerson, “What Exactly is Jointness?,” *Joint Force Quarterly*, Issue 16, Summer 1997, pp.66-68.

[6] Richard D. Downie, “Defining Integrated Operations,” *Joint Force Quarterly*, Issue 38, 3rd Quarter 2005, pp.10-13.

[7] Milan N. Vego, “The Problem of Common Terminology,” *Joint Force Quarterly*, Issue 43, 4th Quarter 2006, pp. 44-49.

了美军术语标准化存在的问题，认为开发联合条令在为联合部队提供统一术语，达成联合部队统一行动方面非常重要。詹姆斯·马蒂斯的《描述未来环境与联合作战的语言》[1]，基于未来联合作战环境和挑战的特点，即更加多变、更加复杂、更加不可测，需要联合部队在更短的时间做出回应，并提出统一术语、统一思想、统一行动是最基本、最重要的任务。他们的研究为分析联合情报条令体系的功能，尤其是在为联合部队提供权威的情报术语、统一的话语体系方面给出了参考。

伯纳德·特雷纳的《联合、军种文化与海湾战争》[2]和弗雷德里奇·斯特雷的《新型联合作战》[3]，对海湾战争进行了深入分析，认为未来新武器装备飞跃发展将彻底改变现代联合作战，相应的条令体系必须经历深刻改革，才能有效提升作战体系的杀伤力，成功遂行秘密行动、精确打击行动等。迈克尔·瓦伊塔尔的《联合出自设计，而非偶然》[4]、威廉·欧文斯的《联合的历程》[5]，以及威廉·奥德姆与克里斯多夫·海耶斯的《跨域协同，推进联合》[6]，基于联合作战理论和实践，从不同角度回答了美国武装力量为什么要联合，联合有什么历史演变，以及未来要加强联合的领域。

罗伯特·瓦格纳与史蒂芬·帕金斯的《联合情报转型：缩小差距》[7]、

[1] James N. Mattis, "The Joint Narrative Describing the Future Environment and Joint Operations," *Joint Force Quarterly*, Issue 54, 3rd Quarter 2009, pp. 81-86.

[2] Bernard E. Trainor, "Jointness, Service Culture and Gulf War," *Joint Force Quarterly*, Issue 3, Winter 1993-94, pp. 71-74.

[3] Frederick R. Strain, "The New Joint Warfare, " *Joint Force Quarterly*, Issue 2, Autumn 1993, pp. 17-24.

[4] Michael C. Vitale, "Jointness by Design, Not Accident," *Joint Force Quarterly*, Issue 9, Autumn 1995, pp.24-30.

[5] William A. Owens, "Making the Joint Journey, " *Joint Force Quarterly*, Issue 21, Spring 1999, pp. 92-95.

[6] William O. Odom, Christopher D. Hayes, "Cross-Domain Synergy Advancing Jointness," *Joint Force Quarterly*, Issue 73, 2nd Quarter 2014, pp.123-128.

[7] Robert Wagner, Stephen Perkins, "Joint Intelligence Transformation: Bridging the Gap," *Military Intelligence*, Volume 30, Number 3, July-September 2004.

泰勒·埃克斯的《将联合情报行动推向新高度》[1]，以及迈克尔·斯威尼的《蓝军追踪：建立联合能力》[2]，针对战略安全环境变化给美军情报工作带来的新挑战，提出独到见解。他们的研究为分析美军联合情报条令体系演变背景和过程提供参考，也对判断其功能实现情况，思考联合情报条令体系建设面临的挑战具有启迪作用。

3. **以情报概念、联合作战情报支援实践为主要研究对象的成果，涉及联合情报条令体系结构和部分功能**

以联合作战情报支援实践、情报概念等为主要研究对象的成果比较丰富。作为美军联合作战情报支援理论的权威载体，联合情报条令体系集中了美军最成熟、最科学的军事理论和情报理论。因此，这些研究成果也成为研究联合情报条令体系开发理论界推动因素的重要参考。同时，部分研究对考察联合情报条令体系功能的发挥也有一定的启发。其中代表性的作品有：凯瑞·帕顿的《社会文化情报：情报研究的新门类》[3]全面研究了情报新门类“社会文化分析”（Sociocultural Analysis，SCA）。该研究对考察情报概念、术语进入联合情报条令的演变路径具有辅助作用。

亚瑟·胡林尼克的《情报周期怎么了？》[4]、克里斯坦·惠顿的《让我们放弃情报周期》[5]、罗伯特·多弗、马克·菲希安主编的《理解情报周

---

[1] Tyler Akers, “Taking Joint Intelligence Operations to the Next Level,” *Joint Force Quarterly*, Issue 47, 4th Quarter 2007, pp. 69-71.

[2] Michael M. Sweeney, *Blue Force Tracking: Building a Joint Capability*, U. S. Army War College, PA 17013-5220, March 2008.

[3] Kerry Patton, *Sociocultural Intelligence: A New Discipline in Intelligence Studies*, New York: Continuum Publishing Corporation, 2010.

[4] Authur S. Hulnick, “What’s Wrong with the Intelligence Cycle,” *Intelligence and National Security*, Volume 21, Issue 6, 2006.

[5] Kristan J. Wheaton, “Let’s Kill the Intelligence Cycle,” *Competitive Intelligence*, Vol. 15, No. 2, April/June 2012.

期》[1]，以及迈克尔·古德曼与克劳迪娅·希勒布兰德共同编辑的《劳特里奇情报研究指南》[2]中，对“情报周期”概念的演变、内涵等所做的思考、归纳和结论，对研究联合情报条令体系在美军实现情报支援流程标准化方面的功能具有启发作用。

玛丽·奎恩的《联合情报中心将做什么？》[3]和詹姆斯·马奇奥的《联合情报中心的发展与意义》[4]等，梳理了美军联合情报行动中心不同历史时期的建立背景、过程和原因，以及机构设置和运行情况等。建立各级联合情报行动中心是美军推动情报与作战一体化的重要举措。这类对情报支援实施过程中重要组织机构剖析的文献，虽然未涉及联合情报条令体系，但为分析体系实现情报组织制度标准化方面的功能提供了重要参考。

4. 对美军参与的重大军事行动总结和反思的文献，为研究美军联合情报条令体系的演变背景提供启发

条令是对军事思想的高度概括，蕴涵了成熟的作战经验与教训。基于此，对重大军事行动进行总结和反思的文献是研究条令及条令体系重要的参考。以第二次世界大战，尤其是海湾战争以来美军主导的重大军事行动为主要研究对象，总结和反思其联合作战情报支援能力的著作，是了解美军联合作战情报支援实践的重要资料。其中具代表性的有：众议院军事委员会调查与监督分支委员会发布的研究报告《沙漠盾牌 / 风暴行动中情报的成败》[5]、詹姆斯·马尔基奥撰写的《未来的过去：二战中的联

[1] Mark Phythian, *Understanding the Intelligence Cycle*, New York: Routledge, 2013.

[2] Robert Dover, Michael S. Goodman and Claudia Hillebrand, *Routledge Companion to Intelligence Studies*, New York: Routledge, 2014.

[3] Mary E. Quin, *What's a JIC to do?*, Newport, RI: Naval War College, 18 May, 2004.

[4] James D. Marchio, "The Evolution and Relevance of Joint Intelligence Centers," *Studies in Intelligence*, Volume 49, Number 1, 2006.

[5] Oversight and Investigations Subcommittee of the Committee on Armed Services House of Representatives, *Intelligence Successes and Failures in Operations Desert Shield/Storm*, Washington, D.C.: GPO, August 16, 1993.

合情报》[1]、杰弗里·理查尔森的《真相战胜一切阻碍：美国陆军情报行动队，1981—1989》[2]、安东尼·科德斯曼的《伊拉克战争：战略、战术及军事教训》[3]、卡尔·布莱德利的《伊拉克自由行动中的情报、监视与侦察支援：对快速机动和联合 C^4ISR 融合与互通的挑战》[4]、普莱斯·宾厄姆的《朝鲜战场上的美国空军和陆军：陆军决策如何限制空中效力发挥》[5] 等。从情报支援行动中总结的经验与教训，对推动联合情报条令体系开发十分重要。同时，战例分析尤其是情报失误案例分析，是增加美军联合情报条令可读性的内容，有助于提升体系的指导性。

一些探讨情报与作战等军事行动关系的文献，借助战例分析了如何更好地实现情报与指挥决策融合、情报与作战各阶段同步的问题。其中，迈克尔·亨德尔的《情报与军事行动》[6]、艾克·斯凯尔顿的《军事行动的情报支援》[7]、马库斯·卡尔劳斯卡斯的《军事行动的情报支援》[8]、罗伯特·阿克曼的《联合进步，烟囱盛行》[9]、布莱恩·里尔的《多域战场空间

[1] James D. Marchio, "Days of Future Past: Joint Intelligence in World War II," *Joint Force Quarterly*, Issue 11, Spring 1996, pp. 116-123.

[2] Jeffery T. Richelson, "Truth Conquers All Chains: The U.S. Army Intelligence Support Activity, 1981-1989, " *International Journal of Intelligence and Counterintelligence*, 12:2, 1999.

[3] Anthony H. Cordesman, *The Iraq War: Strategy, Tactics, and Military Lessons*, London: Praeger, 2003.

[4] Carl M. Bradley, *Intelligence Surveillance and Reconnaissance in Support of Operation Iraqi Freedom: Challenges for Rapid Maneuvers and Joint C^4ISR Integration and Interoperability*, RI: Naval War College, 9 February 2004.

[5] Price T. Bingham, "The U.S. Air Force and Army in Korea: How Army Decisions Limited Airpower Effectiveness," *Joint Force Quarterly*, Issue 91, 4th Quarter 2018, pp. 47-59.

[6] Michael I. Handel, "Intelligence and Military Operations," *Intelligence & National Security*, 1990.

[7] Ike Skelton, "Intelligence Support of Military Operations," *Joint Force Quarterly*, Issue 18, Spring 1998, pp. 17-22.

[8] Markus V. Garlauskas, "Intelligence Support for Military Operations," *Joint Force Quarterly*, Issue 33, Winter 2002–03, pp. 102-108.

[9] Robert K. Ackerman, "Jointness Advances, Stovepipes Reign," *Signal*, Feb 2006.

感知中情报、监视与侦察和指挥与控制资产的数据可视化》[1]和约翰·基冈的《战争中的情报："知彼"——从拿破仑到基地组织》[2]等，集中探讨了情报在各种军事行动中的作用，以及如何更好地发挥情报作用等。马克·米勒的《融合作战与情报：让作战人员接收到信息》[3]，以及迈克尔·弗林与查尔斯·弗林的《整合情报与信息：给指挥官的十条建议》[4]等，则聚焦情报与作战一体化，在提高情报对指挥官决策的支援作用方面提出了具体思考和见解。

（二）国内研究现状

国内关于美军联合情报条令体系的研究，以条令评介的期刊论文为主，也有部分成果零散分布在有关美军联合作战与情报理论的研究中。涉及主题的研究归纳起来主要有以下两种类型。

1. 对美军联合情报条令进行引介、梳理和分析

对美军联合情报条令进行梳理和分析的文献关注单本联合情报条令做出的更新，并基于条令对美军在新环境、新条件下对联合作战情报支援问题的新认识、新发展做出阐释和分析，没有涉及情报条令体系的开发等问题，系统性比较弱。但是，这类文献对了解美军联合情报条令体系的构建、组成条令的内容演变等提供了重要参考。其中具代表性的是，任国军博士的专著《美军情报条令导读》[5]，以"总体概貌描述＋原文摘选导读"

---

[1] Brian T. Real, *Data Visualization of ISR and C^2 Assets across Multiple Domains for Battlespace Awareness*, Naval Postgraduate School Monterey, CA 93943-5000, Dec 2009.

[2] John Keegan, *Intelligence in War: Knowledge of the Enemy from Napoleon to Al-Qaeda*, Greennacres, FL: Pimlico, 2010.

[3] Mark E. Miller, *The Integration of Operations and Intelligence: Getting Information to the Warfighter*, Air Command and Staff College, March 1997.

[4] Michael T. Flynn, Charles A. Flynn, "Integrating Intelligence and Information: Ten Points for the Commander," *Military Review*, January-February 2012.

[5] 任国军：《美军情报条令导读》，北京：军事科学出版社，2013 年 6 月。

的形式将美军情报条令的基本情况做了介绍，是国内首次就美军情报条令问题进行研究的专著。著作指出情报条令是美军联合作战情报支援理念发展的集中载体，在形式和内容上一体化色彩鲜明。

2. 基于联合情报条令研究美军联合作战情报支援

近年来，随着对联合情报关注度的提高，对联合作战情报支援进行研究的成果相当丰富。既有从整体上、宏观上研究美军联合作战情报支援的文献，也有对美军联合作战情报支援基本概念、组织体制、支援流程、技术系统等某一方面进行的研究。因此，按照从整体到部分划分的方法，笔者将这类文献大致分为两种。

（1）对美军联合作战情报支援进行整体研究的文献。张晓军教授主编的《美国军事情报理论研究》[1]，第五章“美军联合作战情报支援研究”以联合情报条令为主要研究依据，总结了美军实施联合作战情报支援行动的指导原则、行动流程、组织体系和技术手段等，勾勒出美军联合作战情报支援的概貌。任国军博士的《美军联合作战情报支援研究》[2]是国内首部通过梳理联合情报条令等官方文献，研究美军联合作战情报支援的著作。著作比较清晰地呈现了美军联合作战情报支援的历史演变轨迹和面貌，比较准确地揭示了信息化战争时代美军联合作战情报支援的本质属性和基本规律。著作中按照美军联合作战情报支援的层级将情报条令划分为战略、战役、战术三个层级。这类研究还有：梅宪华 2011 年在《军事历史研究》上发表的《美军联合作战情报支援理论述略》[3]，张晓军 2017 年在《情报杂志》上发表的《美国情报理论研究的宏观考察》[4]等。这些论文基于不同版本联合情报条令内容，探讨美军联合作战情报支援涉及的主要问题，印证联合情报条令体系作为美军联合作战情报支援理论载体的权威性。

[1] 张晓军：《美国军事情报理论研究》，北京：军事科学出版社，2007 年。
[2] 任国军：《美军联合作战情报支援研究》，北京：军事科学出版社，2010 年。
[3] 梅宪华：《美军联合作战情报支援理论述略》，载《军事历史研究》2011 年第 2 期。
[4] 张晓军：《美国情报理论研究的宏观考察》，载《情报杂志》2017 年第 2 期。

（2）研究美军联合作战情报支援某一方面的文献，如基本概念、组织体制、支援流程、技术系统等。这类文献比较零散，多是基于对比新旧版本联合情报条令文本所作的研究，或分析美军联合作战情报支援原则的发展变化，或通过梳理美军联合情报体制的基本构成和运行机制总结条令对联合情报体制发展的牵引作用，或通过对各级联合情报中心在情报流程（intelligence process）中主要任务研究反映条令对联合情报中心情报支援任务的指导作用。

（三）国内外研究现状总结

国外联合情报条令体系相关文献非常丰富，足以证明该体系受重视程度以及研究的必要性。这些文献时间跨度大，且基本与联合情报条令体系演变过程平行，对研究体系的演变、结构构建、开发和功能实现具有十分重要的参考价值。其中，以《联合部队季刊》（*Joint Force Quarterly*，JFQ）出自条令开发机构专家和学者的文献居多，为本书研究提供了充分可靠的素材和主要的理论依据。该刊是供美国参联会主席了解联合作战和安全领域最新理论研究成果的权威刊物，由美国国防大学（National Defense University，NDU）承办。然而，国外研究文献涉及范围也比较大，主要集中在对联合作战、联合条令体系等方面的研究，以及对联合情报某一概念的研究上，缺乏对联合情报条令体系本身的系统研究。

国内联合情报条令体系相关文献数量有限，相对薄弱。在国内情报支援研究的带动下，基于联合情报条令对美军情报支援进行的整体研究和局部研究逐渐活跃起来。对单本联合情报条令的研究逐渐增加，也开始出现对联合情报系列条令进行研究的文献。但相关内容以概要引介、导读居多，研究深度不够，缺乏对联合情报条令体系的系统研究。这从不同侧面反映出联合情报条令体系研究的必要性。

综上所述，目前为止国内外都没有对联合情报条令体系进行系统性研究和深度分析，也没有关于建设联合情报条令体系的思考和建议。美军联合情报条令体系及其相关文献丰富翔实，同时，笔者也在美军定期公布的有关联合情报条令体系的会议通知或征文信息中看到，美国官方机构和学术界一直在对体系进行积极的探讨论证。有鉴于联合情报条令体系研究存在的不足以及深入研究的必要性和具备的条件，目前学术界亟待对该体系进行系统深入的研究。

四、研究思路与方法

（一）研究思路

如图 0–4 所示，本书沿着美军联合情报条令体系“是什么”“如何演变”“现行体系结构及组成关系、为什么这样构建”“谁来开发、如何开发”“发挥的主要功能”等思路，从体系的演变、结构、开发与功能等方面对美军联合情报条令体系进行较为全面深入的梳理、归纳和分析研究。在此基础上，总结美军开发联合情报条令体系的特点及需要思考的问题，并提出相关建议。

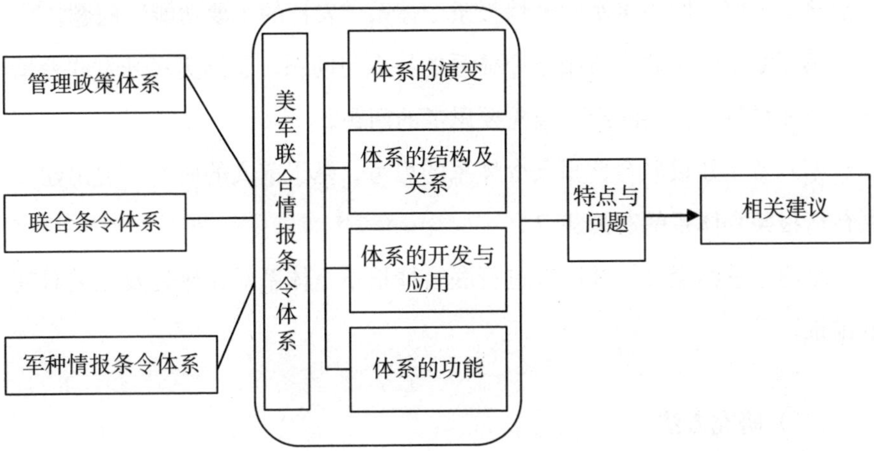

图 0–4　研究思路导图

绪论：阐述本书的研究对象和研究意义，梳理美军联合情报条令体系的研究现状，概述研究思路与方法、创新点和研究难点。

第一章：美军联合情报条令体系的演变。以第二次世界大战后的信息革命和“9·11”以后美国军事转型为历史背景，梳理、分析联合情报条令体系演变阶段，回答联合情报条令体系“如何演变”问题。

第二章：美军联合情报条令体系的结构。阐述美军联合情报条令体系上下级体系结构关系，论述美军联合情报条令体系结构构建依据及现行联合情报条令体系结构的子系统，运用系统研究方法对各层级结构中组成条令的设计理念、主要内容和相互关系进行论述和评价，回答美军联合情报条令体系“现行体系结构及组成关系”，以及“为什么这样构建”问题。

第三章：美军联合情报条令体系的开发。就美军联合情报条令体系开发的理论基础、组织体系、工作程序等进行理论剖析，回答美军联合情报条令体系“谁来开发、如何开发”问题。

第四章：美军联合情报条令体系的功能。以美国官方文献为主要研究材料，将联合情报条令体系放在美军整个作战体系和条令体系内研究，分析归纳美军如何通过联合情报条令体系实现优化情报力量运用、为联合部队战斗力增值，回答美军联合情报条令体系“发挥的主要功能”问题。

第五章：美军联合情报条令体系的特点与问题。总结美军开发联合情报条令体系可资借鉴的经验及需要思考的问题。

第六章：建设联合情报条令体系的思考。基于前文的研究，提出建设联合情报条令体系的对策建议。

结语：总结全文，并展望进行联合情报条令体系对比研究及相关研究的前景。

（二）研究方法

科学知识的积累有赖于科学的研究方法，而“研究方法的组合，可增强研究成果可靠性，并提高研究效力”[1]。按重要程度，笔者对本书的主要研究方法说明如下 ：

第一，系统研究方法。能反映事物部分与整体、局部与全局以及层次关系的最基本概念，即系统。[2] 提出研究课题，搜集必要的原始资料，“通过系统、勤谨地探索某个命题，以获取新的信息或规律”[3]，发现现实复杂系统的相互关系，并做出预测和提出建议，是系统研究方法的基本内容。[4] 着眼研究对象整体，揭示体系的性质、演变、功能等是系统研究方法的优势。[5] 为适应信息技术和信息时代的情报需求，美军从系统科学中吸收有益概念用于开发军事理论和条令等，以指导美国军事力量的运用。[6] 本书运用系统研究方法，将美军联合情报条令体系视作一个整体探究其结构、开发和功能，同时将它放在美军法律法规体系当中进行研究，考察它在与其联系最为紧密的上级联合条令体系中的层级结构，以及它与军种情报条令系列间的有机联系。

第二，文献研究方法。文献研究方法通过系统搜集、鉴别和分析文献资料形成关于研究对象的一般认识，对于把握研究目标很有帮助，另外利用图表可以提高文献研究的质量。[7] 本书涉及大量美军条令、政策文件、历史资料和学术文献，由于客观条件限制，笔者主要依靠各大图书馆的馆

[1] 阎学通、孙学峰 :《国际关系研究实用方法》, 北京 : 人民出版社, 2007 年, 第 24 页。

[2] 上海交通大学钱学森研究中心 :《智慧的钥匙 : 钱学森论系统科学》, 上海 : 上海交通大学出版社, 2015 年, 第 4 页。

[3] Jerome Clauser, revised and edited by Jan Goldman, *Intelligence Research and Analysis*, Maryland: The Scarecrow Press, Inc., 2008, p. 17. 中文版《情报研究与分析入门》2016 年由金城出版社翻译出版。

[4] [苏] H. B. 奥加尔科夫 :《军事百科词典》, 中国人民解放军军事科学院外军部译编, 北京 : 群众出版社, 1985 年, 第 1064 页。

[5] 张学军、穆守强 :《军事学术研究方法论》, 北京 : 人民日报出版社, 2016 年, 第 186 页。

[6] [美] 肖恩 · 劳森 :《战争与非线性科学》, 邢焕革、张立、詹浩可译, 北京 : 电子工业出版社, 2016 年, 第 13 页。

[7] 徐红 :《教育科学研究方法》, 武汉 : 华中科技大学出版社, 2013 年, 第 220 页。

藏文献、各种权威数据库及网络搜索引擎获取所需的研究资料，然后运用文献研究方法对这些中英文资料进行搜集、整理、分析和归纳。在此过程中，笔者使用了丰富的图、表佐证研究，确保研究更加可靠、有效。

第三，比较研究方法。比较是归类、分析的前提。作为军事法规体系，联合情报条令体系有其稳定性，但也在理论创新和政策指导的推动下不断完善和更新。本书对联合情报条令体系各层级组成条令进行比较研究，找出体系内部的联动关系，以此类推，对条令的不同版本进行比较研究，归纳联合情报条令体系的发展规律。此外，书中多处涉及概念辨析等，也需要运用比较研究方法来完成。

第四，历史研究方法。历史无法重现，但记录历史的资料非常丰富，也是研究最值得依赖的资料。传统的历史研究分析方法可确保研究的客观性。第二章主要运用历史研究方法找出美军联合情报条令体系的历史发展主线，并在不同历史资料间求证、探索，以便更好地论述现行联合情报条令体系的结构组成，为分析联合情报条令体系的作用和功能打下基础。

五、创新点和难点

（一）创新点

第一，研究视角新。这是国内从体系角度全面研究美军联合情报条令的首次尝试。美军联合情报条令体系既是指导联合作战中情报力量运用的法规体系，也是情报理论研究的成果，发挥着重要的理论指导实践的作用。将“联合情报条令体系”作为研究对象进行专门研究，一方面为研究美军怎么作战、怎么开展情报工作开辟了新的领域，另一方面也为联合作战理论和情报理论研究提供了新的研究视角。

第二，研究成果新。从体系角度，而不是从单本条令角度，研究美军联合情报条令体系的演变、结构、开发和功能，获得了一些新的研究成果。美军条令是众多专家、官方机构用精练语言且以法令形式将作战理念、行动原则呈现出来的，条令的理论浓缩程度很高，对现实军事力量运用的照应程度很深。因此，联合情报条令体系本身就是美军时改时新的理论研究成果，对其研究的成果自然也是新的。其中最重要的是，通过美军联合情报条令体系这个“成品”，反过来研究这一体系与美军现实联合作战中情报力量的运用如何照应，包括研究该体系怎么演变、为什么这样构建、有什么样的开发机制、是否实现了既定功能等等。此外，还对美军联合情报条令体系的特点和存在的问题进行了分析，总结了一些规律。

第三，建设性思考。基于美军联合情报条令体系研究成果，为建设联合情报条令体系作出一系列建设性思考，旨在优化情报力量运用，达成联合制胜目标。这是本书在政策层面的价值，在国家安全政策研究领域也具有一定的创新意义。

（二）研究难点

第一，对美军联合情报条令体系进行系统研究。本书不是对美军联合情报条令的逐本综述，而是对整个联合情报条令体系进行系统研究，努力探索、比较、诠释体系在不同历史时期的发展演变，厘清各层级组成条令之间以及不同层级之间传承与变通、分化与融合的复杂关联。这不仅需要客观地展示这些研究，而且需要时刻保持系统研究的高度和广度，从中发现起承转合变化中的本质原因和必然结果。同时，将联合情报条令体系放在整个美军条令体系内，解析其促进美军作战体系聚力联合的原理，则需要对美军所有的条令、作战力量和作战理念有一个整体的认识。因此，联合情报条令体系相关的美军基本知识储备和运用系统研究方法处理这些知识的能力，既是开展本书研究的前提，也是难点。

第二，依据原始文献还原美军联合情报条令体系全貌。本书建立在对大量原始文献的梳理和分析之上，这些文献主要包括美军联合情报条令体系、军种情报条令体系所有组成条令，及其相关的政策文件、研究报告和学术研究成果等，时间跨度大、涉及范围广。国内对这些文献的研究和翻译比较缺乏，也比较滞后，阅读、梳理和分析这些原始文献的工作量巨大，因此难度非常大。而且，大量英文资料倾向于从某一个角度入手探讨情报条令体系，例如提出某个新的情报门类、论证某个情报概念等。这类研究对考察美军联合情报条令体系历史演变轨迹以及功能实现都有推动作用，需要笔者筛选权威的、有代表性的文献作为主要参考依据。特别是对美军联合情报条令体系开发机制的研究，涉及条令生成机制问题，关乎条令背后的所以然，搜集到的相关资料成倍增长，研究难度较大。

第一章
美军联合情报条令体系的演变

对未来的预言很少能实现，掌握前方道路的最佳方法是考察如何一步步走到现在的。[1] 自 20 世纪 80 年代中期迄今，美军联合情报条令体系已经走过 30 多年的发展历史，正式颁布的联合情报条令达 23 部。这些条令构成联合情报条令体系不同时期的组织结构，成为美军一体化情报支援理念的直接体现。美军定期更新和调整单本条令，推动整个体系的一体化发展。考察体系从无到有的演变过程，可以对该条令体系形成更清晰完整的认知，能够更准确地评价和把握美军现行联合情报条令体系的发展情况，为分析其结构、总结可资借鉴的经验、分析其可能存在的问题打下基础。

本章重点分析美军开发和完善联合情报条令体系的动因；同时，从整个体系演变和单本条令发展两个角度，理清美军联合情报条令体系从规划准备、逐步形成到稳定发展的三个演变阶段。

[1] [美]马克斯·布特：《战争改变历史：1500 年以来的军事技术、战争及历史进程》，石祥译，上海：上海科学技术文献出版社，2011 年，“导言”第 10 页。

第一节 美军联合情报条令体系的演变背景

一、信息革命对联合情报力量运用提出更高要求

进入信息时代以来，构成作战体系的关键要素相互联系、相互制约但却各不相同，情报与信息成为将这些要素有机融合、形成合力并使战斗力倍增的枢纽。条令则是统一行动的“共同哲学和语言”[1]，因此，联合情报条令体系成为信息时代联合作战战斗力提升的重要保障。

信息革命对情报工作产生重大影响[2]，对联合情报力量运用提出更高要求。第二次世界大战后，计算机技术的进步导致精确制导武器、隐形飞行器和卫星监测系统的诞生，引发自工业革命以后“人类历史上最大的军事技术革命”[3]——信息革命。相比黑火药革命走向成熟经历的200年（1500—1700年）、第一次工业革命的150年（1750—1900年）、第二次工业革命的40年（1900—1940年），信息革命走向成熟仅用了30年（1970—2000年）。信息革命带来令常规武器威力倍增的信息技术，引起指挥、控制、情报与侦察高科技系统以及职业化军事体系转变。[4]1991年，海湾战争拉开信息时代的序幕，让人们意识到“一场突如其来的暴风雨”正在

[1] U. S. Joint Chiefs of Staff, Joint Publication 1-0, *Doctrine for the Armed Forces of the United States*, Washington, D. C. : GPO, 14 May 2007, p. I-1.

[2] [美]艾布拉姆·N. 舒尔斯基：《无声的战争：认识情报世界》，罗明安、肖皓元译，北京：金城出版社，2010年，第16页。

[3] [苏]M. M. 基里杨：《军事技术的进步与苏联武装力量》，中国对外翻译出版公司，1984年，第3页。转引自孙建民：《战后情报侦察技术发展史研究》，北京：军事科学出版社，2008年，第1页。

[4] 马克斯·布特认为，过去500年军事领域发生了四次巨大变革：黑火药革命、工业革命、第二次工业革命和信息革命。参见：[美]马克斯·布特：《战争改变历史：1500年以来的军事技术、战争及历史进程》，石祥译，上海：上海科学技术文献出版社，2011年，“导言：军事革命”。

“让一切事物颠倒混乱”。[1]

美军首先意识到，完善条令体系可以在信息革命到来时占得先机。原因在于，未来不论信息技术发展到何种尖端程度，及时掌握正确使用信息技术的方法至关重要。决定战争本质的始终是战时人与工具之间的相互作用，而不单单是工具[2]，如何正确使用正在涌现的大量高科技武器装备成为美军取得信息优势的关键。事实上，海湾战争压倒性的胜利也得益于美军已经建立起来的军种条令，专业部队与精确武器的联合达成了效力倍增。

其中，美国陆军在 20 世纪 80 年代初颁布的《作战纲要》（FM 100–5）和 FM 34 情报系列条令，为美军联合情报条令体系及各军种情报条令体系建设打牢了根基。作为建军历史最悠久的军种，美国陆军在美军各个军种中最早开始研发情报条令。美国陆军军事情报处（Military Intelligence Division, MID）于 1940 年 4 月正式发布《战斗情报》（Combat Intelligence）（FM 30–5）。作为陆军历史上第一本情报条令手册，这部条令成为陆军情报条令体系建设的基石。美国陆军情报条令手册是指导美国陆军战场情报活动的规范，吸收了美军对战争中情报失误的许多反思和总结，在第二次世界大战、朝鲜战争和越南战争中得到迅速发展。1973 年创立的陆军训练与条令司令部（Army Training and Doctrine Command, ATDC）被认为是越战后美军的重要创举。1976 年，该部门首任司令威廉・杜普伊（William Depuy）上将的第一部作战条令《作战纲要》（Operations）（FM 100–5）中宣称，美军在工业时代的优势不再适用于正在到来的信息时代，主张以诸兵种合成战斗队的形式作战。1982 年版美

[1] 马克斯・布特认为，过去 500 年军事领域发生了四次巨大变革：黑火药革命、工业革命、第二次工业革命和信息革命。参见：[美] 马克斯・布特：《战争改变历史：1500 年以来的军事技术、战争及历史进程》，石祥译，上海：上海科学技术文献出版社，2011 年，“导言：军事革命”。

[2] [美] 马克斯・布特：《战争改变历史：1500 年以来的军事技术、战争及历史进程》，石祥译，上海：上海科学技术文献出版社，2011 年，第 455 页。

国陆军《作战纲要》（FM 100–5）提出“空地一体战”（Air Land Battle）军事学说，要求联合部队运用各种信息化武器，发动“迅猛、出人意料、令敌军头昏目眩”[1]的进攻。1984年到1986年间，美国陆军先后颁布《情报与电子战行动》（Intelligence and Electronic Warfare Operations）（FM 34–1）、《搜集管理》（Collection Management）（FM 34–2）和《师级情报与电子战行动》（Division Intelligence and Electronic Warfare Operations）（FM 34–10）以取代1973年版《战斗情报》（FM 30–5），专门讨论“空地一体战”作战理论背景下的情报问题，促进了美军联合情报条令体系的萌芽。

同一时期，美军其他军种的情报条令发展相对落后，有关情报活动的规范大多零散出现在作战手册中，尚未形成体系。如海军1984年根据海军情报活动特点开发出首部情报条令《海军战术情报》（Naval Tactical Intelligence）（NWP 12–9），明确了海军的情报能力、任务使命及其情报支援原则，确定了情报组织编成及其战术、技术[2]；空军虽未发布过独立的情报条令，但其作战手册部分章节中涉及情报、监视与侦察内容，这些内容成为指导其自1947年建军后近50年情报活动的规范，也为1996年第一部空军情报条令《情报、监视与侦察行动》（Intelligence, Surveillance, and Reconnaissance Operations）（AFDD 50）奠定了基础；海军陆战队之前沿用海军情报条令手册，1980年颁布首份专属情报条令手册《情报》（Intelligence）（FMFM 2–1）等。

这些军种情报条令手册大大提高了美军情报人员素质，成为除信息技术之外提高美军情报获取能力、赢取海湾战争胜利的重要砝码。不过，联合部队在海湾战争中“仍犯下了严重失误”。时任美国国家安全顾问布伦

[1] 引自Citino, *Blitzkrieg to Desert Storm*, 参见：[美]马克斯·布特：《战争改变历史：1500年以来的军事技术、战争及历史进程》，石祥译，上海：上海科学技术文献出版社，2011年，第338页。

[2] James J. Tritten, *Naval Doctrine...from the Sea*, 1994. http://www.dtic.mil/doctrine/newpubs/jointpub reference.htm.

特・斯考克罗夫特（Brent Scowcroft）总结：美国高层决策者对于地面战局没有清晰的了解[1]。联合作战作为“美国自独立战争以来的主要战争方式”[2]，美军却并没有专门的条令体系来指导联合部队的行动，用于规范和统一情报行动的联合情报条令体系建设更是一片空白。信息革命带来日新月异的技术变化，同时，军种间钩心斗角问题也愈加严重，美军迫切需要建设联合情报条令体系以深化“联合”的程度，优化情报力量的运用，维护一个“更加统一协同的指挥体系”[3]。

1986 年《戈德华特—尼科尔斯国防部改组法》（Goldwater-Nichols Department of Defense Reorganization Act）的通过，以及 1987 年《国防部及其主要部门的职能》（Functions of the Department of Defense and its Major Components）（DoDD 5100.1）的颁布，旨在削弱各军种独立性，加强参联会主席权力，指定参联会主席负责联合条令、训练与教育研发和政策制定。[4] 各军种参谋长负责各自军种事务，联合部队指挥官负责部队装备和训练事宜。除此之外，为完成作战任务，联合部队指挥官拥有组建和使用联合部队的所有权力。这一改革举措建立起从总统到国防部长到联合部队指挥官的指挥链，也开启了联合情报条令体系的建设历史，大大加强了美军的“联合”，“美军联合部队在‘沙漠风暴’（Desert Storm）行动中的完美表现充分证明了这一点”。[5]

同时，为真正消除情报部门之间、情报与其他部门之间相互隔绝的历

[1] ［美］马克斯・布特：《战争改变历史：1500 年以来的军事技术、战争及历史进程》，石祥译，上海：上海科学技术文献出版社，2011 年，第 353 页。

[2] U. S. Joint Chiefs of Staff, Joint Publication 1-01.1, *Compendium of Joint Publications*, Washington, D. C.: GPO, 23 April 1999, p. A-4.

[3] ［美］马克斯・布特：《战争改变历史：1500 年以来的军事技术、战争及历史进程》，石祥译，上海：上海科学技术文献出版社，2011 年，第 339 页。

[4] Robert A. Doughty, “Reforming Joint Doctrine,” *Joint Force Quarterly*, Issue 1, Summer 1993, p. 41.

[5] Carl E. Mundy, Jr., “Complementary Capabilities from the Sea,” *Joint Force Quarterly*, Issue 1, Summer 1993, p. 17.

史遗留问题，美军在层级架构上将联合情报条令体系置于军种情报条令体系之上，要求军种情报条令体系、多军种情报条令等与联合情报条令体系保持一致[1]，并始终把联合情报条令体系视作优先开发的能力[2]，保证了联合情报条令体系的权威性，为其一体化发展创造了条件。

二、军事转型促进联合情报条令体系一体化发展

进入新世纪，美军经历了有史以来最深刻的军事转型。其中，提高联合情报能力是美国军事转型的重要内容。在美国军事转型大背景下，美军作战和情报理论研究取得长足发展，联合情报条令体系吸收军事转型过程中联合情报支援实践的重要经验和理论成果，集中反映了美国军事及国家情报机构为联合部队指挥官提供一体化情报支援的机制与实施流程。

得益于海湾战争以及苏联解体，美国成为唯一的超级大国。美军在参联会主席领导和监管下逐步展开联合作战理论研究，基本实现在联合情报条令体系建设之初规划的组织结构，初步实现了联合情报概念、术语的标准化。但在平静表象下紧张正在滋生：在外，美国的军事优势引起

[1] 美军联合情报条令体系建设开始后，各军种逐渐按照联合情报条令体系的编排序列建设或更新各自的军种情报条令体系。情报条令体系建设起步较晚的美国海军在1994年以第2号海军条令的颁布正式开启情报条令体系建设，随后海军陆战队在1997年正式颁布第2号情报条令，海岸警卫队在2010年颁布拱心石情报条令：第2–0号海岸警卫队条令。美国空军则在1999年以第2–5.2号空军条令《情报、监视与侦察行动》取代原来的第50号空军条令，在2010年最终将其调整为第2–0号空军条令。美国陆军情报手册是陆军情报条令体系的主体和核心，2001年美国陆军开始逐渐将情报手册的编号“34”更新为“2”。参见：任国军：《美军情报条令导读》，北京：军事科学出版社，2013年，第64—66、88—90、112—113、126—129、154—156页；John S. Clay, “The Fifth Service Looks at Doctrine,” *Joint Force Quarterly*, Issue 14, Winter 1996-97, pp.30-31；Bernard E. Trainor, “Jointness, Service Culture and Gulf War,” *Joint Force Quarterly*, Issue 3, Winter 1993-94, pp. 71-74。

[2] Charles C. Krulak, “Doctrine for Joint Force Integration,” *Joint Force Quarterly*, Issue 14, Winter 1996-1997, pp. 20-23.

了其盟友的警惕，更增长了中东地区的仇美情绪；在内，冷战结束后“和平红利”带来的国防预算大幅削减和军队规模缩减让美国军种之间、国防情报机构之间竞争加剧。尽管当时以国防部长唐纳德·H. 拉姆斯菲尔德（Donald H. Rumsfeld）为首的美军领导者决心推行军事转型（Military Transformation），但由于美军运用了高科技信息技术提高战斗力，这些紧张和潜在的威胁并没有引起足够的重视。类似情报部门这样的官僚机构，有着固有的惯性，固守现行的轨道，直到一次灾难将其原先未受注意的弱点暴露无遗[1]。

2001 年 9 月 10 日，拉姆斯菲尔德发表颇具前瞻性的演说，“世界已发生变化，而我们尚未充分改变。最明显且最重要的变化是，冷战时期的世界两级对立，威胁可以预见，而现在，威胁是多元化的，其中绝大部分是难以预见的，还有相当多的威胁我们甚至在今天仍无法确知”[2]。次日，震惊世界的“9·11”事件爆发。“9·11”事件让美国情报机构成为众矢之的，促使美国重新评估其安全环境，直接导致美军广泛地宣传和推行军事转型，以应对“新世纪的挑战”，令国家“免遭未知的、不确定的、不可预见的和意想不到的攻击”[3]。美国国防部于 2001 年 9 月 30 日发布《四年防务审查报告》（Quadrennial Defense Review Report），提出转型任务；2002 年 5 月，发布《防务计划指南》（Defense Planning Guidance），提出转型计划和设想。2003 年，美国国防部先后发布两份有关军事转型的纲领性文件：《转型计划指南》（Transformation Planning Guidance）和《军事转型战略途径》（Military Transformation: A Strategic Approach），全面阐明

[1] ［美］布鲁斯·D. 伯尔考维茨，阿兰·E. 古德曼：《绝对真实：信息时代的情报工作》，张力等译，北京：时事出版社，2001 年，第 252 页。

[2] ［美］马克斯·布特：《战争改变历史：1500 年以来的军事技术、战争及历史进程》，石祥译，上海：上海科学技术文献出版社，2011 年，第 367 页。

[3] Donald H. Rumsfeld, “Transforming the Military,” *Foreign Affairs*, Vol.81, No. 3 (May–Jun. 2002), pp. 20-32.

转型的定义和目的、范围和战略、实施手段等问题。其中，实施标准化战略提高军种间的一体化是美国军事转型的重要举措之一。美军认为，加强系统间互联、互通、互操作能力，可以确保战斗人员无论何时何地都能获取适当的信息。

为改革情报机构工作，确保情报机构像一个整体一样密切合作，更加统一、协调、有效，美国在“9·11”事件后进行了二战以来规模最大的情报转型，先后颁布《情报改革及恐怖主义防止法》(Intelligence Reform and Terrorism Prevention Act，2004 年)、《国家反情报战略》(National Counter-intelligence Strategy)、《国家情报战略》(National Intelligence Strategy)等，推动与情报相关的立法和改革；增设专门负责情报事务的国防部副部长推进国防情报机构的全面改组，设立国家情报总监(Director of National Intelligence，DNI)以增加情报机构的整体意识和协作意识。2004 年，美军联合部队司令部提交《联合转型路线图》(Joint Transformation Roadmap)，明确建立作战与情报功能紧密结合的新型联合情报组织结构等转型内容。随着军事转型的持续推进，联合情报组织和能力仍将不断演变[1]，牵引联合情报条令体系与各军种情报条令体系相统一，在此过程中美军联合情报条令体系的一体化程度将持续加深。

第二节　美军联合情报条令体系的演变过程

进入 20 世纪 80 年代，伴随联合作战理论研究热潮，美军联合情报理论开始萌生。1986 年，《戈德华特—尼科尔斯国防部改组法》通过，美军

[1] 出自时任参联会主席彼得佩斯将军为 2007 年版联合情报条令 JP 2–0 撰写的寄语。参见：U. S. Joint Chiefs of Staff, Joint Publication 2-0, *Joint Intelligence*, Washington, D. C.: GPO, 22 June 2007。

正式开启建设联合情报条令体系的历史。迄今为止，美军正式发布过的联合情报条令共有 23 部（参见表 1–1），这些条令构成联合情报条令体系在不同历史时期的结构组成（同时详见附录 A“美军联合情报条令体系结构演变图”）。除此之外，美军正式公布过的有关联合情报条令体系结构的规划也有利于呈现体系的演变轨迹，对进一步分析体系的结构组成和功能均具有重要参考价值。

表1–1 美军联合情报条令发布年表[1]

编号	标题	发布时间
JP 2–0	《作战情报支援联合条令》（Joint Doctrine for Intelligence Support to Operations）	1993.10.12
JP 2–01.2	《作战反情报支援联合条令及战术、技术和程序》（Joint Doctrine, TTP for Counterintelligence Support to Operations）	1994.04.05
JP 2–0	《作战情报支援联合条令》（Joint Doctrine for Intelligence Support to Operations）	1995.05.05
JP 2–01	《军事行动联合情报支援》（Joint Intelligence Support to Military Operations）	1996.11.20
JP 2–02	《联合作战国家情报支援》（National Intelligence Support to Joint Operations）	1998.09.28
JP 2–03	《联合作战地理空间信息与勤务支援联合战术、技术和程序》（JTTP for Geospatial Information and Services Support to Joint Operations）	1999.03.31
JP 2–0	《联合作战情报支援条令》（Doctrine for Intelligence Support to Joint Operations）	2000.03.09
JP 2–01.3	《战斗空间联合情报准备联合战术、技术和程序》（JTTP for Joint Intelligence Preparation of the Battlespace）	2000.05.24

[1] “美军联合情报条令发布年表”中条令的版本信息来源主要有三：美国《国防部军事及相关术语词典》（JP 1–02）自 2001 年 4 月 12 日至今的主要版本，因为联合情报条令中术语的更新会引起《国防部军事及相关术语词典》的更新，词典的附录“更新记录”（record of changes）中列举这种互动的记录；美国《联合部队季刊》自 1993 年创刊至 2017 年第四期（总 87 期）的“联合条令更新”（“Joint Doctrine Update”）栏目，以及公开网站“联合电子阅览室”（Joint Electronic Library，JEL）公布的联合情报条令更新信息（参见：www.dtic.mil/doctrine.htm）。

（续表）

编号	标题	发布时间
JP 2–01.2	《作战反情报支援联合条令及战术、技术和程序》（Joint Doctrine, TTP for Counterintelligence Support to Operations）	2002.05.07
JP 2–01.1	《目标选择与打击情报支援联合战术、技术和程序》（JTTP for Intelligence Support to Targeting）	2003.01.09
JP 2–01	《军事行动的联合与国家情报支援》（Joint and National Intelligence Support to Military Operations）	2004.10.07
JP 2–01.2	《联合作战反情报与人力情报支援》[1]（Counterintelligence and Human Intelligence Support to Joint Operations）	2006.08.08
JP 2–03	《联合作战地理空间情报支援》（Geospatial Intelligence Support to Joint Operations）	2007.03.22
JP 2–0	《联合情报》（Joint Intelligence）	2007.06.22
JP 2–01.3	《作战环境联合情报准备》（Joint Intelligence Preparation of the Operational Environment）	2009.06.16
JP 2–01.2	《联合作战反情报与人力情报支援》（Counterintelligence and Human Intelligence Support to Joint Operations）	2011.3.11
JP 2–01	《军事行动的联合与国家情报支援》（Joint and National Intelligence Support to Military Operations）	2012.01.05
JP 2–03	《联合作战中的地理空间情报》（Geospatial Intelligence in Joint Operations）	2012.10.31
JP 2–0	《联合情报》（Joint Intelligence）	2013.10.22

[1] 因联合情报条令 JP 2–01.2 是美军密级条令，其相关信息的原文资料非常有限，故对该条令更名做出如下说明：其一，根据 2004 年版《军事行动的联合与国家情报支援》（JP 2–01）的“参考文献”内容，2004 年 10 月之前联合情报条令 JP 2–01.2 还未更名，而根据 2007 年版《联合情报》（JP 2–0）的“参考文献”内容，至 2007 年 6 月联合情报条令 JP 2–01.2 已更名为《联合作战反情报与人力情报支援》；其二，美国《国防部军事及相关术语词典》在 2006 年 8 月之前的修订本对术语“人力情报”（HUMINT）并未给出任何关于来源条令的信息，但之后 2006 年 8 月 8 日的《国防部军事及相关术语词典》修订本中，术语人力情报及相关术语均注明其来源条令是 JP 2–01.2。又及，该条令的发布日期是美国《国防部军事及相关术语词典》修订本的时间，根据词典上一修订本的日期（2006 年 4 月 14 日），《联合作战反情报与人力情报支援》（JP 2–01.2）的日期应在词典这两个修订日期之间。

（续表）

编号	标题	发布时间
JP 2–01.3	《作战环境联合情报准备》 （Joint Intelligence Preparation of the Operational Environment）	2014.05.21
JP 2–01.2	《联合作战反情报与人力情报支援》[1] （Counterintelligence and Human Intelligence Support to Joint Operations）	2016.05
JP 2–01	《军事行动的联合与国家情报支援》 （Joint and National Intelligence Support to Military Operations）	2017.07.05
JP 2–03	《联合作战中的地理空间情报》 （Geospatial Intelligence in Joint Operations）	2017.07.05

美军官方文件显示，在正式颁布第一部联合情报条令前，参联会曾多次发布联合情报条令体系结构规划方案，对体系的结构进行论证。[2]从 1993 年第一部战略级联合情报条令，到 2003 年战术级联合情报条令《目标选择与打击情报支援联合战术、技术和程序》（JTTP for Intelligence Support to Targeting）（JP 2–01.1）的发布，美军第一次完成之前规划的

[1]　美军《联合作战反情报与人力情报支援》（JP 2–01.2）属密级条令，该条令 2016 年版的具体时间是参照美国《国防部军事及相关术语词典》（JP 1–02）2016 年 5 月的修订本做出的判断，同时参考了美军《联合部队季刊》2016 年第二期、第三期有关联合条令更新的描述。参见：U. S. Joint Chiefs of Staff, Joint Publication 1-02, *Department of Defense Dictionary of Military and Associated Terms,* Washington, D. C.: GPO, August 2017, p.385; “Joint Doctrine Update, ” *Joint Force Quarterly*, Issue 81, 2nd Quarter 2016, p.148; “Joint Doctrine Update,” *Joint Force Quarterly*, Issue 82, 3rd Quarter 2016, p.132。

[2]　参见：U.S. Joint Chiefs of Staff, Joint Publication 1-01, *Joint Publication System, Joint Doctrine and Joint Tactics, Techniques, and Procedures Development Program*, Washington, D.C.: GPO, 15 April 1988; U.S. Joint Chiefs of Staff, Joint Publication 1-01, *Joint Publication System, Joint Doctrine and Joint Tactics, Techniques, and Procedures Development Program*, Washington, D.C.: GPO, 1 June 1990; U.S. Joint Chiefs of Staff, Joint Publication 1-01, *Joint Publication System, Joint Doctrine and Joint Tactics, Techniques, and Procedures Development Program*, Washington, D.C.: GPO, 30 July 1992; U.S. Joint Chiefs of Staff, Joint Publication 1-01, *Joint Publication System, Joint Doctrine and Joint Tactics, Techniques, and Procedures Development Program*, Washington, D.C.: GPO, 14 September 1993; U. S. Joint Chiefs of Staff, Joint Publication 2-0, *Joint Doctrine for Intelligence Support to Operations*, Washington, D. C.: GPO, 5 May 1995。

联合情报条令体系结构（详见附录A“美军联合情报条令体系结构演变图”）。2004年至今，美军联合情报条令体系完成了两次更新，证明已经进入稳定发展阶段。图1–1依据美军对联合情报条令体系的规划结构及其实现情况，总结体系演变的总体情况和规律，呈现体系的规划准备阶段、逐步形成阶段和稳定发展阶段。

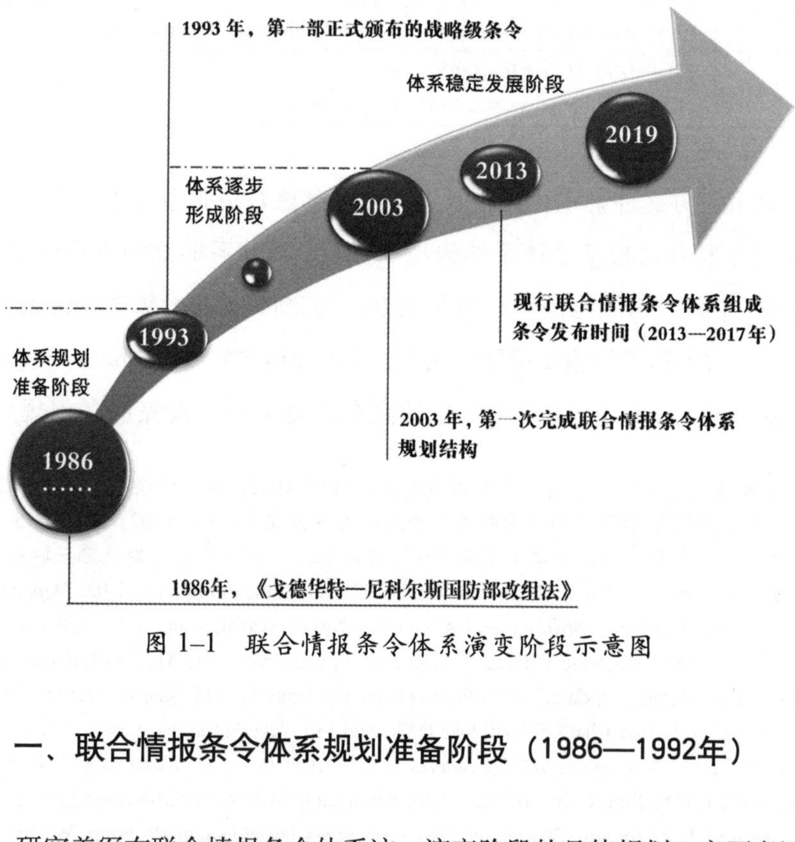

图1–1　联合情报条令体系演变阶段示意图

一、联合情报条令体系规划准备阶段（1986—1992年）

研究美军在联合情报条令体系这一演变阶段的具体规划，主要考证了美军条令制定方面的政策文件。尤其是自1986年以后，参联会主席负责联合条令、训练与教育研发的权力加强后，陆续发布了有关条令制定政策的文件。由于时间跨度较长，以及资料获取的种种保密限制，笔者并不能确定这些就是全部政策文件，甚至不能确定在1986年之前美军是否公布过有关联合情报条令体系结构的规划。但是这部分可以获取的资料，在时间、内容和相互关联度上都呈明显系统性，对分析联合情报条令体系演变（尤其是规划准备阶段演变）非常关键。

从美军 1988 年公布的规划来看，联合情报条令体系主要在当时的军种情报条令基础之上建设[1]，要充分吸收优势军种情报能力的经验、理念，以及军种遂行情报行动的教训。这一版规划显示，体系第一层级联合情报条令《联合作战情报支援条令》（JP 2–0）已经进入开发程序，第二层级中《反情报支援联合战术、技术和程序》（JP 2–01）和《密码支援联合战术、技术和程序》（JP 2–02）列入开发计划（参见表 1–2）。

表1–2　美军1988年版联合情报条令体系结构规划[2]

层级	条令标题	密级	状态
第一层级	《联合作战情报支援条令》（JP 2–0） （Doctrine for Intelligence Support to Joint Operations）	公开	开发中
第二层级	《反情报支援联合战术、技术和程序》（JP 2–01） （JTTP for Counter Intelligence [CI] Support）	加密	待开发
	《密码支援联合战术、技术和程序》（JP 2–02） （JTTP for Cryptological Support）	加密	待开发

1992 年，美军对联合情报条令体系结构规划做出调整，并公布了进展情况（参见表 1–3）。第一层级中发布了测试版《联合作战情报支援条令》（JP 2–0，1991 年）。第二层级由两部扩充至四部：《作战情报支援联合战术、技术和程序》（JP 2–01）、《联合作战信号情报支援条令与程序》

---

[1]　U.S. Joint Chiefs of Staff, Joint Publication 1-01, *Joint Publication System, Joint Doctrine and Joint Tactics, Techniques, and Procedures Development Program*, Washington, D.C.: GPO, 15 April 1988.

[2]　U.S. Joint Chiefs of Staff, Joint Publication 1-01, *Joint Publication System, Joint Doctrine and Joint Tactics, Techniques, and Procedures Development Program*, Washington, D.C.: GPO, 15 April 1988, p. VI-6.

（JP 2–02）、《反情报支援联合战术、技术和程序》（JP 2–03）和《战斗损伤评估联合条令》（JP 2–04）。其中，《作战情报支援联合战术、技术和程序》（JP 2–01）已经进入开发程序。

表1–3　美军1992年版联合情报条令体系结构规划[1]

层级	条令标题	密级	状态
第一层级	《联合作战情报支援条令》（JP 2–0） （Doctrine for Intelligence Support to Joint Operations）	公开	开发中
第二层级	《作战情报支援联合战术、技术和程序》（JP 2–01） （JTTP for Intelligence Support to Operations）	加密	开发中
	《联合作战信号情报支援条令与程序》（JP 2–02） （Doctrine and Procedures for SIGINT Support to Joint Operations）	加密	待开发
	《反情报支援联合战术、技术和程序》（JP 2–03） （JTTP for Counter Intelligence [CI] Support）	加密	待开发
	《战斗损伤评估联合条令》（JP 2–04） （Joint Doctrine for Battle Damage Assessment）	公开	待开发

1993 年，美军联合情报条令体系结构规划方案依据战争的层级划分方法，明确《作战情报支援联合条令》（JP 2–0）作为整个体系总纲领的战略地位，详细界定联合情报行动的基本概念和术语，下属辅助层级条令则负责阐明运用军事力量实施战役级和战术级情报支援行动的战术、技术与程序[2]（参见表 1–4）。

---

[1] U.S. Joint Chiefs of Staff, Joint Publication 1-01, *Joint Publication System, Joint Doctrine and Joint Tactics, Techniques, and Procedures Development Program*, Washington, D.C.: GPO, 30 July 1992, p. H-6.

[2] U.S. Joint Chiefs of Staff, Joint Publication 2-0, *Doctrine for Intelligence Support to Joint Operations* (Test Pub), Washington, D.C.: GPO, 30 June, 1991, I-2.

表1–4　美军1993年版联合情报条令体系结构规划[1]

层级	条令标题	密级	状态
战略级	《作战情报支援联合条令》(JP 2–0) (Joint Doctrine for Intelligence Support to Operations)	公开	开发中
战役级	《作战情报支援联合战术、技术和程序》(JP 2–01) (JTTP for Intelligence Support to Operations)	加密	待开发
	《联合特遣部队作战情报支援联合条令及战术、技术和程序》(JP 2–02) (Joint Doctrine, TTP for Intelligence Support to Joint Task Force Operations)	加密	开发中
战术级	《目标选择与打击情报支援联合战术、技术和程序》(JP 2–01.1) (JTTP for Intelligence Support to Targeting)	加密	待开发
	《作战反情报支援联合条令及战术、技术和程序》(JP 2–01.2) (Joint Doctrine, TTP for Counterintelligence Support to Operations)	加密	开发中

可以看出，规划准备阶段的美军联合情报条令体系更多的是由在联合作战中实施情报支援的战术、技术和程序[2]构成，仅包含一部严格意义上的条令。随后，参联会主席于 1993 年 10 月批准发布首份规范联合情报支援行动的条令——《作战情报支援联合条令》(JP 2–0)。这部条令被称为美军联合情报条令体系的战略级条令[3]和总纲领，标志着该体系正式从规划准备阶段进入下一个发展阶段。

[1] U.S. Joint Chiefs of Staff, Joint Publication 1-01, *Joint Publication System, Joint Doctrine and Joint Tactics, Techniques, and Procedures Development Program*, Washington, D.C.: GPO, 14 September 1993, pp. H-6~7.

[2] 在美军术语体系中，有关战术、技术与程序（TTP）的出版物尽管也指导军事力量的使用，为联合部队履行联合条令中的规范提供具体的方法和程序，但严格意义上不属于美军联合条令的范畴。参见：U.S. Joint Chiefs of Staff, Joint Publication 1-01, *Joint Publication System, Joint Doctrine and Joint Tactics, Techniques, and Procedures Development Program*, Washington, D.C.: GPO, 14 September 1993, p. GL-5。

[3] 任国军：《美军情报条令导读》，北京：军事科学出版社，2013 年 6 月，第 5 页。

二、联合情报条令体系逐步形成阶段（1993—2003年）

由于前有1991年《联合作战情报支援条令（测试版）》，后有1995年的新版本，美军1993年版战略级联合情报条令《作战情报支援联合条令》（JP 2–0）在体系演变历史上着墨不多，仅留下“首部正式发布的联合情报条令”称号[1]。但毋庸置疑的是，美军联合情报条令体系由此开始逐步形成。从体系的性质看，为了使体系具有开发者期望的功能，开发者通过不断调整和改变体系的结构以及结构之间的关系来实现最好的体系功能。因此，在体系形成阶段，尤其是这一阶段的前期，美军继续对联合情报条令体系的结构进行调整。

在1995年再版的《作战情报支援联合条令》（JP 2–0）中，美军公布了对即将开发的战役级联合情报条令体系结构的重大调整。一是去除JP 2–01和JP 2–02两部出版物名称中“战术、技术和程序”字眼，明确其条令属性。美军对两部联合情报条令的内容也做出相应更新，分别从联合和国家层级论述情报支援力量的构成。二是将《联合作战测绘与大地测量支援联合战术、技术和程序》（JP 2–03）纳入战役级联合情报条令体系。测绘与大地测量（mapping, charting and geodesy，MC&G）是美军全球指挥与控制体系调整情报计划、支援全球目标锁定的情报搜集手段[2]，JP 2–03联合情报条令的开发大大丰富和完善了联合情报条令体系的结构组成（参见表1–5）。

---

[1] U.S. Joint Chiefs of Staff, Joint Publication 1-01, *Joint Publication System, Joint Doctrine and Joint Tactics, Techniques, and Procedures Development Program*, Washington, D.C.: GPO, 14 September 1993, p. H-2.

[2] U.S. Joint Chiefs of Staff, Joint Pub. 1-02, *Department of Defense Dictionary of Military and Associated Terms,* Washington, D. C.: GPO, 1 December 1989, p. 22.

表1–5　1995年美军联合情报条令体系结构规划调整[1]

层级	条令标题
战略级	《作战情报支援联合条令》（JP 2–0）
战役级	《军事行动联合情报支援》（JP 2–01）
	《联合作战国家情报支援》（JP 2–02）
	《联合作战测绘与大地测量支援联合战术、技术和程序》（JP 2–03）（JTTP for Mapping,Charting, and Geodesy Support to Joint Operations）
战术级	《目标选择与打击情报支援联合战术、技术和程序》（JP 2–01.1）
	《作战反情报支援联合条令及战术、技术和程序》（JP 2–01.2）

1995 年版《作战情报支援联合条令》（JP 2–0）的发布也开启了美军联合情报条令体系快速成长的历史，此后美军基本保持一年一部联合情报条令的发展速度。截至 2003 年 1 月 9 日《目标选择与打击情报支援联合战术、技术和程序》（JP 2–01.1）的发布，美军联合情报条令体系首次实现美军 1993 年规划的结构，体系内组成条令的数目甚至超过了预先的规划，达到历史上最多的 7 部。

1993 年至 2003 年是美国进入信息革命时代关键的 11 年，美军在信息化战争中总结的先进联合情报作战经验和理念，极大地促进了联合情报条令体系的发展。如图 1–2 所示，联合情报条令体系首次“亮相”的结构主要包括三大层级上的 7 部条令：第一层级的 JP 2–0 完成两次调整更新，从标题到内容、结构都发生了彻底变化，从战略层面为体系在新世纪的稳定发展指明了方向，奠定了坚实的理论基础，统领其他所有辅助条令。联合情报条令《军事行动联合情报支援》（JP 2–01）、《联合作战国家情报支

[1] U. S. Joint Chiefs of Staff, Joint Publication 2-0, *Joint Doctrine for Intelligence Support to Operations*, Washington, D. C.: GPO, 5 May1995, p. I-2.

援》（JP 2–02）和《联合作战地理空间信息与勤务支援联合战术、技术和程序》（JP 2–03）构成第二层级，从战役层面规定了军事和国家情报机构如何在联合作战中实施情报支援，以及如何发挥美军地理空间情报优势。《军事行动联合情报支援》（JP 2–01）下属的 3 部辅助条令《目标选择与打击情报支援联合战术、技术和程序》（JP 2–01.1）、《作战反情报支援联合条令及战术、技术和程序》（JP 2–01.2）和《战斗空间联合情报准备联合战术、技术和程序》（JP 2–01.3）构成体系的第三层级，从战术层面规定了目标选择与打击、反情报和战斗空间联合情报准备行动的实施流程。自此，美军联合情报条令体系进入稳定发展的阶段。

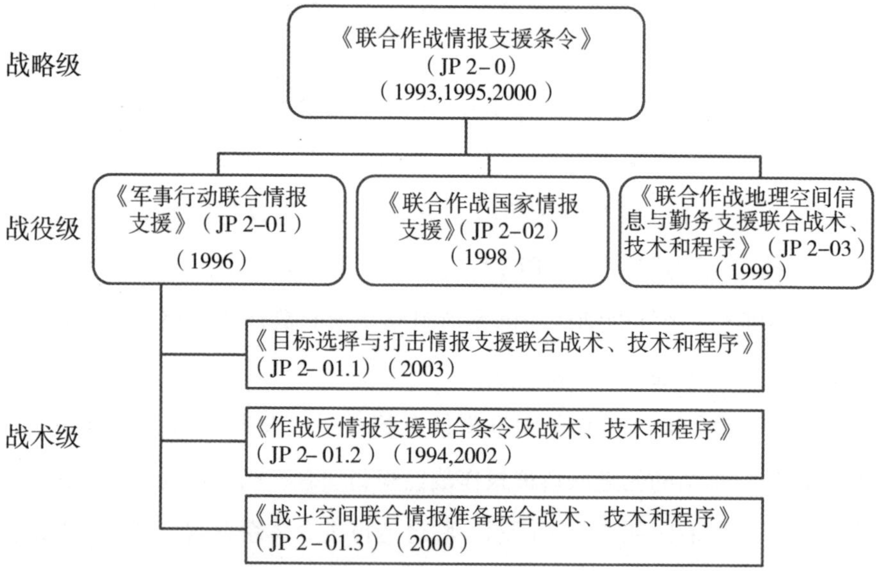

图 1–2　1993—2003 年联合情报条令体系层级结构图

三、联合情报条令体系稳定发展阶段（2004年至今）

2004 年至今，美军联合情报条令体系整体上共完成两次体系更新，一次完整的体系更新时间基本稳定在 5 至 6 年，形成更加稳固的联合情报条令体系结构。这一阶段，联合情报条令体系经历了结构上的最大调整（参见图 1–3）。第二层级中，《联合作战国家情报支援》（JP 2–02）的内容融入同级别的 JP 2–01 中。第三层级中，《目标选择与打击情报支援联合战术、技术和程序》（JP 2–01.1）的内容融入联合条令的作战系列 JP 3–60 中。美军不再发布 JP 2–02 和 JP 2–01.1 这两部联合情报条令。

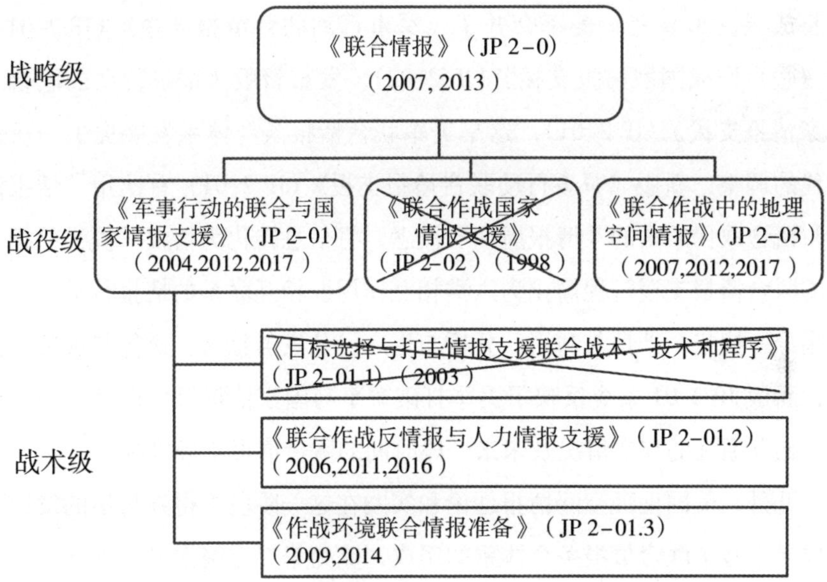

图 1–3　2004 年至今联合情报条令体系层级结构图

首先，在第一层级中，2007 年版《联合情报》（JP 2–0）的发布，进一步为联合情报条令体系的一体化稳定发展打牢了理论基础。该版《联合情报》（JP 2–0）吸收美国在情报理论研究方面的重要成果，引入、调整并重新界定了“情报”“作战环境”等一系列重要概念，集中反映“9 · 11”事件后美军联合作战情报支援理论的新发展和新变化；因应美国国家与军事情报体制的调整、变化，详细界定国家情报总监、负责情报事务的国防部副部长、联合情报行动中心（Joint Intelligence Operations

Center，JIOC）等机构在联合作战情报支援中的任务和职责，完善并更新美军联合作战情报支援的制度安排；进一步细化美军的情报流程，在联合作战情报支援原则、搜集、分析、评估等核心领域产生了许多新认识、新做法，充分反映美军联合情报工作的实践经验。

其次，在体系的第二层级，2004 年版《军事行动联合情报支援》（JP 2–01）是继“9 · 11”事件后联合情报条令体系发展史上第一个重大调整成果。2004 年，美军合并了《军事行动联合情报支援》(JP 2–01）和《联合作战国家情报支援》(JP 2–02)，发布新版《军事行动的联合与国家情报支援》(JP 2–01)，这是美军联合情报条令体系发展史上一次划时代的调整。新版《军事行动联合情报支援》(JP 2–01）首次用“情报流程”概念取代原来的“情报周期”概念，将信息转化为情报并提供给指挥官的联合情报支援过程简化为六类相互作用、相互联系的情报行动：计划与指导、搜集、处理与利用、分析与生产、分发与整合、评估与反馈；同时，新版 JP 2–01 条令反映了美军打破军事与国家情报机构壁垒、提高情报机构互通性的现实情况及未来一段时间的联合情报支援机制。

此外，美国地理空间情报理论和实践在这一阶段中得到长足的发展，其成果丰富了联合情报条令体系的组成，成为第二层级中另一支柱。一直以来，地理空间情报及其前身“图像”“图像情报”“地理空间信息”是美军占据首位的情报门类，涉及美军核心的情报搜集技术及机构。为此，美军首先将第二层级中《联合作战地理空间信息与勤务支援联合战术、技术和程序》(JP 2–03）与第三层级区分开来，更名为《联合作战地理空间情报支援》(JP 2–03)，根据情报转型和反恐战争情报支援工作的实践经验，发挥自己在空中与空间侦察方面的绝对优势，将原有的“图像”“图像情报”“地理空间信息”等合并为新的情报门类“地理空间情报”（geospatial intelligence，GEOINT)。2017 年，美军将该条令更名为《联合作战中的地理空间情报》。

在此阶段，美军对第三层级中《军事行动联合情报支援》(JP 2–01) 的两部辅助条令作出相应调整：一方面，2006 年发布的新版 JP 2–01.2 条令《联合作战反情报与人力情报支援》，反映出“9·11”事件后美国情报机构对过去过于依赖技术而忽视人力情报做法的反思，分析了“基地”组织的分散式网状组织结构、强大的网络技术能力和隐蔽的“在任何情况下都对其行动有极好的保密”的做法，认为攻破这样的组织不仅需要电子设备，更需要人力情报；另一方面，去除原有三部条令题目中的“战术、技术和程序”，并将《目标选择与打击情报支援联合战术、技术和程序》(JP 2–01.1) 并入联合条令体系的作战系列条令《联合目标选择与打击》(Joint Targeting) (JP 3–60)，反映出美军情报与作战一体化趋势，同时消除了条令死板僵硬的印象、提升了联合情报条令体系整体理论水平和现实指导地位。

第二章
美军联合情报条令体系的结构

美军联合情报条令体系由不同层级上相互关联、相互依赖的联合情报条令构成。体系的外部环境、外部结构和内部结构，以及它们之间的联系，决定了体系的整体性和功能。因此，全面分析联合情报条令体系的结构，是认识这一体系及其功能的重要步骤。了解其上下级体系主要结构关系及联合条令体系结构构建原则，是分析联合情报条令体系结构的“敲门砖”。

在结合特定历史背景，勾勒美军联合情报条令体系历史演变轨迹后，本章主要运用系统科学的研究方法，依据美军官方规定中划分联合条令体系结构的主要方法，就联合情报条令体系在各个层级上组成子系统做出详细论述。同时，分析单本条令在经历合并、取缔、更新等调整变化之后不变的理论定位，阐述单本条令更新引起的体系间联动反应对整个体系发展、完善的促进作用，以期全面、深入研究联合情报条令体系“是什么”的命题。

第一节　美军联合情报条令体系的外部结构

在功能上、实体上以及（或）行动上相互关联或相互依赖的一组要素构成一个统一的整体，即体系。将体系看作一个整体，考察其外部结构关系及外部环境是体系研究的基础。然后，从整体出发将体系进行分解，在分解后的研究基础上，重新综合连接成体系的整体，最终得以实现体系研究。

联合情报条令体系在从无到有、再到稳定发展的演变过程中，不断受到外部结构和环境的影响。如图 2–1 所示，以联合情报条令体系为中心向周围扩展关系网络，该体系向上隶属联合条令体系、联合出版物体系、美军情报条令体系以及美军法律法规体系等；向下，其统领各军种情报条令体系的建设，并与军种情报条令体系保持紧密互动。同时，国防部和参联会颁布的行政管理政策，以及体系所需的组织、技术等实体构成了联合情报条令体系的开发体系。

联合情报条令体系组成条令的调整与更新，往往会引起整个美军条令体系的联动变化，以确保整个体系的结构更加稳定、科学、合理。美军各级各类条令体系之间的这种联动反应，也是美军现实情报与作战、指挥与控制体系一体化的反映。在图 2–1 呈现的结构关系网络中，联合情报条令体系起到向上衔接联合条令体系、向下统领各个军种的情报条令体系的纽带作用。尤其是，认识联合情报条令体系的上级体系结构——联合条令体系、下级体系结构——军种情报条令体系，有助于分析联合情报条令体系

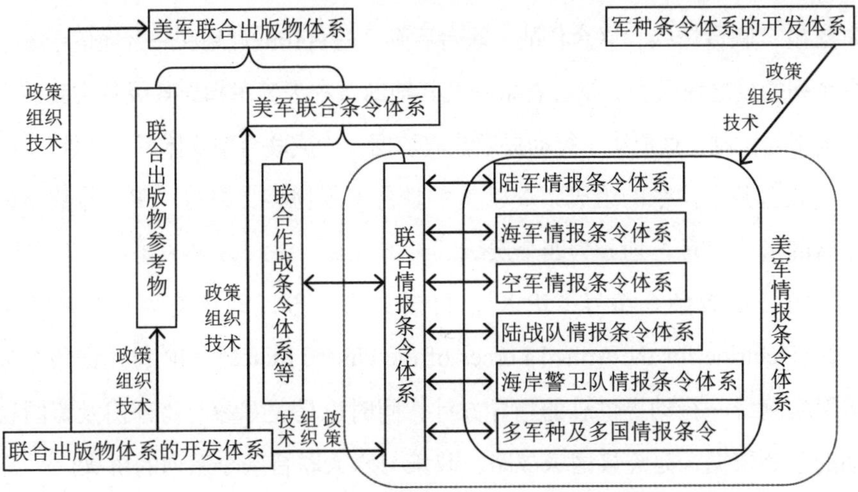

图 2–1 美军联合情报条令体系主要外部结构关系示意图

内部层级的构建，以及全面研究联合情报条令体系的子系统。

一、上级结构：联合条令体系

在参联会主席的授权和指导下，美军建立了一整套研究、开发、训练、验证联合作战理论的完整体制，有力推动了联合条令体系的发展。该体系集中体现美军的作战思想和作战理论，并在一定程度上反映美军的建军思路和做法，已经成为美军联合作战理论发展水平的主要标志。

美军联合条令体系包含拱顶石条令（Capstone Doctrine）、拱心石条令（Keystone Doctrine）及其辅助条令（supporting doctrine）（参见图 2–2）。拱顶石条令为美国武装力量进行统一行动提供总的指导方针。拱心石条令及其辅助条令主要遵循联合参谋部行政组织结构的一般原则，构成人事、情报、后勤、作战、计划、通信系统六大职能领域的联合条令系列。

拱顶石条令与拱心石条令共同构成联合条令体系的核心结构，是衔接国家级军事战略与战术级战略目标的枢纽，负责传递国家军事战略要旨，为实现终极国家目标服务。如图 2–2 所示，六部拱心石条令分别是联合人事支援、联合情报、联合作战、联合后勤、联合作战计划和联合通信系统条令系列的战略级条令。拱心石条令及其辅助条令为美军指导各级各类武装力量运用与协调、达成统一行动提供法规依据，构成联合条令体系的主体。

联合条令体系的组成条令以美军联合出版物英文缩写“JP”与数字相结合的形式编号，划分为四个层级。

第一层级条令编号“JP X”，目前只有一部，即《美国武装部队条令》(Doctrine for the Armed Forces of the United States)（JP 1)。该条令为美军实施统一行动提供总的指导方针，同时也是美军参与跨部门及跨国行动的条令依据，是连接国家战略、政策与六大联合条令系列的桥梁。

第二层级条令编号“JP X–0”。因循联合参谋部主要职能部门编号方

拱顶石条令

《美国武装部队条令》（JP 1）

- □ 对武装部队实施统一指导的基本原理
- □ 国防部及其主要机构的职能
- □ 联合司令部组织机构
- □ 联合指挥与控制基本原理
- □ 联合部队发展基本原理

（2013年3月）

拱心石条令

《联合人事支援》

（JP 1–0）

- □联合人事支援的组织、职能和原则
- □联合人事支援任务与职责
- □联合人事计划

（2011年10月）

《联合情报》

（JP 2–0）

- □ 情报的性质
- □ 联合情报的原则
- □ 情报组织及其职责
- □ 联合作战计划、实施及评估阶段的情报支援
- □ 联合、跨部门、多国情报共享与协作

（2013年10月）

《联合作战》

（JP 3–0）

- □ 联合作战的基本原则
- □ 联合指挥的艺术
- □ 联合职能
- □ 联合作战的组织实施

（2011年8月）

《联合后勤》

（JP 4–0）

- □ 联合后勤基本理论
- □ 联合后勤核心职能
- □ 联合后勤的协调与统一
- □ 联合后勤行动的计划与实施

（2013年10月）

《联合作战计划》

（JP 5–0）

- □ 联合作战计划的角色
- □ 联合作战计划与实施系统
- □ 战略指导与联合作战计划
- □ 联合作战计划程序

（2011年8月）

《联合通信系统》

（JP 6–0）

- □ 联合通信系统的目标、角色、职能和原则
- □ 联合部队通信系统运作的计划与管理
- □ 联合部队网络行动
- □ 联合通信系统对总统、国防部长、参联会及情报界的支援

（2010 年6月）

图 2–2 美军联合条令体系核心结构

式，“X”分别编号为“1”（联合人事条令与参考物）、“2”（联合情报条令）、“3”（联合作战条令）、“4”（联合后勤条令）、“5”（联合作战计划条令）和“6”（联合通信系统条令）。目前，这一层级有六部条令：《联合人事支援》（Joint Personnel Support）（JP 1–0）、《联合情报》（JP 2–0）、《联合作战》（Joint Operations）（JP 3–0）、《联合后勤》（Joint Logistics）（JP 4–0）、《联合作战计划》（Joint Operations Planning）（JP 5–0）和《联合通信系统》（Joint Communications System）（JP 6–0）。

第三层级条令编号“JP X–0X”，为六大职能领域提供辅助性延伸条令。这一层级联合条令在整个美军联合条令体系中所占比重最大。

第四层级条令编号“JP X–0X.X”，为第三层级联合条令提供辅助性条令或联合战术、技术与程序。例如，《联合作战反情报与人力情报支援》（JP 2–01.2）为《军事行动的联合与国家情报支援》（JP 2–01）辅助条令。

美军联合条令体系按照提供授权的签发单位级别分为线上和线下两级（参见图 2–3）。

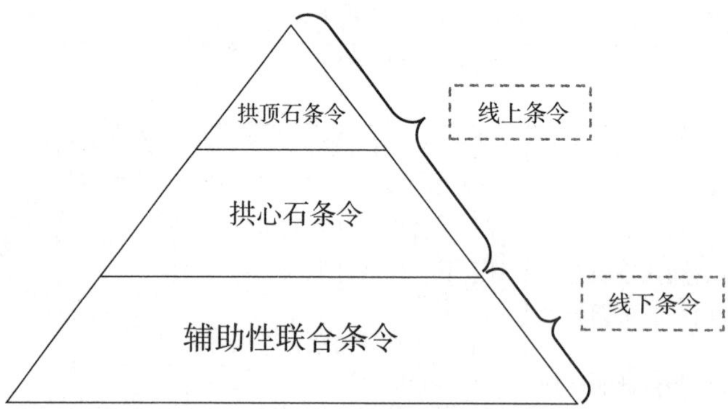

图 2–3　美军联合条令体系结构示意图

线上结构由参联会主席签发的联合条令构成，包括编号为“JP X”和“JP X–0”的条令。线下结构则由联合参谋部部长签发的联合条令构成，包括编号为“JP X–0X”和“JP X–0X.X”的条令。

需要明确的是，美军参联会主席及联合参谋部部长签发的指令（Instruction）、手册（Manual）、通知（Notice）和指南（Guide）等不属于联合条令体系的范畴。例如，参联会主席指令（CJCSI）或者参联会主席手册（CJCSM）是针对特定任务的权威性政策指令或具体的实施程序手册，但并不涉及武装力量的运用。

二、下级结构：军种情报条令体系

美国现有武装力量由陆军、海军、空军、海军陆战队和海岸警卫队的现役部队、后备役部队和文职人员组成。各个军兵种都拥有独特的传统和能力，努力建设自身的情报条令体系，以发挥各自情报优势和军种最大作战能力，提高联合作战体系的多能性和灵活性，实现作战效能最大化。

作为美国历史最悠久的军种，陆军于 1775 年 6 月 14 日建军，在现有武装力量中拥有最为丰富、健全的法律法规体系。陆军是美军中非常重视“理论牵引”的部队，早在 1973 年就成立了陆军训练与条令司令部，专门负责条令制定任务。尤其在过去的 30 年里，陆军一直加快建设和调整情报条令体系，强化与联合情报条令体系的融合、互补，以逐步实现军种情报能力向联合情报能力的转变。陆军情报条令体系与情报手册、陆军条例（AR）、陆军部情报手册（DA Pam）及情报特别手册等一起构成了美国陆军情报法规体系的主体结构。

美国海军于 1775 年 10 月 13 日建军，紧随陆军之后。尽管海军是美国达成全球威胁的主要军事力量，但海军情报条令体系建设长期不受重视。与陆军情报条令体系相比，海军情报条令体系显得不够完整。在海军情报法规体系中，海军部长和海军作战部长发布的情报指令以及海军战术、技术与程序弥补了情报条令体系的不足。

美国海军情报条令体系，由海军自 1984 年开始制定的海军作战出版物（Naval Warfare Publication，NWP）情报系列演变而来。1988 年，海军作战发展司令部成立，负责概念和条令的开发，以提升海军的联合作战能力。1994 年，在联合情报条令体系第一部战略级条令正式发行之后，美国海军也公布了海军条令出版物《海军情报》（Naval Intelligence）（NDP 2）。海军条令出版物《海军情报》成为美国海军情报条令体系的战略级条令，标志着海军情报条令体系结构的确立。随后，海军发布了情报条令体系的战役级条令《海上作战情报支援》（Intelligence Support to Operations Afloat）（NWP 2–01，1997），以及战术级条令《战区导弹防御战斗空间情报准备的多军种战术、技术与程序》（Multi-service Tactics, Techniques, and Procedures for Theater Missile Defense Intelligence Preperation of the Battlespace）（NWP 2–01.2，2002）和《技术情报行动的多军种战术、技术与程序》（Multi-service Tactics, Techniques, and Procedures for Technical Intelligence Operations）（NWP 2–01.4，2006）。

美国海军陆战队于 1775 年 12 月 10 日建军，是美国最早建军的三支武装力量之一。海军陆战队曾沿用了海军的情报条令、条例。海军陆战队现行情报条令体系，是在 1980 年至 1993 年间发布的舰队陆战队手册基础上建设的，主要包括海军陆战队条令出版物情报系列（MCDP 2 系列）和海军陆战队作战出版物情报系列（MCWP 2 系列）。

美国空军于 1907 年 8 月 1 日建军，建军历史在几个军种中稍短。海湾战争之前，空军并没有给予情报条令体系建设足够的重视。随着海湾战争的爆发，空军加强了联合作战中空军情报能力的建设。1996 年，空军推出空军条令文件《情报、监视与侦察行动》（Intelligence, Surveillance and Reconnaissance Operations）（AFDD 50），这部文件成为美国空军第一部真正意义上的情报条令。为进一步提升联合作战能力，保持与联合情报条令体系的协调一致，2010 年空军也以 2 系列整编自己的情报条令。条令文件《情报、监视与侦察行动》遂成为空军战略级情报条令（AFDD 2–0），与空军情报方面的政策指示、指令和手册一起构成空军的情报法规体系。

美国海岸警卫队于1915年1月28日建军，建军历史在几个军种中最短。从能够获取的公开资料看，海岸警卫队的情报条令体系架构还不成熟。与其他军种相比，海岸警卫队情报条令体系建设开始得较晚，但它在建设条令体系时基本沿用了联合条令体系的架构，并在2003年发布了《海岸警卫队情报拱顶石文件》(Coast Guard Intelligence Capstone Document)，以指导情报条令的开发。海岸警卫队现行情报条令体系由海岸警卫队出版物体系的情报系列（CGP 2系列）构成，目前《情报》(Intelligence)（CGP 2–0）是战略级情报条令。海岸警卫队出版物体系的情报系列与情报方面的总司令指令（COMDTINST）、总司令出版物（COMDTPUB）和总司令手册（COMDTINST M）一起构成海岸警卫队的情报法规体系。

第二节　美军联合情报条令体系内部层级构建的原则和目标

遵循美国法律法规体系自上而下的构建原则，联合情报条令体系结构组成与其上级体系——联合条令体系保持一致，呈现自上而下的层级结构。同时，从构成联合情报条令体系结构的子系统及其发展演变看，美军主要以情报行动对实现战略、战役、战术级作战目标的作用为原则构建联合情报条令体系结构。因此，美军联合情报条令体系的内部层级构建原则并不是单一、固定的，而是融合了多种指导思想的综合体。

一、遵循联合条令体系层级构建原则

作为联合条令体系中情报职能领域的条令子体系，美军联合情报条

令体系的结构遵循联合条令体系层级构建原则。首先，在统一编号上，体系的组成条令以联合出版物 2 系列编号，即第一层级编号为“JP 2–0”，第二层级为“JP 2–0X”，第三层级为“JP 2–0X.X”。其次，按签发单位级别，联合情报条令体系由线上和线下两级构成。从美军已公开的现行联合情报条令体系来看，线下联合情报条令已由全面负责联合条令体系开发的联合部队发展局局长直接签署。按条令内容划分，联合情报条令体系由 1 部拱心石条令 JP 2–0 和 4 部辅助条令组成。同样的，在联合情报条令体系开发各个阶段产生的条令初稿、意向条令以及测试条令也有很多，由于情报的特殊性，美军对这类（广义上）情报条令的传阅进行了限制。

二、紧盯战争各层级的情报使命构建

联合情报行动贯穿整个作战行动，对实现战略级、战役级、战术级作战目标具有决定性作用。为此，美军联合情报条令体系的结构组成主要分为战略级子系统（1 部拱心石条令）、战役级子系统（2 部辅助条令）和战术级子系统（2 部辅助条令）。

在现行的体系结构中，如图 2–4 所示，战略级拱心石条令《联合情报》（JP 2–0）为联合情报支援力量提供统一的概念体系和顶层指导理论，同时反映了美军达成作战与情报一体化目标的理念。

战役级子系统包含《军事行动的联合与国家情报支援》（JP 2–01）和《联合作战中的地理空间情报》（JP 2–03）。这两部条令是联合情报支援理论及指导原则在战役层面的具体落实，明确了各级联合情报组织、国家情报界等联合作战情报支援力量的组织结构、部门职责及其指挥关系，以及各级地理空间情报机构为联合作战提供地理空间情报支援的责任和流程。

战略级

《联合情报》(JP 2-0)

- □ 情报的性质
- □ 联合情报的原则
- □ 情报组织及其职责
- □ 联合作战计划、实施及评估阶段的情报支援
- □ 联合、跨部门、多国情报共享与协作

(2013 年 10 月)

⇩ ⇧

战役级

《军事行动的联合与国家情报支援》(JP 2-01)

- □ 军事行动中情报的角色
- □ 联合与国家级情报组织、职责及程序
- □ 情报行动与情报流程
- □ 联合作战计划阶段的情报支援

(2017 年 7 月)

《联合作战中的地理空间情报》(JP 2-03)

- □ 地理空间情报基础理论
- □ 地理空间情报的角色和职责
- □ 联合作战中的地理空间情报
- □ 地理空间情报活动

(2017 年 5 月)

⇩ ⇧

战术级

《联合作战反情报与人力情报支援》(JP 2-01.2)

- □ 反情报与人力情报基础理论
- □ J-2X 的反情报与人力情报组织及职责
- □ 联合作战中反情报与人力情报支援程序
- □ 反情报与人力情报的处理、利用和报告

(2016 年 5 月)

《作战环境联合情报准备》(JP 2-01.3)

- □ 作战环境联合情报准备基础理论
- □ 作战环境联合情报准备的角色
- □ 作战环境联合情报准备程序
- □ 作战环境联合情报准备对联合部队行动的支援

(2017 年 7 月)

图 2–4　美军现行联合情报条令体系结构组成核心内容[1]

---

[1] 美军联合情报条令 JP 2–01.2 和 JP 2–01.3 属加密条令，图 2–4 中有关这两部条令核心内容的总结主要依据有二：一是美军其他几部联合情报条令各个版本中对这两部条令的描述和索引；二是美军联合条令核心内容的编排要求和规律。参见：U. S. Joint Chiefs of Staff, Joint Publication 2-0, *Doctrine for Intelligence Support to the Joint Operations*, Washington, D. C.: GPO, 9 March 2000; U. S. Joint Chiefs of Staff, Joint Publication 2-0, *Joint Intelligence*, Washington, D. C.: GPO, 22 October 2013; U.S. Joint Chiefs of Staff, Joint Publication 2-01, *Joint and National Intelligence Support to Military Operations*, Washington, D.C.: GPO, 7 July, 2017; U. S. Joint Chiefs of Staff, Chairman of the Joint Chiefs of Staff Manual (CJCSM) 5120.01A, *Joint Doctrine Development Process*, Washington, D. C.: GPO, 29 December 2014。

战术级子系统包括《联合作战反情报与人力情报支援》(JP 2–01.2)和《作战环境联合情报准备》(JP 2–01.3)，前者就联合作战中实施反情报和人力情报行动提供指导性原则及具体的实施流程，后者则对作战环境联合情报准备这一关键行动进行重点规范。

第三节　美军现行联合情报条令体系的子系统

一、战略级子系统：联合情报顶层指导理念

战略级拱心石条令 JP 2–0，为美军提供了实现情报与作战一体化的指导思想，为联合作战情报支援行动提供战略级指导方针。[1]JP 2–0 代表了美军联合情报支援理论最新、最高成果，也为整个联合情报条令体系划分层级结构提供了理论依据。

JP 2–0 是联合情报条令体系各层级中活跃度最高的，其每次更新都能引起美军的广泛讨论和研究。因为情报对信息时代联合作战显而易见的决定性作用，美军的条令开发人员对联合情报条令体系建设倾注了更多的心血，甚至在整个联合条令体系中，JP 2–0 一直被视为“完美的”条令范本，在质量及修订次数上都超越其他拱心石联合条令甚至拱顶石联合条令。[2]

1991 年，美军发布 JP 2–0《联合作战情报支援条令（测试版）》。[3]除此之外，美军迄今正式颁布过 5 部 JP 2–0，分别是：1993 年和 1995 年《作战情报支援联合条令》，2000 年《联合作战情报支援条令》，2007 年

[1] 任国军：《美军情报条令导读》，北京：军事科学出版社，2013 年 6 月，第 5 页。

[2] William G. Welch, “The Everyman’s Joint Library,” *Joint Force Quarterly*, Issue 14, Winter1996-1997, p. 129.

[3] 笔者并未从公开途径搜集到 1993 年的版本，1991 年的测试版 JP 2–0 条令研究价值不容忽视。

和 2013 年《联合情报》。

（一）JP 2–0 包含情报与作战一体化指导思想

实现情报与作战一体化，缩短情报支援的时间差，对夺取信息时代联合作战的胜利至关重要。JP 2–0 是美军实现情报与作战一体化、最大化提高情报支援效力的顶层指导，反映美军保持情报行动与作战行动节奏一致的工作现实（参见图 2–5）。

在图 2–5 中，JP 2–0 是衔接联合情报条令体系与联合条令体系中人事、作战、后勤、计划和通信系统等系列的桥梁（详见附录 B“美军联合出版物体系结构图”）。联合情报条令体系的发展规模在联合条令体系中仅次于作战系列，其演变历史中呈现明显的情报与作战一体化趋势。

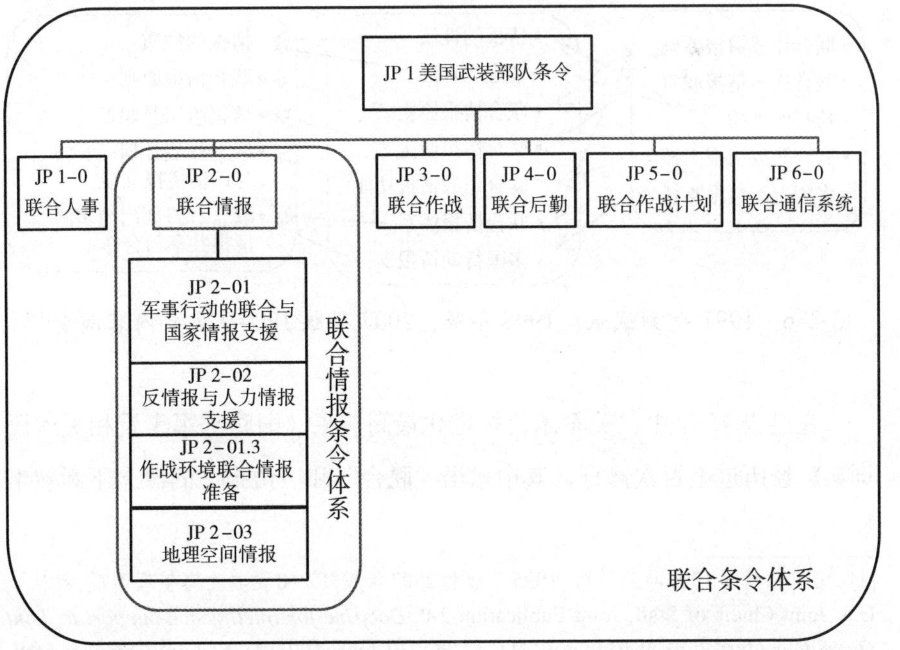

图 2–5　美军现行联合条令体系中 JP 2–0 的层级示意图

在 JP 2–0 的不同版本中，1991 年测试版、1995 年版和 2007 年版对整个联合情报条令体系发展具有重要的推动作用（参见图 2–6）。尤其是，2007 年版《联合情报》的发布，是美军在国家安全环境变化、军事转型以及情报改革不断推进、数年反恐战争背景下，迎面挑战、实现情报与作战一体化的决心体现，同时也是影响美军联合情报条令体系发展的历史性转折。条令首次以“联合情报”命名，反映出美军自二战时期开始为追求“消除部门壁垒，提供优质情报”做出的努力取得实质性进展。

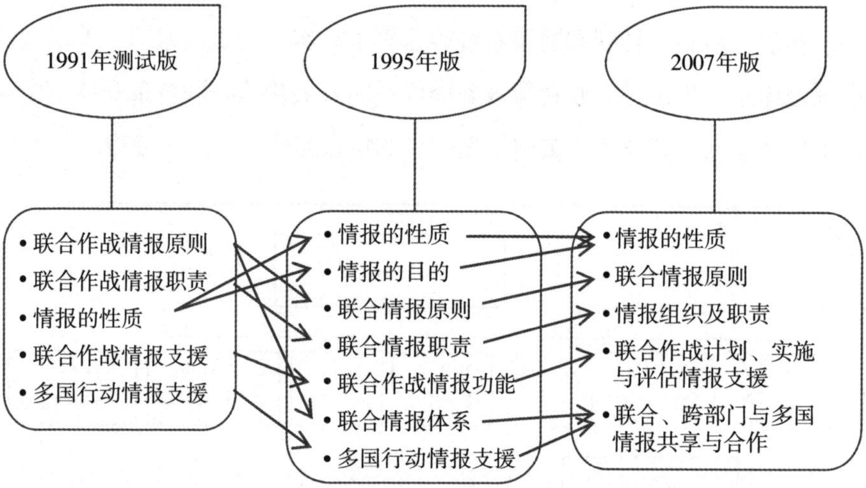

图 2–6　1991 年测试版、1995 年版、2007 年版 JP 2–0 主要内容演变 [1]

在过去 45 年中，美军术语标准化最高成果《国防部军事及相关术语词典》经历过上百次修订，其中术语“联合”和“情报”的概念不断被丰

[1]　图 2–6 根据 1991 年测试版、1995 年版和 2007 年版 JP 2–0 主要内容整理而成，参见：U.S. Joint Chiefs of Staff, Joint Publication 2-0, *Doctrine for Intelligence Support to Joint Operations* (Test Pub), Washington, D.C.: GPO, 30 June, 1991; U. S. Joint Chiefs of Staff, Joint Publication 2-0, *Joint Doctrine for Intelligence Support to Operations*, Washington, D. C.: GPO,5 May 1995; U.S. Joint Chiefs of Staff, Joint Publication 2-0, *Joint Intelligence*, Washington, D.C.: GPO, 22 June, 2007。

富和充实，“联合情报”的概念内涵也得到发展和普及。1948 年，术语“联合情报”并没有作为第一批联合术语进入《美国联合用途军事术语词典》，从某种程度上反映了当时情报机构或部门之间不联合、不协调的事实。直到 1972 年，美军将《美国联合用途军事术语词典》更新为《国防部军事及相关术语词典》，吸收术语“联合情报”，在制度等级上强化了“联合”的权威性，定义联合情报是“由同一国家一个以上军种的机构生产的情报”[1]。

随着联合情报条令体系的建设与发展，战略级联合情报条令 JP 2–0 成为美军由“情报”支援“联合作战”理念向情报与作战一体化理念发展的集中反映。如图 2–6 所示，术语“联合情报”在各个版本的 JP 2–0 章节中逐渐取代“联合作战情报支援”，反映出美军“情报与作战一体化”从理念发展转变为能力的现实过程。2013 年版 JP 2–0 继承了 2007 年版的框架和主要内容，成为美军情报与作战一体化的现行顶层指导。

（二）JP 2–0 界定联合情报核心概念体系

JP 2–0“将美国情报理论研究领域的成果与美军的情报行动经验相结合”[2]，通过引入、调整或重新界定情报领域核心概念，吸收情报理论研究方面的重要成果，反映美军联合作战理论不同历史阶段的新发展、新变化；通过吸收美军情报工作的最新实践经验，丰富、深化并细化联合作战情报支援的实施过程，不断增强情报流程的科学性、可操作性和现实针对性；因应国家及联合情报体制调整和变化，及时界定各级情报机构在联合情报支援行动中的任务和职责，完善、更新美军联合情报有关制度安排。

1995 年，美军首次将新修订的 JP 2–0 与联合条令体系的拱顶石条令

[1] U.S. Joint Chiefs of Staff, Joint Publication 1-02, *Department of Defense Dictionary of Military and Associated Terms*, Washington, D.C.: GPO, 8 November 2010 (As Amended Through 15 January 2015), p. 132.

[2] U.S. Joint Chiefs of Staff, Joint Publication 2-0, *Joint Intelligence*, Washington, D.C.: GPO, 22 October, 2013, p. II-1.

及其他拱心石条令合并出版，发布精装版“联合条令专业案头书系列”（Joint Doctrine Professional Library Desk Set），作为美军联合作战理论重要成果，成为指导各级联合部队统一行动的权威参考（参见图 2–7）。

图 2–7　1995 年版“联合条令专业案头书系列”实物图

如图 2–7 所示，“联合条令专业案头书系列”主要包含 1 部拱顶石条令（JP 1），5 部拱心石条令[1]，1 部《联合出版物摘要》（Compendium of Joint Publications）（JP 1–01.1），以及 1 部高度凝练的手册《拱顶石、拱心石联合条令入门》（Joint Doctrine Capstone and Keystone Primer）。以上条令及手册，附带光盘包装在精美的硬皮盒子里，送达当时美国国会、国防部及各军种领导人办公桌以及军内主要大学、学院图书馆，引发极大关注。其中，1995 年版 JP 2–0 对 1991 年测试版和 1993 年版主要内容做出梳理，摒弃混乱、琐碎的

[1]　这 5 部拱心石条令有：《作战情报支援联合条令》（JP 2–0）、《联合作战条令》（Doctrine for Joint Operations）（JP 3–0）、《联合作战后勤支援条令》（Doctrine for Logistic Support of Joint Operations）（JP 4–0）、《联合作战计划条令》（Doctrine for Planning Joint Operations）（JP 5–0）和《联合作战指挥、控制、通信与计算机（C^4）系统支援条令》（Doctrine for Command, Control, Communications, and Computer [C^4] Systems Support to Joint Operations）（JP 6–0）。参见：William G. Welch, “The Everyman’s Joint Library,” *Joint Force Quarterly*, Issue 14, Winter 1996-1997, p.129。

论述方式，初步确立起联合情报核心概念体系，影响了联合情报条令体系近10年的发展，为2007年《联合情报》的发布打下坚实的基础。

现行2013年版JP 2–0是2007年版的继承和发展，更新了情报、情报原则、情报门类、情报活动、情报流程、情报组织、情报共享等联合情报核心概念，明确了国家级、联合级、军种级情报组织机构在联合作战制胜过程中的角色和功能，计划、实施情报活动的原则和流程等，为各级情报人员实现情报概念与术语的统一和标准化打下扎实的理论基础，对跨部门、多国情报共享的实施流程做出指导，形成指导美军联合情报支援工作的顶层理论（参见图2–8）。

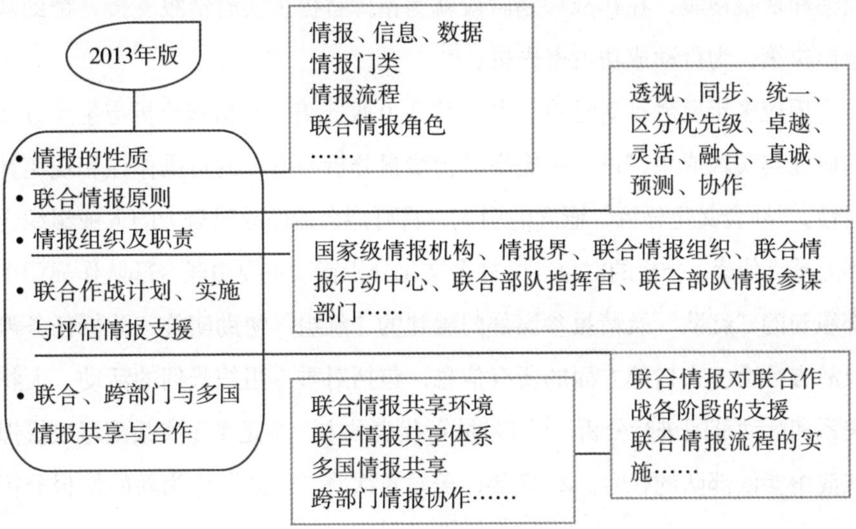

图2–8　现行JP 2–0核心概念[1]

在继承以往条令核心内容的基础之上，现行JP 2–0吸取联合作战情报支援行动中的新认识和新经验，重新描述联合情报流程，重点吸收

[1] 图2–8根据2013年版JP 2–0主要内容整理而成，参见：U.S. Joint Chiefs of Staff, Joint Publication 2-0, *Joint Intelligence*, Washington, D.C.: GPO, 22 October 2013。

并界定美军在搜集、分析和生产等情报流程方面产生的“搜集战略”（collection strategy）、“社会文化分析”（SCA）、“身份情报”（identity intelligence，I2）等新概念，重新区分了“红队”（red team）和“红组”（red cell）的任务分工。

美军认为，情报流程各环节并不是完全隔离的，而是深度融合的。负责搜集任务的情报人员须跟踪分析环节进度，不断调整搜集战略，准确选择情报搜集门类以满足特定信息需求（specific information requirement，SIR）。[1] 在联合作战情报支援行动中，情报部门能够制定一体化情报搜集战略，充分利用美国、伙伴国及东道国所拥有的情报搜集能力进行持续的侦察和情报搜集，在作战计划阶段就为指挥官提供实时情报支援，帮助其做出决策，为行动成功占得先机。[2]

因应多年反恐行动经验，现行 JP 2–0 吸收美军在情报分析与生产方面的研究与实践成果，进一步提高联合情报分析与生产的可操作性和现实针对性。“社会文化分析”概念的引入，将可能会援助敌对势力的人或组织也列入重点侦察、分析的对象。[3] 社会文化分析行动主要由联合部队作战司令部组建的“红队”及情报参谋部门组建的“红组”协助实施，分析任务涉及敌方社会、人口等方面的所有信息，包括对重点组织长期的活动、人物关系和活动范围进行分析。[4]“红队”代表敌方，本是美军实兵演习或模拟推演中参演部队的代号。2007 年，美军首次将“红队”作为新的情报分析

[1] U.S. Joint Chiefs of Staff, Joint Publication 2-0, *Joint Intelligence*, Washington, D.C.: GPO, 22 October 2013, p. I-13.

[2] U.S. Joint Chiefs of Staff, Joint Publication 2-0, *Joint Intelligence*, Washington, D.C.: GPO, 22 October 2013, p. IV-22.

[3] 参见：U.S. Joint Chiefs of Staff, Joint Publication 2-0, *Joint Intelligence*, Washington, D.C.: GPO, 22 October 2013, p. I-4; Kerry Patton, *Sociocultural Intelligence: A New Discipline in Intelligence Studies*, New York: Continuum Publishing Corporation, 2010, p.2。

[4] U.S. Joint Chiefs of Staff, Joint Publication 2-0, *Joint Intelligence*, Washington, D.C.: GPO, 22 October 2013, p. GL-11.

方法吸纳到 JP 2–0 中，认为“红队”由训练有素、经验丰富的专家组成，具有站在敌方立场分析指挥官在作战环境中面临最关键的情报与作战问题、对备选计划和行动方案进行充分考察的独立能力。[1] 为了体现情报分析的对抗性，减少思维定式等的干扰，避免遭敌欺骗或突袭，“红组”通常要提出许多基于威胁的假设，而“红队”则要验证己方对敌方的设想是否正确[2]，从而提高指挥官及其参谋人员了解敌方、实现作战环境可视化的能力[3]。

现行 JP 2–0 对情报产品[4]的分类做出重要修订，将有关人员身份的情报“身份情报”（I2）增加为第八种情报产品[5]，认为借助“生物赋能情报”（BEI）、“鉴定赋能情报”（FEI）、“文件与媒体加工”（DOMEX）等新型搜集手段实施的身份认证情报行动对判断敌人潜在的攻击意图，并将恐怖袭击扼杀在萌芽状态意义重大。[6] 另外，用“预警情报”替换原来的“征候与预警（I&W）情报”，强调情报“预警”对决策者的决定性支援，并从时敏性角度将预警情报产品细化，分为“正在涌现的预警问题”和“持续提供预警的问题”两大类。[7]

---

[1] U.S. Joint Chiefs of Staff, Joint Publication 2-0, *Joint Intelligence*, Washington, D.C.: GPO, 22 June, 2007, p. I-26.

[2] U.S. Joint Chiefs of Staff, Joint Publication 2-0, *Joint Intelligence*, Washington, D.C.: GPO, 22 October 2013, p. I-28.

[3] U.S. Joint Chiefs of Staff, Joint Publication 2-0, *Joint Intelligence*, Washington, D.C.: GPO, 22 June, 2007, p. I-26.

[4] 美军根据情报生产的目的和用途对情报产品进行分类。2007 年，美军情报产品包括七大类：征候与预警（I&W）情报、动态情报（current intelligence）、一般军事情报（GMI）、目标情报（Target Intelligence）、科技情报（S&TI）、反情报（CI）和评估情报（Estimative Intelligence）。参见：U.S. Joint Chiefs of Staff, Joint Publication 2-0: *Joint Intelligence*, Washington, D.C.: GPO, 22 June, 2007, pp. I-16~19。

[5] U.S. Joint Chiefs of Staff, Joint Publication 2-0, *Joint Intelligence*, Washington, D.C.: GPO, 22 October 2013, p. I-18, 20.

[6] U.S. Joint Chiefs of Staff, Joint Publication 2-0, *Joint Intelligence*, Washington, D.C.: GPO, 22 October 2013, p. I-20.

[7] U.S. Joint Chiefs of Staff, Joint Publication 2-0, *Joint Intelligence*, Washington, D.C.: GPO, 22 October 2013, p. I-18.

二、战役级子系统：情报力量的高度一体化

作为联合情报条令体系的中枢，JP 2–01 和 JP 2–03 两部战役级条令上承 JP 2–0 战略指导，下启关键性联合情报活动实施原则，提供实现联合力量一体化、无缝衔接的重要原则。其中，JP 2–01 就联合作战中各级情报支援力量的协调行动提供指导原则；JP 2–03 对各级地理空间情报组织机构的职责进行细化和明确，以促进地理空间情报支援力量的聚力联合，实现作战环境可视化。两部条令均在 20 世纪 90 年代末首次发行，现行版本于 2017 年颁布。

（一）JP 2–01 规范各级情报力量的统一行动

联合情报的目的就是通过整合联合、军种和国家级情报组织的能力，使其形成超越任何单一组织的整体合力，为指挥官提供最准确和及时的情报[1]，实现情报对作战的最大支援力[2]。为实现这一目标，JP 2–01 按照军事行动不同阶段的情报需求，为联合与国家级情报支援主要力量获取情报产品、提供情报服务、开展情报行动确立指导原则；同时，明确在联合情报流程中，情报支援组织机构的具体职责、指挥关系及一体化支援机制（参见图 2–9）。美军因此认为，JP 2–01 提供了战略级拱顶石条令指导思想在战役层级上的重要实施原则。[3]

---

[1] 参见：U.S. Joint Chiefs of Staff, Joint Publication 2-01, *Joint and National Intelligence Support to Military Operations*,Washington, D.C.: GPO, 07 October 2004, p. xi; U.S. Joint Chiefs of Staff, Joint Publication 2-01, *Joint and National Intelligence Support to Military Operations*, Washington, D.C.: GPO, 05 January 2012, p. xi; U.S. Joint Chiefs of Staff, Joint Publication 2-01, *Joint and National Intelligence Support to Military Operations*, Washington, D.C.: GPO, 05 July 2017, p. xi。

[2] U.S. Joint Chiefs of Staff, Joint Publication 2-01, *Joint and National Intelligence Support to Military Operations*, Washington, D.C.: GPO, 05 July 2017, p. xi.

[3] 任国军：《美军情报条令导读》，北京：军事科学出版社，2013 年 6 月，第 5 页。

第一，2004 年版 JP 2–01 是美军打破联合与国家级情报机构传统界限，促使联合与国家情报力量更加融合、一体化的重要体现。

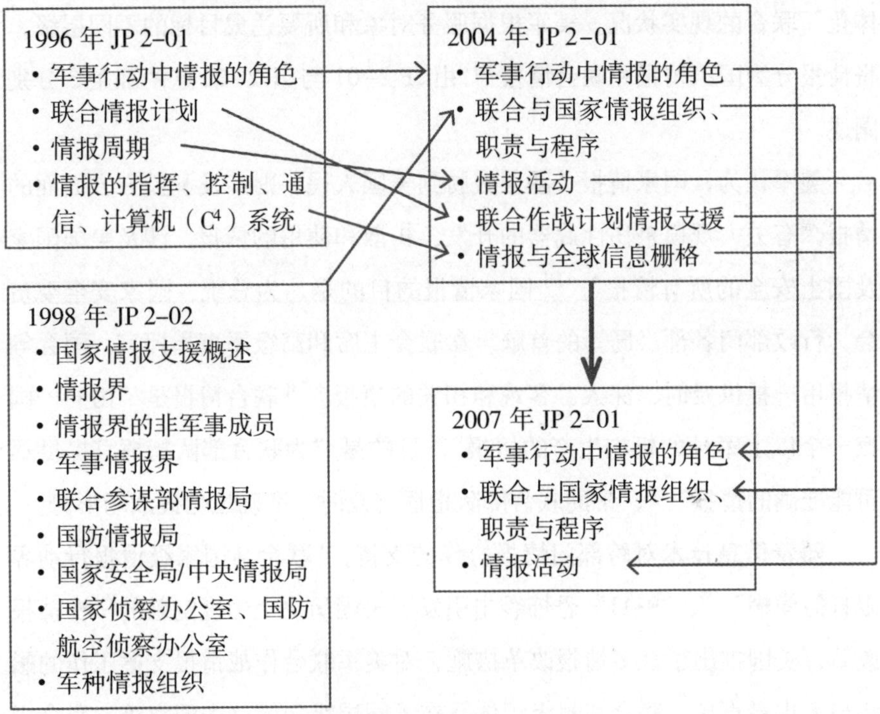

图 2–9　JP 2–01 核心内容演进[1]

[1] 2012 年版 JP 2–01 用“国防部信息网络”取代了“全球信息栅格”，其他内容结构与 2004 年 JP 2–01 基本保持一致，在图 2–9 中不再展示。主要参见：U. S. Joint Chiefs of Staff, Joint Publication 2-01, *Joint Intelligence Support to Military Operations*, Washington, D. C.: GPO, 20 November 1996; U. S. Joint Chiefs of Staff, Joint Publication 2-02, *National Intelligence Support to Joint Operations,* Washington, D. C.: GPO, 28 September, 1998; U.S. Joint Chiefs of Staff, Joint Publication 2-01, *Joint and National Intelligence Support to Military Operations*, Washington, D.C.: GPO, 07 October 2004; U.S. Joint Chiefs of Staff, Joint Publication 2-01, *Joint and National Intelligence Support to Military Operations*, Washington, D.C.: GPO, 05 January 2012; U.S. Joint Chiefs of Staff, Joint Publication 2-01, *Joint and National Intelligence Support to Military Operations*, Washington, D.C.: GPO, 05 July 2017。

美军建设联合情报条令体系的初衷，是为了加强情报共享，协调包括情报界在内的所有情报力量为作战服务。然而，1996 年版 JP 2–01 和 1998 年版 JP 2– 02 的相继问世，却反映出各级情报支援组织远未达到“一体化”联合的现实状况。美军根据服务对象和所要达成目标的不同层级，将情报分为国家情报和联合情报 [1], 由 JP 2– 01 与 JP 2– 02 这两部条令分别阐述。

美军认为，国家情报“涵盖威胁到美国人民、财产及利益方方面面的情报，有关大规模杀伤性武器的开发、扩散和使用的情报，涉及美国国家及国土安全的所有情报”。[2] 国家情报的目的是，为总统、国家安全委员会、行政部门各部（局）的首脑、参联会主席和高级军事指挥官、国会等情报用户提供及时、深入、客观和相关的情报。[3] 联合情报是“由同一国家一个以上军种的机构生产的情报”，目的是“为联合部队指挥官提供尽可能准确的情报”[4]，帮助联合部队指挥官及时、准确地把握战场形势。

随着信息技术对跨部门情报协作的支持，“联合与国家级情报行动界限日益模糊”[5]。“9·11”恐怖袭击引发了美国历史上力度空前的一次情报改革，美国推出了众多情报改革措施，对美军联合作战情报支援工作的影响最大也最直接。联合情报组织体系在不同层级之间（如国家级、联合级

---

[1] 张晓军 :《美国军事情报理论研究》，北京 : 军事科学出版社，2007 年，第 39 页。

[2] U.S. Joint Chiefs of Staff, Joint Publication 2-01, *Joint and National Intelligence Support to Military Operations*, Washington, D.C.: GPO, 05 January 2012, p. GL-14; U.S. Joint Chiefs of Staff, Joint Publication 1-02, *Department of Defense Dictionary of Military and Associated Terms*(8 November 2010, as Amended Through 15 February 2016), p. 162.

[3] James R. Clapper, *The National Intelligence Strategy of the United States of America,* Washington D.C.: Office of the Director of National Intelligence, September 2014, p. 6.

[4] U.S. Joint Chiefs of Staff, Joint Publication 1-02, *Department of Defense Dictionary of Military and Associated Terms*, Washington, D.C.: GPO, 8 November 2010 (As Amended Through 15 January 2015), p. 132.

[5] U.S. Joint Chiefs of Staff, Joint Publication 2-0, *Joint Intelligence*, Washington, D.C.: GPO, 22 October 2013, p. III-1.

与军种级等）以及同级别的不同职能部门之间（如情报、作战与后勤等部门）的监督、协作在加强，美国国家级情报组织（非国防部情报部门）通过派遣代表、支援小组等方式不断加深与联合情报部门间的沟通与协作。2004 年，美军对联合情报条令体系做出重大结构调整，将 JP 2–01 与 JP 2–02 两部条令合并为新版 JP 2–01 条令《军事行动的联合与国家情报支援》，反映出美军联合与国家级情报力量更加融合、一体化的趋势。

第二，现行 2017 年版 JP 2–01 充分吸收并反映美军近年来情报行动最新实践经验，更加强调情报流程对指挥官决策全过程的支援，以实现情报与作战完全同步；进一步明确国家情报总监、国防部副部长（负责情报事务）、联合参谋部、联合情报行动中心等机构的职责，及时反映情报力量指挥与控制关系的现实变化。

面对全球化和技术进步带来经济与安全环境方面的巨大挑战，美军为联合作战情报支援的组织实施，特别是在情报搜集、分析与评估等核心领域，开发了许多新概念，总结了许多新经验。与 2013 年版 JP 2–0 提出的"搜集战略"概念相呼应，现行 JP 2–01 提出以作战任务驱动情报搜集管理，明确国防情报局（DIA）局长是"国防情报搜集管理者"，联合参谋部情报局（J–2）和联合行动中心共同负责情报资源管理整合，确保情报与作战同步。[1] 同时，JP 2–01 界定了"搜集管理""搜集需求管理""搜集行动管理功能"等概念，强调搜集管理应贯穿情报流程的所有环节，将作战任务驱动的情报需求转化为搜集需求，整合并同步所有情报能力，以满足作战指挥官在联合计划和评估方面的情报需求。[2]

JP 2–01 吸收反情报、公开来源情报、人力情报、地理空间情报等领域取得的重大成果，进一步丰富、细化了情报搜集门类方面的内容。新的

[1] U.S. Joint Chiefs of Staff, Joint Publication 2-01, *Joint and National Intelligence Support to Military Operations*, Washington, D.C.: GPO, 05 July 2017, pp. II-15~16.

[2] U.S. Joint Chiefs of Staff, Joint Publication 2-01, *Joint and National Intelligence Support to Military Operations*, Washington, D.C.: GPO, 05 July 2017, pp. III-13~34.

安全环境下，一些团体或个人使用化学、生物，甚至简陋的放射性或核装置就能给对手造成巨大损失和伤害。为应对恐怖主义、大规模杀伤性武器、信息作战及网络空间行动，及时共享情报信息、执法信息及其他行动情报，美军进一步发挥在空中与网络空间的全球情报、监视与侦察管理作用，重点拓宽反情报活动的范畴，将保护信息、信息系统及打击跨国有组织犯罪活动纳入其中；强调技术与人力相结合的情报搜集手段，将“武器技术情报”（Weapons Technical Intelligence，WTI）列为技术情报的一个分支，同时详细界定了“身份情报”“身份情报产品”“身份相关活动”三个人力情报分支。[1]

JP 2–01 明确国家情报总监、负责情报事务的国防部副部长分别领导美国情报界和军事情报系统，统管联合作战情报力量。国家情报总监是情报界 16 个成员机构的最高首长，拥有对情报界部分机构首长的任免权，以及制定人事政策和国家情报计划预算等职责。国家情报总监在联合作战情报支援流程中的主要任务是负责情报搜集与分析，协调美国与外国政府间所有情报共享安排，包括情报来源和分析手段等等。[2] 负责情报事务的国防部副部长，是国防部长和副部长在情报、反情报、安全、敏感活动及所有情报相关事务上的首席顾问。[3]

JP 2–01 明确联合参谋部情报局由参联会主席直接领导、指导和控制，国防情报局为其提供资源。联合参谋部情报局须确保情报资源适用于作战周期。联合参谋部情报局负责向国防部长、参联会主席、联合参谋部其他部门、作战司令部及各军种提供全源情报和人力情报支援。同时，它

[1] U.S. Joint Chiefs of Staff, Joint Publication 2-01, *Joint and National Intelligence Support to Military Operations*, Washington, D.C.: GPO, 05 July 2017, pp. III-35~36.

[2] U.S. Joint Chiefs of Staff, Joint Publication 2-01, *Joint and National Intelligence Support to Military Operations*, Washington, D.C.: GPO, 05 July 2017, p. II-21.

[3] U.S. Joint Chiefs of Staff, Joint Publication 2-01, *Joint and National Intelligence Support to Military Operations*, Washington, D.C.: GPO, 05 July 2017, p. II-12.

也是危机时期为国家和战区决策者提供情报支援的核心部门，管理美国全球防务预警系统。[1]

JP 2–01 明确各级联合情报行动中心是实施情报行动的主要力量。设在国家军事指挥中心的国家联合作战与情报中心（National Joint Operations and Intelligence Center，NJOIC），整合联合参谋部情报局、作战局（J–3）、战略计划与政策局（J–5）等部门力量，持续监控全球态势，帮助参联会主席、国防部长制定国防部计划与危机处理方案。国家联合作战与情报中心设有警戒中心，包含情报副主任，各战区司令部区域咨询处，来自军种情报参谋部门、国防情报机构和中央情报局（CIA）的代表。危机时期，警戒中心会向各战区司令部区域咨询官提供情报分析报告。在作战司令部层面，指挥官通过情报参谋部门对这一层级的联合情报行动中心进行指挥。在大型持久的战役中，联合特遣部队指挥官可以组建战役级联合情报行动中心。[2]

（二）JP 2–03 突出优势情报力量

地理空间情报是美军实现战场可视化的优势情报搜集门类，为美军全球指挥与控制体系提供必要的地理空间信息系统。[3]JP 2–03 是美国国家地理空间情报界在联合作战领域实施地理空间情报行动的权威指导。[4] 现行 2017 年版 JP 2–03 为美国各级地理空间情报组织在联合作战中聚力联合提供顶层指南，明确国家地理空间情报界的组织架构、责任及组织间指挥与控制关系，同时描述了地理空间情报子体系的构成，以及实施地理空间情报行动的流程。

[1] U.S. Joint Chiefs of Staff, Joint Publication 2-01, *Joint and National Intelligence Support to Military Operations*, Washington, D.C.: GPO, 05 July 2017, p. II-1.

[2] U.S. Joint Chiefs of Staff, Joint Publication 2-01, *Joint and National Intelligence Support to Military Operations*, Washington, D.C.: GPO, 05 July 2017, pp. II-3~7.

[3] U. S. Joint Chiefs of Staff, Joint Publication 2-0, *Doctrine for Intelligence Support to the Joint Operations*, Washington, D. C.: GPO, 9 March 2000, p. II-13.

[4] Richard E. Barrowman, "Geospatial Intelligence:The New Intelligence Discipline," *Joint Force Quarterly*, Issue 44, 1st Quarter 2007, p. 14.

第一，2007 年版 JP 2–03 是美军地理空间情报理论与实践发展成熟的标志，确立了各级各类地理空间情报支援机构的行动原则。

地图对于情报计划至关重要，能够为指挥官提供了解战场的全景图[1]（巴顿, 1944）。美军地理空间情报概念在测绘与大地测量概念基础上发展而来，是美军制订并调整情报与作战计划、支援全球目标锁定、实现作战环境可视化[2]的关键情报搜集门类。

美军曾在 1991 年测试版 JP 2–0 中提出，测绘与大地测量是美军两大重要情报支援手段之一。[3]在过去的联合作战中，由国防测绘局（DMA）提供的测绘与大地测量情报产品，为情报参谋部门制订情报计划提供了必要的、专业的、高质量的支援。1995 年版 JP 2–0 规定《联合作战测绘与大地测量支援联合战术、技术和程序》（JP 2–03）将是联合情报条令体系重要构成，明确了测绘与大地测量情报支援在国家级、作战司令部级和下属联合部队级等层面的体系构成：联合参谋部情报局与国防情报局提出国家级测绘与大地测量情报需求，并与国防测绘局、联合作战总司令（Commanders in Chief，CINC）等进行协调，以满足各个层级的测绘与大地测量情报需求；作战司令部级的情报参谋部门须明确战区级测绘与大地测量情报需求，并确保相应支援行动的有效实施；下属联合部队的情报参谋部门要基于作战任务，向所属战区的上级部门提出具体的测绘与大地测量情报需求[4]（参见图 2–10）。

[1] U. S. Joint Chiefs of Staff, Joint Publication 2-0, *Doctrine for Intelligence Support to the Joint Operations*, Washington, D. C.: GPO, 9 March 2000, p. II-6.

[2] U.S. Joint Chiefs of Staff, Joint Publication 2-0, *Doctrine for Intelligence Support to Joint Operations* (Test Pub), Washington, D.C.: GPO, 30 June, 1991, p. IV-16.

[3] 另一大情报支援手段是"情报数据库与自动化系统"，参见：U.S. Joint Chiefs of Staff, Joint Publication 2-0, *Doctrine for Intelligence Support to Joint Operations* (Test Pub), Washington, D.C.: GPO, 30 June, 1991, p. IV-16。

[4] U. S. Joint Chiefs of Staff, Joint Publication 2-0, *Joint Doctrine for Intelligence Support to Operations*, Washington, D. C.: GPO, 5 May 1995, pp. VI-15~16.

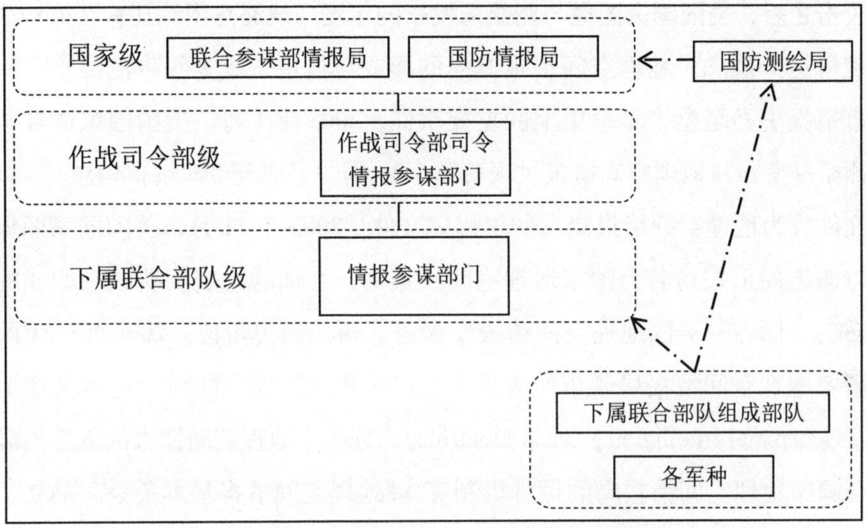

图 2–10　联合作战测绘与大地测量情报支援体系 [1]

1996 年 10 月，国防部发布了成立国家图像与测绘局（NIMA）的命令 [2]；同年 11 月，首部 JP 2–01 吸收新概念“地理空间信息与勤务”，明确地理空间信息为战斗环境可视化提供综合性情报产品，其中包括测绘与大地测量情报。[3]1999 年，美军正式颁布首部 JP 2–03，详细界定地理空间信息在联合作战中的地位、作用以及情报支援程序。该版条令在美军 1995 年提出的联合作战测绘与大地测量情报支援体系基础上，明确了各级地理空间信息支援机构的力量构成与职责。

美军正式将地理空间情报概念引入国家安全领域是在“9・11”恐怖

[1]　根据美军 1995 年版 JP 2–0 联合情报条令的内容整理而成，参见：U. S. Joint Chiefs of Staff, Joint Publication 2-0, *Joint Doctrine for Intelligence Support to Operations*, Washington, D. C.: GPO,5 May 1995, pp. VI-15~16。

[2]　U. S. Joint Chiefs of Staff, Joint Publication 2-02, *National Intelligence Support to Joint Operations*, Washington, D. C.: GPO, 28 September, 1998, p. VIII-1.

[3]　U. S. Joint Chiefs of Staff, Joint Publication 2-01, *Joint Intelligence Support to Military Operations*, Washington, D. C.: GPO, 20 November 1996, p. GL-8.

袭击之后，美国国家图像与测绘局发布的年度《战略意图综述》[1]第一次使用这一概念。地理空间情报概念的形成与运用，成为军事测绘史、军事情报史乃至整个军事史上的重要事件。2003 年 1 月，美国国家图像与测绘局发布《地理空间情报拱顶石概念》，阐述了地理空间情报构想[2]，该文件成为地理空间情报概念的里程碑文件。2003 年 11 月，美国国家图像与测绘局正式易名为国家地理空间情报局，名称的改变反映核心职能的转变，标志着美国地理空间情报发展进入新的历史阶段。2004 年，美国国家地理空间情报局颁布的首份 1 号出版物《地理空间情报基本条令》（Geospatial Intelligence Basic Doctrine），分析了地理空间情报的概念内涵与国家地理空间情报局的运行机制等。《地理空间情报基本条令》确立了地理空间情报及国家地理空间情报局在美国国家安全中的重要地位，成为地理空间情报领域具有里程碑意义的高层指导文件。[3] 2006 年，美国国家地理空间情报局更新《地理空间情报基本条令》，明确地理空间情报的概念内涵和系统要素。“地理空间”（geospatial）的“geo”源于希腊语中的“地球”，“spatial”源自拉丁语的“太空”[4]，地理空间情报是“对图像和地理空间信息进行处理与分析，以描述、评估并实现地球物理特征和地理参考活动的可视化”。

联合作战是地理空间情报活动的核心任务领域。美军各级作战司令部、各军种都制定了符合各自行动特征的地理空间情报条令、程序和指令等，JP 2–03 联合情报条令与国家地理空间情报局 1 号出版物则共同构成指导行动的基本原则。正如曾任美国联合地理空间情报行动署（Joint Geospatial Intelligence Activity）成员、前联合部队司令部（Joint

[1] National Imagery and Mapping Agency, *NIMA Statement of Strategic Intent 2002*, January 2002.

[2] National Imagery and Mapping Agency, *NIMA Geospatial Intelligence Capstone Concept*, January 2003.

[3] Richard E. Barrowman, “Geospatial Intelligence:The New Intelligence Discipline,” *Joint Force Quarterly*, Issue 44, 1st Quarter 2007, p. 14.

[4] 孙江、李俊璇 :《美国“国家地理空间情报系统（NSG）地理空间情报（GEOINT）基础学说 1–0”解读》，载《情报杂志》2007 年第 12 期。

Forces Command）地理空间信息与勤务官的理查德·巴罗曼（Richard E. Barrowman）所说，JP 2–03 联合情报条令为美国武装部队提供了有关地理空间情报活动的战术、技术及程序，同时也给出了联合部队实施跨国、跨部门地理空间情报活动的具体实施流程。[1]

2007 年版 JP 2–03 吸收地理空间情报理论与实践方面的新认识和新成果，以“地理空间情报”概念取代“地理空间信息与勤务”概念，标志着美军地理空间情报理论与实践发展成熟。JP 2–03 明确，地理空间情报包括图像、图像情报和地理空间信息三个要素。[2]

随着新条令的颁布，美军修订了“情报门类”概念的内容，将“地理空间情报”置于七大情报门类之首，从而确立了“地理空间情报”作为美军最重要的情报搜集与处理门类之一的地位。[3] 随着 2012 年版、2017 年版 JP 2–03 的更新，美军不断发展和完善地理空间情报的支援能力。

第二，现行 2017 年版 JP 2–03 明确了以国家地理空间情报局为核心的国家地理空间情报界、联合参谋部、作战司令部、下属联合部队指挥官、各军种等地理空间情报支援力量在联合作战中的作用和职责，详述了联合作战地理空间情报小组主导并实施地理空间情报行动的流程。

美国国家地理空间情报界（参见图 2–11)、联合参谋部、作战司令部、下属联合部队指挥官、军种地理空间情报联络官等，共同构成美军联合作战地理空间情报支援力量体系，为指挥官提供融合多源情报的、可视化的地理空间情报产品，成为美军提升全球范围快速反应能力的重要情报力量。[4]

---

[1] Richard E. Barrowman, “Geospatial Intelligence:The New Intelligence Discipline,” *Joint Force Quarterly*, Issue 44, 1st Quarter 2007, p. 14.

[2] National Geospatial-Intelligence Agency, NSG Publication 1-0, *Geospatial Intelligence (GEOINT) Basic Doctrine*, September 2006.

[3] National Geospatial-Intelligence Agency, NSG Publication 1-0, *Geospatial Intelligence (GEOINT) Basic Doctrine*, September 2006.

[4] U. S. Joint Chiefs of Staff, Joint Publication 2-03, *Geospatial Intelligence Support in Joint Operations*, Washington, D. C.: GPO, 07 May 2017, p. I-1.

核心机构

中央情报局	财政部
国防情报局	联邦调查局
国家地理空间情报局	禁毒署
国家侦察办公室	美国地质勘察局
国家安全局	国家情报总监办公室
国土安全部	参联会办公室
能源部	军种
国务院	作战司令部

联合机构

地理空间情报联盟体系	国家信号情报委员会
测量与特征情报委员会	开源委员会
国家人力情报委员会	民用委员会

图 2–11　国家地理空间情报界组成机构

现行 JP 2–03 规定了地理空间情报支援力量在联合作战中的指挥关系。其中，国家地理空间情报局作为国防部地理空间情报任务主管和国家情报界地理空间情报职能主管，是国家地理空间情报界核心领导机构，负责制定和维护国家地理空间情报标准，确保整个国家地理空间体系内部的资源融合与共享。[1] 国家地理空间情报局依托国家地理空间情报学院（NGIC），为内部人员、各军种及美国情报界提供地理空间与图像分析培训。同时，国家地理空间情报局也是联合作战主要战斗支援部门（CSA），通过成立国家地理空间情报局支援分队（NST），为联合部队生产及时、相关、准确的地理空间情报。联合作战地理空间情报小组（GEOINT cell）是作战司令部级地理空间情报支援主要力量。在联合作

[1]　U.S. Joint Chiefs of Staff, Joint Publication 2-01, *Joint and National Intelligence Support to Military Operations*, Washington, D.C.: GPO, 05 January 2012, p. A-24.

战计划实施阶段，各级作战指挥官视情况成立地理空间情报小组，负责作战区域范围各级地理空间情报需求的协调，主导联合作战中地理空间情报的计划、指导与需求管理，发现与获取，任务分配与搜集，处理与利用，分析、产品与可视化，分发、合作与存储，以及评估与反馈等活动。

地理空间情报小组（参见图 2–12）的核心结构由一名地理空间情报官领导，下属“图像搜集与产品管理”和“地理空间搜集与产品”方面两名主管，“可视化、系统与数据”和“地理空间情报计划与需求”方面两名专家，以及国家地理空间情报局支援分队及其联络官。小组结构依据指挥官的情报和作战需要可以灵活变动。同时，来自联合部队情报、作战、计划等参谋部，各组成部队，以及下属联合部队和伙伴组织的支援，大大扩展了联合作战地理空间情报小组的力量构成，促进了信息的融合和共享，提升了地理空间情报分析与可视化的质量。[1]

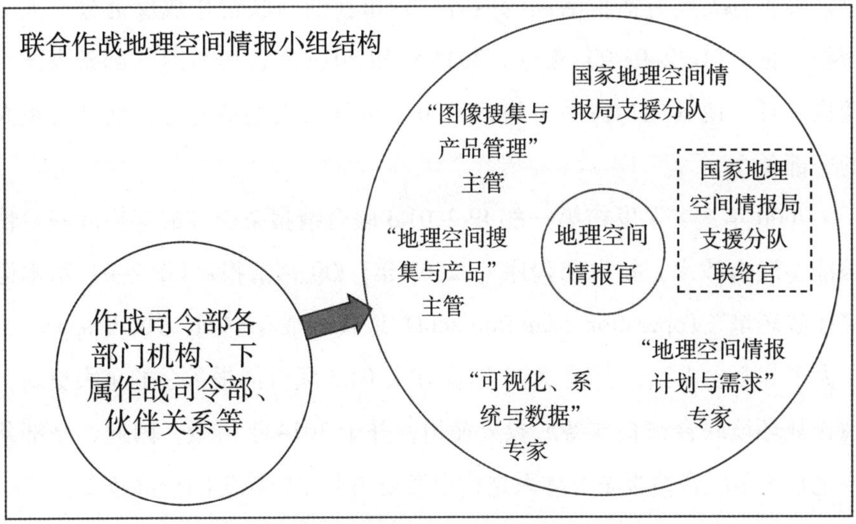

图 2–12　联合作战地理空间情报小组结构模型

[1] U. S. Joint Chiefs of Staff, Joint Publication 2-03, *Geospatial Intelligence Support in Joint Operations*, Washington, D. C.: GPO, 07 May 2017, pp. III-1~2.

三、战术级子系统：重点联合情报行动规范

美军战术级联合情报条令体系包括两部现行条令：2016年版《联合作战反情报与人力情报支援》（JP 2–01.2）和2014年版《作战环境联合情报准备》（JP 2–01.3）。两部条令分别就联合情报支援力量实施反情报和人力情报活动，以及进行作战环境联合情报准备等做出具体规范和指导。这两部条令都属美军密级条令，使用者要通过加密口令才可以在美军联合电子阅览室网站获取。[1]

一直以来，反情报活动都是美军最重视和警惕的情报活动之一，也是最富有神秘色彩的情报活动。与其他联合情报条令相比，JP 2–01.2是联合情报条令体系中开发较早的一部（紧随1993年版JP 2–0之后）。自1994年版和2002年版JP 2–01.2后，美军在2006年对该条令进行大幅调整，吸收有关人力情报活动的内容，发布新的《联合作战反情报与人力情报支援》（JP 2–01.2）条令。2011年和2016年，美军对这部条令做出两次修订，使其成为体系中除JP 2–0以外发展周期最稳定、活跃度最高的一部条令。

2000年，美军发布第一部JP 2–01.3联合情报条令《战斗空间联合情报准备联合战术、技术和程序》。2007年，《联合情报》（JP 2–0）用术语“作战环境”（operational environment）取代“战斗空间”（battlespace），扩大了其概念内涵，引起2009年版JP 2–01.3联合情报条令的重大更新，《作战环境联合情报准备》投入使用，并于2014年再版。因此，该部条令也是美军联合情报条令体系结构中发展周期比较稳定的一部条令。

[1] 美军JP 2–01.2和JP 2–01.3联合情报条令属加密条令，有关这两部条令的研究主要依据美军其他几部联合情报条令，以及美军《联合部队季刊》中的引用和研究。

（一）JP 2–01.2 规范反情报与人力情报搜集行动

JP 2–01.2 为美军提供实施反情报与人力情报行动的规范。现行 JP 2–01.2 联合情报条令是 2016 年的版本，主要内容参见表 2–1。

表2–1　JP 2–01.2主要内容[1]

来源条令	对 JP 2–01.2 的描述
JP 2–0 [2]	详细阐述联合参谋部情报局反情报与人力情报部门的组织机构和职能
	详细论述人力情报总体情况
	详细论述反情报总体情况
JP 2–01 [3]	描述反情报对军事行动的支援
	详细论述反情报处理、利用和汇报等程序
JP 3–0 [4]	详细论述反情报和人力情报

反情报既是情报搜集手段，也是情报利用手段[5]，具有相对的独立性。基于二战后的反情报活动及相关研究，美军对反情报概念的研究已经相当成熟，认为反情报是"为抵制外国势力和对政府不满或持不同政见的团体及对国家安全造成威胁的个人所实施的间谍破坏或颠覆活动，以保护信息、人员、装备和军事设施而采取的安全活动，包括被动式反情报活动和主动式反情报活动两种"[6]。在随后长达 44 年的冷战时期，美国反情报活动主要是抵

[1] 表 2–1 中的"来源条令"仅列举与《联合作战反情报与人力情报支援》(JP 2–01.2) 互动较多的联合条令，其中重复的内容不再列举。

[2] 在各级联合部队参谋部的情报部门，都设有独立的 J–2X 负责反情报和人力情报事务。JP 2–01.2 对 J–2X 反情报部门的具体组织及职能进行论述。参见：U. S. Joint Chiefs of Staff, Joint Publication 2-0, *Joint Intelligence*, Washington, D. C.: GPO, 22 June 2007, pp. I-12, B-4, B-7。

[3] U.S. Joint Chiefs of Staff, Joint Publication 2-01, *Joint and National Intelligence Support to Military Operations*, Washington, D.C.: GPO, 05 July 2017, pp. I-5, III-40.

[4] U.S. Joint Chiefs of Staff, Joint Publication 3-0, *Joint Operations*, Washington, D.C.: GPO, 11August 2011, III-22.

[5] U. S. Joint Chiefs of Staff, Joint Publication 2-0, *Doctrine for Intelligence Support to the Joint Operations*, Washington, D. C.: GPO, 9 March 2000, p. II-2.

[6] U. S. Joint Chiefs of Staff, *Dictionary of United States Military Terms for Joint Usage* (First Revision from 1948), Washington, D. C.: GPO, June 1950, pp. 27-28.

制“敌对国家”。[1]冷战末期至冷战结束后的10年里，随着恐怖主义势力抬头，世界格局发生变化，美国反情报活动不仅针对“外国政府或其分支机构”，也针对“外国组织、个人或代理人”[2]，恐怖活动成为美国重点防范的威胁之一，反情报的概念内涵也扩大到“搜集的信息和实施的活动”[3]。

1994年版JP 2–01.2仅为联合情报支援力量遂行反情报活动提供条令指导，也包括一些联合战术、技术和程序。条令列举了在战争的战略、战役、战术阶段实施反情报支援的组织机构及所属人员职责；指出应对蓄意破坏和危机事件时如何充分利用反情报支援力量做出行动计划，以及在任何联合环境中进行反情报搜集、报告、分析、生产、调查等行动[4]的程序。进入21世纪，尤其是“9·11”恐怖主义袭击发生后，针对新的安全环境变化，美军不断调整反情报概念、任务及组织，连续发布四版JP 2–01.2条令。其中，2016年版JP 2–01.2将美国反情报活动的任务范围进一步扩大，涵盖了“识别、欺骗、利用、瓦解或防范外国政府、组织或个人进行或通过代理人进行间谍及其他情报活动、破坏或暗杀活动、国际恐怖主义组织及活动”[5]的方方面面。

与反情报活动的受重视程度相比，人力情报活动得到的重视和发展相对弱得多。1948年至1972年间《联合用途军事术语词典》的所有版本及修订本中都没有与人力情报相关的只言片语，这与当时美国对信息技术研究如火如荼的景象形成鲜明对比。直到1972年，《国防部军事及相关术语词典》（以下简称“JP 1–02”）才有了关于人力情报的信息。

---

[1] U. S. Joint Chiefs of Staff, JCS Pub.1, *Department of Defense Dictionary of Military and Associated Terms,* Washington, D. C.: GPO, 3 January 1972, pp. 81-82.

[2] U. S. Joint Chiefs of Staff, Joint Publication 1-02, *Department of Defense Dictionary of Military and Associated Terms,* Washington, D. C.: GPO, 1 December 1989, pp. 93-94.

[3] U. S. Joint Chiefs of Staff, Joint Publication 1-02, *Department of Defense Dictionary of Military and Associated Terms,* Washington, D. C.: GPO, 15 April 1998, p. 106.

[4] “The Joint World: Organization, Doctrine, and Education,” *Joint Force Quarterly*, Issue 5, Summer 1994, p. 115.

[5] U. S. Joint Chiefs of Staff, Joint Publication 1-02, *Department of Defense Dictionary of Military and Associated Terms,* Washington, D. C.: GPO, August 2017, p. 54.

JP 1–02 先是将情报概念“诱套”（elicitation）定义为一种人力情报搜集技术[1]，明确人力情报是情报搜集手段的概念归属。1989 年，JP 1–02 正式吸收术语“人力情报”，并给出定义“人力情报是从使用人力手段搜集和提供的信息中获取的情报”[2]，这一简洁的定义一直沿用至今。2006 年，在 JP 2–01.2 吸收人力情报行动规范之前，JP 1–02 开始将反情报与人力情报概念结合起来对“反情报行动”进行释义，明确为人力情报秘密行动提供支援是反情报行动的任务之一。[3]

2006 年版 JP 2–01.2 的更新距离其第一版条令过去了十年，这不仅反映了美国对反情报活动既敏感又慎重的态度，同时也反映了“9 · 11”事件后美军反恐行动对联合情报支援工作的新要求。“9 · 11”事件后，美国在全球范围开展以“打击恐怖主义”为主要目的的反恐战争。在这种以“不对称”为主要特征、以“非国家行为体”为主要对象的反恐战争中，美军在反情报、人力情报以及情报应急反应能力等方面存在的问题暴露无遗。经过数年探索与总结，美军逐渐丰富了传统人力情报门类的内涵，引入了“生物统计情报”“诱套情报”等反恐战争中的新概念。[4] 2006 年，JP 2–01.2 将美军对反情报和人力情报两个重点行动的概念、理念等以条令规范的形式呈现出来，详细描述在联合作战中能够提供反情报与人力情报支援的组织及其职责。之后，JP 2–01.2 进入相对稳定、快速的发展轨道，不断完善反情报和人力情报的概念内涵，科学规范两种情报搜集活动的实施程序。

---

[1] U. S. Joint Chiefs of Staff, JCS Pub.1, *Department of Defense Dictionary of Military and Associated Terms,* Washington, D. C.: GPO, 3 January 1972, p. 110.

[2] U. S. Joint Chiefs of Staff, Joint Publication 1-02, *Department of Defense Dictionary of Military and Associated Terms,* Washington, D. C.: GPO, 1 December 1989, p. 171.

[3] U. S. Joint Chiefs of Staff, Joint Publication 1-02, *Department of Defense Dictionary of Military and Associated Terms,* Washington, D. C.: GPO, 31 August 2005, p. 128.

[4] U. S. Joint Chiefs of Staff, Joint Publication 2-0, *Joint Intelligence*, Washington, D. C.: GPO, 22 June 2007, p. B-2.

（二）JP 2-01.3 规范作战环境联合情报准备行动

《作战环境联合情报准备》(JP 2–01.3) 也是加密条令，根据美军联合条令主要内容的编纂规律，以及主要联合条令和其他联合情报条令对这部条令的描述，表 2–2 对这部条令主要内容做出梳理。

表2–2　JP 2–01.3主要内容

来源条令	对 JP 2–01.3 的描述
JP 2–0 [1]	描述作战环境联合情报准备程序
	描述作战环境联合情报准备对欺骗行动计划的支援
	描述作战环境联合情报准备程序与联合作战评估阶段的关系
	描述联合情报的角色和职能
	描述作战环境联合情报准备总体情况
JP 2–01[2]	描述作战环境联合情报准备和情报、监视与侦察可视化系统的关系
	界定作战环境
	描述作战环境联合情报准备对联合作战计划的支援
JP 2–03[3]	描述作战环境联合情报准备对地理空间情报行动的指导
JP 3–0 [4]	描述作战环境联合情报准备系统透视
JP 5–0 [5]	描述作战重心与作战环境联合情报准备系统透视

情报最重要的任务就是把对作战环境的分析与对敌人的分析结合

[1]　U. S. Joint Chiefs of Staff, Joint Publication 2-0, *Joint Intelligence*, Washington, D. C.: GPO, 22 June 2007, pp. I-16, IV-15, IV-22; U. S. Joint Chiefs of Staff, Joint Publication 2-0, *Joint Intelligence*, Washington, D. C.: GPO, 22 October 2013, pp. I-3, IV-5.

[2]　U.S. Joint Chiefs of Staff, Joint Publication 2-01, *Joint and National Intelligence Support to Military Operations*, Washington, D.C.: GPO, 5 January 2012, p. III-33; U.S. Joint Chiefs of Staff, Joint Publication 2-01, *Joint and National Intelligence Support to Military Operations*, Washington, D.C.: GPO, 05 July 2017, pp. III-54, A-11.

[3]　U. S. Joint Chiefs of Staff, Joint Publication 2-03, *GeospatialIntelligence Support in Joint Operations*, Washington, D. C.: GPO, 7 May 2017, pp. III-5~8.

[4]　U.S. Joint Chiefs of Staff, Joint Publication 3-0, *Joint Operations*, Washington, D.C.: GPO, 11August 2011, p. IV-5.

[5]　U.S. Joint Chiefs of Staff, Joint Publication 5-0, *Joint Operations Planning*, Washington, D.C.: GPO, 11 August 2011, p. III-25.

起来，为联合部队指挥官及其下属提供可视化作战环境态势图[1]，以确定并分析敌人可能采取的行动方案[2]。换言之，实现作战空间的可视化。为获取行动胜利，理解作战环境、实现作战环境可视化是情报部门最基本的职能。

《作战环境联合情报准备》(JP 2–01.3) 明确“作战环境”是“影响能力使用与指挥官决策的各种条件、环境和因素的总和”[3]，既包括空中、陆地、海洋、太空、设施、气象、地形、电磁频谱等实体区域和因素，还应包括文化、感知、信仰、价值观等无形元素；既包括敌方、友方、我方，还包括与作战有关的中立方；既包括各方的军事系统，还包括各方的政治、军事、经济、社会、信息、基础设施（PMESII）等其他系统以及系统间的相互作用关系[4]。“作战环境”概念的内涵已远远大于“战斗空间”概念的内涵，即“作战区域和关注区域内空中、陆地、海洋、太空、敌友军、设施、气象、地形、电磁频谱和信息环境等”[5]。

作战环境联合情报准备（JIPOE）程序是美军运用情报支援力量实现作战环境可视化、取得信息优势至关重要的手段[6]，在联合作战各阶段的行动

---

[1] U. S. Joint Chiefs of Staff, Joint Publication 2-0, *Joint Intelligence*, Washington, D. C.: GPO, 22 October 2013, p. I-3.

[2] U. S. Joint Chiefs of Staff, Joint Publication 3-33, *Joint Task Force Headquarters*, Washington, D. C.: GPO, 31 January 2018, p. VI-9.

[3] U.S. Joint Chiefs of Staff, Joint Publication 3-0, *Joint Operations*, Washington, D.C.: GPO, 17 September 2006, p.GL-25.

[4] U.S. Joint Chiefs of Staff, Joint Publication 3-0, *Joint Operations*, Washington, D.C.: GPO, 11August 2011, pp. IV-1~5.

[5] U. S. Joint Chiefs of Staff, Joint Publication 2-0, *Doctrine for Intelligence Support to the Joint Operations*, Washington, D. C.: GPO, 9 March 2000, p.GL-3.

[6] 2006年，美军用“作战环境”概念替代了“战斗空间”概念，“作战环境联合情报准备”概念随之取代了“战斗空间联合情报准备”(joint intelligence preparation of the battlespace，JIPB)。用“作战环境”概念取代“战斗空间”概念是美军军事转型不断推进的结果，也充分反映出美军联合情报支援在理解与塑造作战环境、实现作战环境可视化方面的重要作用。

中是一个动态的、持续的系统循环[1]，关系到作战与情报的无缝衔接（参见图 2–13）。

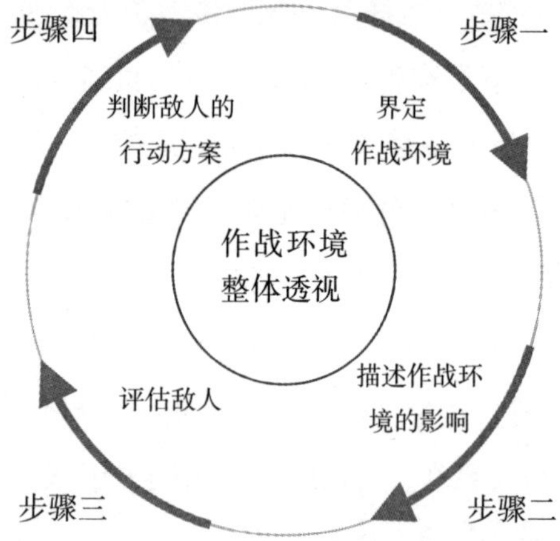

图 2–13　作战环境联合情报准备程序

如图 2–13 所示，JP 2–01.3 详细论述实施作战环境联合情报准备程序的四个主要步骤，明确联合及国家情报各部门如何据此对敌我双方的行动方案进行评估与推演，以支援联合部队指挥官的决策过程。[2]

作为最早进入联合情报概念体系的核心之一，“作战环境联合情报准备”概念及其相关规范在联合情报条令 JP 2–0 中所占比重一直处于递增态势。美军认为，作战环境态势感知是信息优势的关键组成部分[3]，对取

[1] U.S. Joint Chiefs of Staff, Joint Publication 3-0, *Joint Operations*, Washington, D.C.: GPO, 11August 2011, p. I-17.

[2] U. S. Joint Chiefs of Staff, Joint Publication 2-03, *Geospatial Intelligence Support in Joint Operations*, Washington, D. C.: GPO, 07 May 2017, p. III-6.

[3] 在早期联合情报条令版本中也有“战斗空间感知”（battlespace awareness），参见：U. S. Joint Chiefs of Staff, Joint Publication 2-0, *Doctrine for Intelligence Support to the Joint Operations*, Washington, D. C.: GPO, 9 March 2000, p. I-1。

得情报行动成功乃至获得战争的胜利至关重要[1]。因此，美军通过联合情报条令体系等持续深化这一情报行动理念：界定作战环境是美军联合作战情报支援行动的核心，作战环境联合情报准备是联合情报分析与生产环节必不可少的程序[2]，作战环境联合情报准备系统透视是实施这一程序的重要方法和工具[3]。

[1] U. S. Joint Chiefs of Staff, Joint Publication 2-0, *Joint Doctrine for Intelligence Support to Operations*, Washington, D. C.: GPO, 5 May1995, p. I-1.

[2] U. S. Joint Chiefs of Staff, Joint Publication 2-0, *Joint Intelligence*, Washington, D. C.: GPO, 22 October 2013, p. I-16.

[3] U.S. Joint Chiefs of Staff, Joint Publication 3-0, *Joint Operations*, Washington, D.C.: GPO, 17 January 2017, p. IV-5.

◂ 第三章 ▸
美军联合情报条令体系的开发

美军认为，条令体系的开发在美国塑造世界上最先进、最专业、结构最复杂的联合部队方面作用巨大。[1] 联合情报条令体系建设始于 20 世纪 80 年代，其良好的发展得益于美军开发政策积极、持续的推动。本章全面考察推动美军联合情报条令体系开发的因素，研究其组织体系和工作程序后发现：强有力的组织管理体系，清晰明确的责任划分，化解了复杂的开发程序；一体化共享技术将体系应用融入开发体系中，让使用者也参与开发过程，提升了这一体系的包容性、开放性，促进体系更加全面地开发。

第一节　美军联合情报条令体系开发的推动因素

一、参联会管理政策

美军指导联合情报条令体系开发的核心管理政策体系，由参联会主席指令、参联会主席手册等构成，这些手册在参联会一整套完善的管理政策

[1] George H. Hock, JR., "Joint Terminology: At the Heart of Doctrine," *Joint Force Quarterly,* Issue 62, 3rd Quarter 2011, p. 139.

联合出版物基础上发展而来。

1986 年《戈德华特—尼科尔斯国防部改组法》、1986 年联合出版物 JP 0–2《武装部队的统一行动》以及 1987 年国防部第 5100.1 命令《国防部及其主要部门的职能》，依次加强了参联会主席开发联合条令体系、联合概念体系等联合作战理论的职责后，美军在联合出版物体系中单独设立一个“行政出版物系列”阐述有关联合出版物体系、联合条令体系以及战术、技术与程序开发的政策。行政出版物系列与情报、作战等联合条令系列并列构成联合出版物体系。其中，美军在 1988 年发布的联合出版物 JP 1–01《联合出版物体系，联合条令及联合战术、技术与程序开发计划》[1]，成为美军现行联合条令体系开发管理政策的基础。该出版物及其 1990、1992、1993 年修订版频繁发布美军联合情报条令体系结构规划[2]，基本呈现出联合情报条令体系结构构建的面貌特征。

随着美军联合条令体系开发的完善，美军将有关条令体系开发的行政出版物从联合出版物体系中剥离出来，形成以参联会主席指令、参联会主席手册为主的管理政策体系，明确条令和政策区分的同时，增强了二者的权威性。目前，美军指导联合情报条令体系开发的管理政策，主要包括参联会主席第 5120.02 号指令系列（CJCSI 5120.02 series）和参联会主席第 5120.01 号手册系列（CJCSM 5120.01 series）。参联会主席第 5120.02 号指

[1] U.S. Joint Chiefs of Staff, Joint Publication 1-01, *Joint Publication System, Joint Doctrine and Joint Tactics, Techniques, and Procedures Development Program*, Washington, D.C.: GPO, 15 April 1988.

[2] U.S. Joint Chiefs of Staff, Joint Publication 1-01, *Joint Publication System, Joint Doctrine and Joint Tactics, Techniques, and Procedures Development Program*, Washington, D.C.: GPO, 1 June 1990; U.S. Joint Chiefs of Staff, Joint Publication 1-01, *Joint Publication System, Joint Doctrine and Joint Tactics, Techniques, and Procedures Development Program*, Washington, D.C.: GPO, 30 July 1992; U.S. Joint Chiefs of Staff, Joint Publication 1-01, *Joint Publication System, Joint Doctrine and Joint Tactics, Techniques, and Procedures Development Program*, Washington, D.C.: GPO, 14 September 1993.

令《联合条令开发体系》[1]详细论述参联会主席的联合条令开发政策，重点强调联合条令体系开发对运用武装力量遂行联合作战的重要意义，明确参与联合条令体系开发的各级各类组织和机构及其职责。参联会主席第5120.01号手册《联合条令开发程序》[2]则详细阐述联合条令体系开发的相关程序和技术。这些管理政策直接推动联合情报条令体系的开发，并促进其稳定发展。

此外，参联会管理政策指导联合情报条令体系开发的另一种形式是，通过政策特有的方式驱动联合情报条令体系的发展。最常见的是，随着战略环境的变化，美国面临的挑战和军事情报能力需求也在更新，政策则为新能力创造新职位、提出新要求。美军通过相应的概念开发和实验，将成熟的概念吸收进条令，以此驱动联合情报条令体系的发展。

二、作战实践与经验

联合情报条令体系为美军组织训练、进行备战提供权威依据。实战及训练中总结的经验与教训会促使体系中组成条令更新，进而牵引整个体系开发。[3]美军认为，条令是对战争和作战的反思。[4]这种反思既能塑造成功遂行情报行动的流程，也能促进联合情报条令体系的开发与应用。[5]从

[1] U.S. Joint Chiefs of Staff, CJCSI 5120.02D, *Joint Doctrine Development System*, Washington, D. C.: GPO, 5 January 2015.

[2] U.S. Joint Chiefs of Staff, CJCSI 5120.01A, *Joint Doctrine Development Process*, Washington, D. C.: GPO, 29 December 2014.

[3] U.S. Joint Chiefs of Staff, CJCSI 5120.02D, *Joint Doctrine Development System*, Washington, D. C.: GPO, 5 January 2015, p. A-5.

[4] James J. Tritten, *Naval Perspectives for Military Doctrine Development*, p.21. http://www.dtic.mil/ doctrine /new_pubs/jointpub_reference.htm.

[5] MG Barbara G. Fast, "Intelligence Lessons Learned: Leveraging the Practical Experience of Operation Iraqi Freedom/Operation Enduring Freedom," *Foreign Studies,* June 2006, p. 52.

以往作战或行动中提取的经验，经过反复训练、验证而被优化、标准化，为联合部队带来共同语言的同时，也给整个体系的开发带来持续影响。

及时吸收美军联合情报支援实践中的新认识、新经验，反映军事转型大环境下美国对联合情报支援机构的最新制度安排，是联合情报条令体系常态化更新的主要内容。例如，“9·11”事件的爆发使美军意识到，并非只有美国人在利用最先进的信息技术，“基地”组织也早已有专人负责维护复杂精密的计算机网络。对于网络战而言，先进技术并非战无不克，“组织、训练和程序的重大变革是利用技术革命成果的必备条件”[1]，然而截至2001年，美国政府部门中并未全面出现这些变革，绝大多数政府部门并非信息时代的网络状组织结构，部门之间甚至同一机构的不同部门之间缺乏互通能力。例如，联邦调查局就禁止情报分析人员与犯罪调查人员共享情报，位于联邦调查局总部30英里（约48公里）以北的国家安全局（NSA），因为没有足够的阿拉伯语分析人员，所以无法研判获取的所有情报材料。针对这种情况，美军在随后的情报改革中对联合情报条令体系做出了新一轮的修订和调整：在吸收诸如2003年伊拉克战争等实践经验的同时，也在各层级联合条令体系中反映美国联合与国家情报体系、国家地理空间情报界实施一体化情报支援的制度安排。

又如，美国设立国家情报总监的想法可以追溯到1955年，但术语“国家情报总监”真正进入联合情报条令却是2005年。根据1947年《国家安全法》(National Security Act)，中央情报总监（Director of Central Intelligence，DCI）被指定为总统和国家安全委员会的首席情报顾问，负责指导和协调整个情报界的工作，但军事情报一直都由国防部长负责，国防部长在很多方面拥有特权。1949年《中央情报局法》通过以后，与军事

[1] ［美］马克斯·布特：《战争改变历史：1500年以来的军事技术、战争及历史进程》，石祥译，上海：上海科学技术文献出版社，2011年，第363页。

情报相关的组织和预算也划归国防部长管辖。随着冷战期间军备的持续扩张，情报组织不断壮大，国防部长的权力不断扩张，中央情报总监无法按最初法案的设想行使职能，这种矛盾和失衡成为当时美国国家安全领域频频出现情报失误的原因之一。1955 年，国会曾建议中央情报总监应该有一个副手来管理中央情报局，以便中央情报总监专职负责协调整个情报界的工作。在之后的 50 年里，这一建议一直是情报界立法和执行机构研究报告中的主题，但直到“9・11”恐怖袭击发生，美国才将改革情报界和设立国家情报总监的呼声正式提上议事日程。2004 年 7 月，“9・11”委员会在最终报告中提议设立国家情报总监一职。紧接着的 8 月，时任美国总统小布什签发 4 条行政命令，宣布尽可能地加强和改革情报界。在国会，参议院和众议院通过了 1947 年《国家安全法》修正案。这两项议案通过的结果是 2004 年《情报改革与恐怖主义防止法》的产生。2005 年 2 月，第一任国家情报总监约翰・内格罗蓬特（John Negroponte）上任。相应地，联合情报条令体系的战略级条令《联合情报》(JP 2–0）[1] 增加了对国家情报总监作用和职责等的详尽表述 [2]。

此外，美军有专门的“联合教训吸取计划”项目牵引联合情报条令体系的开发。[3] 这个项目主要针对体系进行跟踪研究，包括搜集使用情况、进行分析并采取一系列步骤更新条令等。项目还对每一次联合行动进行跟踪研究，以便及时发现体系的优势和缺点，并作出相应调整。以此方式，美军完善了联合情报条令体系的更新与完善。

[1] U.S. Joint Chiefs of Staff, Joint Publication 2-0, *Doctrine for Intelligence Support to Joint Operations* (Test Pub), Washington, D.C.: GPO, 30 June, 1991, p. i.

[2] U. S. Joint Chiefs of Staff, Joint Publication 2-0, *Joint Intelligence*, Washington, D.C.: GPO, 22 June, 2007, pp. III-1~18.

[3] U.S. Joint Chiefs of Staff, CJCSI 5120.02D, *Joint Doctrine Development System*, Washington, D. C.: GPO, 5 January 2015, p. A-6.

三、理论界研究成果

美军认为，条令是作战理论最基本的载体。条令记录过去、总结好的作战经验；条令也预见未来，在试验的基础上加入对新技术、新作战概念的诠释，对未来战争提供指导。联合情报条令体系成为美军作战理论和联合情报支援理论发展水平的重要标志之一。反过来，经过实践检验的成果会及时吸收进条令当中，理论界研究成果以此促使该体系更加完善地发展。

1986 年以后，美国加强参联会主席开发联合作战理论的职责后，以条令开发和概念开发两大联合项目为主的联合作战理论进入快速发展的新时期。发展至今，美军已经建立了研究、开发、训练、验证联合作战理论的完整体制。[1]

对美军而言，条令开发和概念开发都是为了实现一体化作战能力的增值，两者密切相关，互为补充。美军联合战斗中心条令编写组的通讯刊物《共识》（*A Common Perspective*）杂志中，2002 年 4 月题为“从概念到未来条令”的文章，以及 2002 年 11 月题为“条令、编制、训练、装备、领导力及教育、人员和设施（DOTMLPF）：关注未来变革”的文章，讨论了把联合概念发展和实验计划的执行结构转化为条令等领域的一体化联合作战能力的可能性，认为新概念的思想很可能产生足够的影响力，进而要求条令开发组织对条令进行修订。《共识》杂志 2003 年 10 月刊登理克·罗莱特的文章《从概念到条令——新观点的整合》，系统论述了概念与条令的关系，认为联合条令制定者应该发挥主动作用，把经过验证的和得到增值的理论界观点拉进现行联合条令中。

经过联合实验验证并得到增值的概念，能对条令产生有利的影响。

[1] 任国军：《美军联合作战情报支援研究》，北京：军事科学出版社，2010 年，第 3 页。

美军认为，新开发的作战概念要发挥对战争这一复杂系统的指引作用，需要转换为更明确的指导规范。“概念和条令都描述了联合部队怎样（方法）运用既有能力（手段）在一系列环境中达成既定目的（目标）”。[1] 两者之间的重要区别是，已经被批准的联合条令具有权威性，受到政策、条约和法律的制约，而概念则不受类似的限制，理论界常常用来探索新战法、新的组织结构和系统运用。联合概念指的是，一支联合部队指挥官在各种真实或假设的情况下，运用现有的或假定的能力实施联合作战的方法。因此，“联合概念为联合实验提供基础；联合条令为训练和实际作战行动提供基础”[2]。联合概念的提出，可以是回应目前联合条令中的不足，也可以是为了提升未来联合部队的作战效能。美军“构想”（vision）类声明和未来作战概念，就是概念开发者在预测未来 10—20 年安全环境的性质后，重点关注联合部队运用先进技术和能力在那种环境下取得战争胜利的预期手段和方法。

对情报领域基本理论成果的吸收，为整个联合情报条令体系的完善更新及一体化发展打牢了根基。联合情报条令体系吸收理论界研究成果的方式不一而同，大致有以下三种方式：一是直接吸收新概念及研究成果。如 2007 年版《联合情报》（JP 2–0）条令吸收了“红队”、“作战环境的系统观”（systems perspective of the operational environment）、“动态威胁评估”（dynamic threat assessment）、“障碍物情报”（obstacle intelligence）等新术语，确定了新术语的概念内涵，并就如何使用“红队”来保障情报分析和行动方案推演进行了论述。[3] 二是部分吸收概念的中心议题及思想，并对相应术语做出修改。如 2007 年版《联合情报》（JP 2–0）条令将术语

[1] ［美］理克·罗莱特：《从概念到条令——新观点的整合》，载《外国军事学术》2004 年第 7 期。

[2] ［美］理克·罗莱特：《从概念到条令——新观点的整合》，载《外国军事学术》2004 年第 7 期。

[3] U. S. Joint Chiefs of Staff, Joint Publication 2-0, *Joint Intelligence*, Washington, D.C.: GPO, 22 June, 2007, p.I-26.

"战斗空间联合情报准备"的概念内涵进行了修订，并用术语"作战环境联合情报准备"[1]取而代之。三是只吸收概念的中心思想，对应的术语不变。例如，1949年，著名的美国情报理论之父谢尔曼·肯特在其著作《战略情报：为美国世界政策服务》中提出了"情报是知识、情报是组织、情报是活动"[2]。在过去近70年中，围绕肯特的"三位一体"论，美国官方及军事领域的专家学者们对术语"情报"的定义一直争论不休。终于，2007年版《联合情报》(JP 2–0）吸收了军事情报理论研究领域关于"情报"的概念界定，尤其是肯特的情报思想，将术语"情报"的概念内涵扩大到既表示情报产品又表示与情报相关的组织和活动。[3]

第二节　组织体系推进联合情报条令体系开发

在20世纪80年代之前，由于过度迷信核武器以及各军种狭隘本位主义滋生等原因，美军联合作战理论并未得到充分重视和发展[4]，相应地，

[1] 2007年5月修订发行的第1号联合条令《美国武装部队纲要》(Doctrine for the Armed Forces of the United States）认为，由于临时联合体、联盟、伙伴关系的持续变化，以及国家或跨国威胁的不断涌现，美国面临的安全环境处于极度不稳定的状态；联合作战行动将可能更多地在城市地形上或信息环境中实施，术语"战斗空间"(battlespace）的概念逐渐被术语"作战环境"(operational environment）所取代，今后的条令将使用术语"作战环境"来替代以往使用的术语"战斗空间"。参见：U.S. Joint Chiefs of Staff, Joint Publication 1, *Doctrine for the Armed Forces of the United States*, Washington, D.C.: GPO, May, 2007, p.I-10。

[2] 谢尔曼·肯特的著作《战略情报：为美国世界政策服务》是分为"情报是知识"(Intelligence is knowledge)、"情报是组织"(Intelligence is organization)、"情报是活动"(Intelligence is activity）三个部分展开论述的。参见：Sherman Kent, *Strategic Intelligence for American World Policy*, NJ: Princeton University Press, 1949, p.xxvii；张晓军：《美国情报理论研究的宏观考察》，载《情报杂志》2017年第2期。

[3] U. S. Joint Chiefs of Staff, Joint Publication 2-0, *Joint Intelligence*, Washington, D. C.: GPO, 22 June 2007, pp. I-1~27.

[4] 任国军：《美军联合作战情报支援研究》，北京：军事科学出版社，2010年，第2页。

当时美军也没有完善的联合情报条令体系开发机制。参联会主席独立负责联合作战理论研究与创新后，建立健全了联合条令开发界（joint doctrine development community，JDDC）的组织体系和联合条令开发程序，才逐步完善了联合情报条令体系，使其成为美军“进行力量部署、达成共同目标的基本指导原则”[1]。

目前，美军已经形成比较完善的联合情报条令体系一体化开发组织体系：参联会主席顶层领导，联合参谋部情报局主要负责、联合部队发展局统一协调，情报与作战一线力量构成开发界主体。

一、参联会主席直接领导体现权威性

在联合情报条令体系中，战略级条令《联合情报》（JP 2–0）地位最高、更新速度最快，其开篇的“参联会主席寄语”既是对体系总指导原则的高度概括，也包含对各级各类联合情报组织践行这些原则的最高指示。

美军参联会的成立源自第二次世界大战间临时之需。1947 年《国家安全法》的通过，正式以法律的形式确立了参联会的地位，这标志着参联会作为国防部的独立机构，成为总统和国防部长的最高军事顾问团，直接受总统和国防部长的命令调遣。1949 年，美军正式确立参联会主席职位[2]。当时，美国国会通过对《国家安全法》的修正案，设立参联会主席职位。作为美国武装力量的最高军事长官、总统和国防部长的首席军事顾问，参联会主席主要负责联合作战理论的开发。然而，美国随后进入与苏联的冷战时期，联合作战理论研究并未得到足够重视，更不要提联合情报条令体系建设。

[1] U. S. Joint Chiefs of Staff, Joint Publication 1-01.1, *Compendium of Joint Publications*, Washington, D. C.: GPO, 23 April1999, p. A-1.

[2] U. S. Joint History Office, Office of the Chairman of the Joint Chiefs of Staff, *Organizational Development of the Joint Chiefs of Staffs 1942-2013*, Washington, D. C.: GPO, April 2013, p. 1.

在美国国会通过 1986 年《戈德华特—尼科尔斯国防部改组法》后，参联会主席的权力大大加强，“远超过去最有影响力参联会主席的权力”[1]。尤其科林·鲍威尔（Colin L. Powell）将军任参联会主席期间（1989 年 10 月 1 日至 1993 年 9 月 30 日），大力推动联合条令的开发，“戈德华特—尼科尔斯”法案中对参联会主席的职责规定被强有力地落实[2]，“美军的联合作战理论进入了一个快速发展的新阶段”[3]。自 1991 年第一部测试版联合情报条令颁布以来，“美军联合情报条令体系建设更是呈现出一种加速发展的态势”[4]。

美军第一部测试版联合情报条令《联合作战情报支援条令》（JP 2–0）（1991 年），详细罗列参联会主席作为美军联合情报条令体系开发最高领导的相关法规依据：

a. 1947 年《国家安全法》修正案（1949 年）及 1986 年《戈德华特—尼科尔斯国防部改组法》规定参联会主席“独立负责条令的开发，以指导美国武装力量的联合使用”；

b. 1987 年 9 月 25 日国防部第 5100.1 号命令《国防部及其主要部门的职能》（DoDD 5100.1）重申并加强了参联会主席的联合条令开发职责；

c. 联合出版物 JP 0–2《武装力量的统一行动》（*Unified Action Armed Forces*）（1986 年）明确指出，参联会主席全权负责联合条令及联合战术、技术与程序的开发，利用联合条令统一协调各军种和作战司令部的行动。联合条令及联合战术、技术与程序不属于参联会行政出版物，由参联会主席批准独立颁布和实施。[5]

---

[1] U. S. Joint History Office, Office of the Chairman of the Joint Chiefs of Staff, *The Chairmanship of the Joint Chiefs of Staff 1949-2012*, Washington, D. C.: GPO, 2012, p. 8.

[2] U. S. Joint History Office, Office of the Chairman of the Joint Chiefs of Staff, *The Chairmanship of the Joint Chiefs of Staff 1949-2012*, Washington, D. C.: GPO, 2012, p. 178.

[3] 任国军：《美军联合作战情报支援研究》，北京：军事科学出版社，2010 年，第 3 页。

[4] 任国军：《美军情报条令导读》，北京：军事科学出版社，2013 年，第 5 页。

[5] 以上引用内容参见：U. S. Joint Chiefs of Staff, Joint Publication2-0, *Doctrine for Intelligence Support to Joint Publications*, Washington, D. C.: GPO, 30 June1991, pp. iii-iv。

二、联合参谋部全权负责确保互通性

参联会联合参谋部全权负责美军联合情报条令体系的建设开发。战略级条令《联合情报》(JP 2–0)由联合参谋部部长报呈参联会主席签字批准后发布，其他联合情报条令则直接由联合参谋部部长签发。

1947 年美军参联会成立后，联合参谋部下设联合情报组（Joint Intelligence Group）、联合战略计划组（Joint Strategic Plans Group）和联合后勤计划组（Joint Logistics Plans Group），协助参联会各参谋长的工作。发展至今，联合参谋部已拥有 8 个独立局（参见图 3–1）。其中联合参谋部情报局是主要责任单位（lead agent，LA），联合部队发展局负责组织联合作战中心及联合条令开发界定期举办联合条令工作组（JDWP）会议，对联合条令包括联合情报条令体系开发进行评估、计划等方面的研讨。

联合情报条令体系的开发组织涉及美军各个层级的组织及代表，开发程序包含环节众多。联合参谋部联合部队发展局牵头，情报局[1] 主要负责，开发组织各司其职，按部就班完成各个阶段、各个环节的开发任务。整个开发体系如同一个生产联合情报条令产品的流水线，人、产品、生产线按照既定程序有序进行，环环相扣，持续推动体系向前滚动发展。体系的应用范围，覆盖从联合作战情报支援实践到联合作战情报支援理论研究的方方面面,其终极目标是“最大化实现情报对军事行动的制胜作用”[2]，致力于联合情报条令体系作为一个体系的最终目标——成为作战效益的倍增器。

[1] 联合参谋部情报局是联合情报条令体系开发的责任单位和主持单位，有关联合条令体系各开发组织的角色及其功能请参见表 3–5“联合情报条令体系的开发角色分工”。

[2] U.S. Joint Chiefs of Staff, Joint Publication 2-01, *Joint and National Intelligence Support to Military Operations*, Washington, D.C.: GPO, 7 October, 2004, p. I-1.

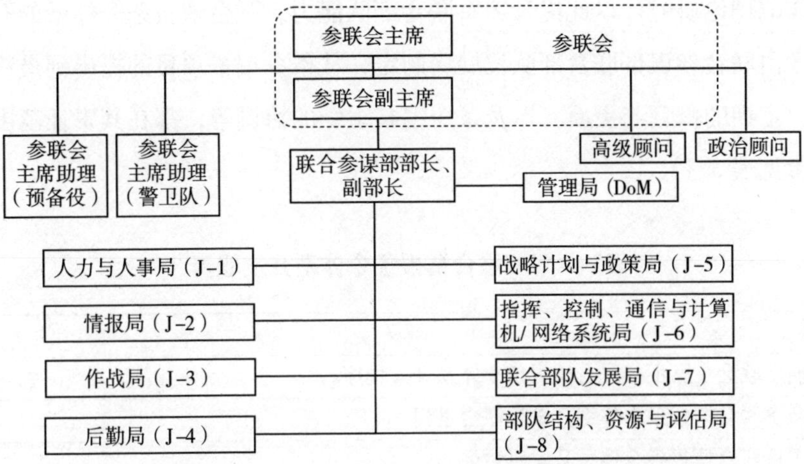

图 3–1　参联会联合参谋部组织关系图[1]

（一）联合参谋部联合部队发展局牵头

1986 年《戈德华特—尼科尔斯国防部改组法》在加强参联会主席权力的同时，对当时的联合参谋部进行改组，其中最大的变化是增设作战计划与互通局，专门负责联合条令、战术与技术、联合训练及作战计划的开发。2000 年，受美军军事转型的影响，联合参谋部作战计划与互通局调整为作战计划与联合部队发展局。2011 年，作战计划与联合部队发展局更名为联合部队发展局（J–7），承担起全部的联合部队开发项目，独立负责联合训练、教育、联合概念和条令开发。[2]

1. 统一协调、全程负责

联合参谋部联合部队发展局的主要职责，就是开发联合条令、促进联

[1]　图 3–1 是 2013 年美军参联会联合参谋部的组织架构，参见：U. S. Joint History Office, *Organizational Development of the Joint Chiefs of Staffs 1942-2013*, Washington, D. C.: GPO, April 2013, pp. 87-88。

[2]　美军联合参谋部联合部队发展局的演变历史，参见：U. S. Joint History Office, *Organizational Development of the Joint Chiefs of Staffs 1942-2013*, Washington, D. C.: GPO, April 2013, pp. 58-82。

合作战理论研究，以此提升美军联合部队能力。联合情报条令体系的开发程序由联合参谋部联合部队发展局制定，从条令编纂项目的提出到最终发布，定期的修订与更新，以及条令编纂组织的协调等，都在其责任范围内（参见表 3–1）。

表3–1　J–7联合情报条令体系开发职责[1]

J–7
1. 向参联会主席汇报联合情报条令体系开发程序。
2. 负责联合情报条令体系开发程序全过程。
3. 主持联合情报条令体系开发研讨会。
4. 负责培训联合参谋部情报局等主要责任单位及其执行官，内容包括明确具体职责、工具的使用以及标准化程序等。
5. 定期评估每一部联合情报条令，并给出书面报告。
6. 每季度向联合参谋部部长汇报联合情报条令体系发展现状。
7. 每半年举办一次联合条令计划会议（JDPC），召集联合条令体系开发的代表们一起研讨有关联合情报条令体系等的新问题、新项目。
8. 建设并维护联合情报条令体系开发及应用相关的网络资源库。
9. 协调并管理美军参与的多国联合情报条令开发事宜。
10. 完善联合情报条令体系相关的网络教育与训练课程。
11. 向联合条令开发界公布年度联合情报条令体系开发作战计划，内容包括全年联合情报条令体系开发现状、评估报告、计划开发项目等，并在下一年的联合条令计划会议上审核计划的完成情况。

联合参谋部联合部队发展局不负责撰写联合情报条令，但撰写过程涉及的部门间协作沟通、统一协调，以及条令经参联会主席批准后在联合电子阅览室及保密内网上的维护和运作，都由该局全权负责。在联合情

[1] 根据美军相关规定整理。参见：U. S. Joint History Office, *Organizational Development of the Joint Chiefs of Staffs 1942-2013*, Washington, D. C.: GPO, April 2013, pp. 63-83；U. S. Department of Defense, DoD Instruction (DoDI) 5025.12, *Standardization of Military and Associated Terminology*, Washington, D. C.: GPO, August 14, 2009, pp. A-1~6。

报条令体系的应用与宣传上，联合参谋部联合部队发展局通过一系列的教育、训练等项目加强联合界（包括军事院校、部队及研究所等）的学习和运用，并负责与媒体沟通，及时公布联合情报条令体系建设各个阶段的详细进展。

此外，联合参谋部联合部队发展局代表参联会主席负责国防部的术语标准化项目。因循参联会主席系列指令《军事及相关术语标准化》（CJCSI 5705.01）（J–7 负责）以及国防部《军事及相关术语标准化》（DoDI 5025.12）（DA&M 负责）指令，按期将联合情报条令体系的新术语收入《国防部军事及相关术语词典》，以统一联合部队的语言、提高行动效率，同时增进国防部与美国其他政府部门之间，以及美国与合作伙伴之间的交流。[1]

联合参谋部联合部队发展局下属的联合作战中心及联合条令中心[2]是执行联合条令体系开发任务的核心部门。冷战结束后，在财政预算削减的背景下，为保证效率和维持创新，参议院武装部队委员会认为，成立一个作战中心有利于联合条令和作战概念的开发，于是指令参联会主席向国会提交成立这个中心的详细提案[3]。1993 年，参联会主席批准成立联合作战中心，隶属当时的联合参谋部作战计划与互通局。美军希望联合作战中心可以协助参联会主席、作战司令部司令、军种参谋长进行联合作战准备，完成条令的概念研讨、开发和评估工作，并利用先进科技手段加强联合训

[1] 有关联合部队发展局在美军术语标准化建设方面的资料，参见：U. S. Joint Chiefs of Staff, Chairman of the Joint Chiefs of Staff Instruction (CJCSI) 5705.01D, *Standardization of Military and Associated Terminology*, Washington, D. C.: GPO, November 10, 2010, Directive Current as of March 18, 2014; U. S. Department of Defense, DoD Instruction (DoDI) 5025.12, *Standardization of Military and Associated Terminology*, Washington, D. C.: GPO, August 14, 2009。

[2] 联合条令中心（JDC）成立于 1987 年，后作为独立单位划归联合作战中心管辖。参见：“The Joint World: Organization, Doctrine, and Education,” *Joint Force Quarterly*, Issue 1, Summer 1993, p.113。

[3] “The Joint World: Organization, Doctrine, and Education,” *Joint Force Quarterly*, Issue 1, Summer 1993, p.113.

练、条令、战术、技术与程序的融合，为军种教育训练、条令开发和经验总结提供指导。联合作战中心的成立大大促进了联合条令的开发，在此意义上，它也是美军联合作战的重要赋能器。[1]

此外，联合作战中心的联合条令中心致力于联合条令开发，及发现和研究新的作战概念，成为全军概念开发的“焦点”（focal point）；联合训练分析与模拟中心（JTASC）在联合训练的计划、实施及评估各个阶段提供专业指导，成为提升联合作战能力的倍增器；经验习得联合中心（JCLL）对以往行动、训练及其他资源进行集中观察和分析，从中获取对联合行动有价值的经验用作条令制定及联合教育与训练，实现联合部队战斗力和互通力的倍增[2]。

2.搭建平台、研发促建

自1987年组建以来，联合参谋部联合部队发展局每半年组织一次联合条令工作组会议，为联合条令开发界搭建关键的沟通平台。[3] 会议为期两天，联合条令开发界的代表们在会议开始前提交联合条令建设提议，会议包括参联会主席致辞、研讨联合条令开发相关提议、进行投票表决，及宣布会议通过的联合条令开发决议等流程。美军联合作战理论权威期刊《联合部队季刊》[4] 早期曾刊登了部分会议内容，现择其要点整理如下（参见表3–2）：

---

[1] “The Joint World: Organization, Doctrine, and Education,” *Joint Force Quarterly*, Issue 2, Autumn 1993, pp. 112-113.

[2] “The Joint World: Organization, Doctrine, and Education,” *Joint Force Quarterly*, Issue 26, September 2000, p. 106.

[3] David A. Sawyer, “The Joint Doctrine Development System,” *Joint Force Quarterly*, Issue 14, Winter 1996-97, pp. 36-41.

[4] 美军《联合部队季刊》1993年创刊，1994年开始发布联合条令工作组会议要点，故前12届会议内容不详；同时，《联合部队季刊》1999年以后不再及时发布会议信息。

表3–2 联合条令工作组会议备忘录

主办方：J–7　　　　参会人员：联合条令开发界

第13届工作会议[1]（1994年4月28日） 经办方：美国中央司令部 内容提要：联合情报条令体系方面，提议将致力于开发联合特遣部队人力情报对联合作战的支援研究，描述国防部各部门及各军种人力情报力量组成及关系，计划将有关人力情报的联合战术、技术和程序写入联合情报条令当中，编号JP 2–02《联合特遣部队作战情报支援联合战术、技术和程序》（Joint Tactics, Techniques, and Procedures for Intelligence Support to Joint Task Force Operations）等。
第14届工作会议[2]（1994年10月25日） 经办方：联合作战中心 内容提要：联合情报条令体系方面，提议由联合参谋部情报局协助、大西洋司令部（ACOM）做主要责任单位，着手开发联合情报条令《测绘与大地测量的战术、技术与程序》（Tactics, Techniques, and Procedures for Mapping, Charting, and Geodesy）等等。
第15届工作会议[3]（1995年4月4日） 经办方：美国空间司令部 内容提要：取消联合条令JP 1–01.2等，加强联合条令开发体系研究，在公开网络上发布联合条令的更新细节等等。
第16届工作会议[4]（1995年10月24日） 经办方：联合作战中心 内容提要：参联会主席肯定了联合条令工作会议作为联合条令开发高端论坛的必要性，特别推荐《联合部队季刊》作为条令开发学术交流的最佳媒介。强调条令对作战的重要性，尤其是高层领导必须熟悉并参与联合条令开发程序。同时表示，条令的开发系统在保持严谨性的同时也要具备灵活性，能够及时吸纳技术领域的先进成果等等。

[1] "The Joint World: Organization, Doctrine, and Education," *Joint Force Quarterly*, Issue 5, Summer 1994.

[2] "The Joint World: Organization, Doctrine, and Education," *Joint Force Quarterly*, Issue 7, March 1995.

[3] "The Joint World: Organization, Doctrine, and Education," *Joint Force Quarterly*, Issue 8, July 1995.

[4] "The Joint World: Organization, Doctrine, and Education," *Joint Force Quarterly*, Issue 10, February 1996.

(续表)

第 17 届工作会议[1]（1996 年 4 月 16 日）　经办方：联合作战中心 内容提要：联合参谋部部长代表主席致辞，联合条令与联合教育、计划等相关联，联合条令与军种条令相关联，及时吸收训练行动和正在进行的行动中总结的经验教训，以及对已批准的和正在开发的条令及时做出评估；有关联合情报条令的决议是，批准开发 JP 2–01.3《作战空间联合情报准备》等等。
第 18 届工作会议[2]（1996 年 10 月） 内容提要：有关联合情报条令的决议，继续保持 JP 2–01.2《作战反情报支援联合战术、技术和程序》为密级条令，而不会开发带有保密附录的非密级条令等等。
第 19 届工作会议[3]（1997 年 4 月 1 日）　经办方：联合作战中心 内容提要：这次通过的决议包括，作战司令部参与联合出版物终稿的协调程序等。
第 20 届工作会议[4]（1997 年 10 月 28 日）　经办方：联合作战中心 内容提要：共同学习《2010 联合构想》（Joint Vision 2010）、联合训练系统术语、《联合特遣部队指挥官维和行动手册》（Joint Task Force Commander’s Handbook for Peace Operations），相关责任单位就其开发的条令做出陈述并讨论了有关条令地位的问题等。
第 23 届工作会议[5]（1999 年 4 月 20 日）　经办方：联合作战中心 内容提要：将取消开发联合条令 JP 3–56《联合作战指挥与控制条令》（Command and Control for Joint Operations），其内容融入联合条令 JP 0–2《武装部队统一行动》（Unified Actions Armed Forces）中；陆军训练与条令司令部在国土防卫领域取得进展，成立了陆军国土防卫卓越中心，致力于全面的理论研究。

[1] “The Joint World: Organization, Doctrine, and Education,” *Joint Force Quarterly*, Issue 11, May 1996.

[2] “The Joint World: Organization, Doctrine, and Education,” *Joint Force Quarterly*, Issue 14, March 1997.

[3] “The Joint World: Organization, Doctrine, and Education,” *Joint Force Quarterly*, Issue 15, June 1997.

[4] “The Joint World: Organization, Doctrine, and Education,” *Joint Force Quarterly*, Issue 17, February 1998.

[5] “The Joint World: Organization, Doctrine, and Education,” *Joint Force Quarterly*, Issue 22, June 1999.

从《联合部队季刊》中发布的信息来看，联合条令工作组会议的内容相当丰富，联合条令开发界代表们提议、研讨等活动也很活跃。从早期的会议内容看，美军曾决议通过《联合特遣部队作战情报支援联合战术、技术和程序》和《测绘与大地测量的战术、技术与程序》两部联合情报条令的开发方案。虽然最终笔者并没有在联合情报条令体系中看到这两部条令，但可以看出当时美军迫切想要充实联合情报条令体系的坚定决心，也就不难理解该体系发展曲线在 2003 年之前呈持续上升趋势的轨迹了。

（二）联合参谋部情报局主要负责

参联会联合参谋部情报局作为主要责任单位，负责各级联合情报条令具体的编纂和修订工作（参见表 3–3）。联合参谋部情报局由联合情报组（1947—1958 年）发展而来[1]，是联合参谋部成立之初的“三驾马车”之一，主要职能是为美国国防部提供联合情报，以及制定联合情报条令体系用以统一联合部队的行动和训练。

表3–3　J–2 联合情报条令体系开发职责[2]

J–2
1. 按 J–7 制定的开发程序组织联合情报条令体系开发所需的人力及资源。
2. 负责所有与联合情报条令体系开发相关的项目。
3. 协助其他联合条令的开发。

[1]　U. S. Joint History Office, *Organizational Development of the Joint Chiefs of Staffs 1942-2013*, Washington, D. C.: GPO, April 2013, pp. 11-44.

[2]　参见：U. S. Joint History Office, *Organizational Development of the Joint Chiefs of Staffs 1942-2013*, Washington, D. C.: GPO, April 2013, pp. 11-44；U. S. Joint Chiefs of Staff, Chairman of the Joint Chiefs of Staff Manual (CJCSM) 5120.01A, *Joint Doctrine Development Process*, Washington, D. C.: GPO, 29 December 2014, pp. A-3~6。

(续表)

4. 为已批准的联合情报条令及其他联合条令的评估提供协助，尽可能从演习、真实的作战及实验中汲取营养。
5. 做好联合情报条令评估阶段的信息反馈工作。
6. 对每一部联合情报条令实行专人负责制，负责从项目的评估与计划到条令的起草与修订，直到呈递参联会主席或联合参谋部部长签发的全部开发任务。
7. 审阅、分析、评价联合情报条令草案，确保内容准确、连贯，准确描述联合部队能力、作用及战术。

20 世纪 50 年代，美苏在军事科技领域取得革命性进步，尤其是导弹发射系统方面的领先，迫切需要更高效、更灵敏的指挥与控制系统与之配套。1958 年，美国国防部机构重组，随之而来的是联合参谋部的重组，联合参谋部各部门因循美军传统的参谋部门编号“J–X”，联合情报组即更名为联合参谋部情报局，编号 J–2。由于这一时期美军军种竞争激烈，参联会主席的权力并未受到既定的重视，1963 年，参联会取缔联合参谋部情报局，指定国防情报局向参联会提供所需的情报参谋业务。事实上，在后来联合情报条令体系的历史发展过程中，美国国防情报局也曾取代联合情报局主持并编纂过部分联合情报条令，如 1991 年测试版联合情报条令 JP 2–0。

1991 年 1 月，联合参谋部恢复联合参谋部情报局的设置，并在参联会主席强力推进的联合情报条令体系建设中担负起主要责任单位职责。

三、情报与作战一线力量共同参与，突出实用性

联合情报条令体系的终极目标是实现情报对军事行动的制胜作用，因此条令体系的开发与使用也尽可能地融合，以充分发挥条令体系对作战力量的规范作用。美军规定，情报与作战一线力量不仅是联合情报条令体系主要使用者，也是参与开发联合情报条令体系的主要力量。这些力量构成联合条令开发界的主要组成部分（参见表 3–4）。

表3–4　联合条令开发界结构组成[1]

<table>
<tr><td rowspan="14">有投票权</td><td colspan="2">参联会主席</td></tr>
<tr><td colspan="2">联合参谋部联合部队发展局</td></tr>
<tr><td rowspan="11">作战司令部</td><td>非洲司令部（USAFRICOM）</td></tr>
<tr><td>中央司令部（USCENTCOM）</td></tr>
<tr><td>欧洲司令部（USEUCOM）</td></tr>
<tr><td>北方司令部（USNORTHCOM）</td></tr>
<tr><td>太平洋司令部（USPACOM）</td></tr>
<tr><td>南方司令部（USSOUTHCOM）</td></tr>
<tr><td>特种作战司令部（USSOCOM）</td></tr>
<tr><td>战略司令部（USSTRATCOM）</td></tr>
<tr><td>运输司令部（USTRANSCOM）</td></tr>
<tr><td>网络司令部（USCYBERCOM）</td></tr>
<tr><td>武装力量</td><td>陆军、海军、空军、陆战队、海岸警卫队</td></tr>
<tr><td rowspan="11">无投票权</td><td rowspan="7">联合参谋部</td><td>人力与人事局（J–1）</td></tr>
<tr><td>情报局（J–2）</td></tr>
<tr><td>作战局（J–3）</td></tr>
<tr><td>后勤局（J–4）</td></tr>
<tr><td>战略计划与政策局（J–5）</td></tr>
<tr><td>指挥、控制、通信与计算机 / 网络系统局（J–6）</td></tr>
<tr><td>部队结构、资源与评估局（J–8）</td></tr>
<tr><td colspan="2">军种、多军种及作战司令部的条令开发组织[2]</td></tr>
<tr><td colspan="2">国防大学</td></tr>
<tr><td colspan="2">国家警卫局</td></tr>
<tr><td colspan="2">战斗支援部门等</td></tr>
</table>

[1]　参见：U. S. Joint Chiefs of Staff, Chairman of the Joint Chiefs of Staff Instruction (CJCSI) 5120.02D, *Joint Doctrine Development System*, Washington, D. C.: GPO, 5 January 2015, pp. B-1~4; John M. Fawcett, Jr., "This Breaking News Just In, Emperor Napoleon I Is Still Dead!," *Joint Force Quarterly*, Issue 92, 1st Quarter 2019。

[2]　如美国陆军训练与条令司令部（Army Training and Doctrine Command, ATDC）、海军条令司令部（Navy Doctrine Command, NDC）、空军条令中心（Air Force Doctrine Center, AFDC）、海岸警卫队条令研究小组（Coast Guard Doctrine Study Group, CGDSG），及陆、海、空多军种条令开发中心（Air Land Sea Application Center, ALSAC）等。

如表 3–4 所示，联合条令开发界是由参联会主席和联合参谋部、作战司令部，以及各军种、战斗支援部门、国家警卫局（NGB）等代表构成的组织体系。其中，参联会主席、联合参谋部联合部队发展局、作战司令部和各军种代表具有投票权，没有投票权的成员及代表可以通过联合参谋部联合部队发展局递交建议。

美军参联会主席指令规定，在参联会主席和作战司令部司令对联合部队进行战略指导时，在联合部队指挥官、下属联合部队指挥官及联合特遣部队指挥官部署联合部队时，作战司令部、下属联合部队司令部、联合特遣部队、军种单位、作战支援部门以及国家警卫队为联合部队提供支援或接受其他联合部队支援时，都必须遵循联合条令体系提供的指导原则。[1] 联合部队指挥官、下属联合部队指挥官及联合特遣部队指挥官在组织人员进行联合行动方面的训练和教育时也离不开条令的支持，如此才能确保联合部队“训练时是一个整体，战斗时是一个整体，胜利时是一个整体”[2]。

美国联合条令开发界认为，通过条令给出的标准化术语和程序促进美国国防部内机构之间、美国政府部门之间、美国与同盟之间的交流与互信，是美国国防部持续推进的政策。[3] 由此，美军联合情报条令体系的应用与服务对象已经不拘泥于联合情报界，而是扩展到任何与美军联合作战制胜相关的组织或个人。甚至，美国以外的政府部门与机构、非政府组织等也是美军联合情报条令体系的服务对象，因为美军在世界范围内公布联合情报条令体系，为他们提供了了解美军联合情报角色、能力和运行程序的机会。[4]

同时，美军联合情报条令体系的应用范围也从美国国防部向整个美

---

[1] U. S. Joint Chiefs of Staff, Chairman of the Joint Chiefs of Staff Instruction (CJCSI) 5120.02D, *Joint Doctrine Development System*, Washington, D. C.: GPO, 5 January 2015, p. A-2.

[2] Colin L. Powell, "A Word from the Chairman," *Joint Force Quarterly*, Issue 1, Summer 1993, p.5.

[3] George H. Hock, JR., "Joint Terminology: At the Heart of Doctrine," *Joint Force Quarterly,* Issue 62, 3rd Quarter 2011, p. 138.

[4] U. S. Joint Chiefs of Staff, Chairman of the Joint Chiefs of Staff Instruction (CJCSI) 5120.02D, *Joint Doctrine Development System*, Washington, D. C.: GPO, 5 January 2015, p. A-1.

国，并向其同盟渗透。其应用的领域也以尽可能详细地描述目标情况，制定联合作战的战略、战役、战术计划为中心，向促进联合情报组织体系化建设、完善联合职业教育训练体系和塑造联合文化环境等领域扩展。

第三节　工作程序保障联合情报条令体系开发

联合参谋部及情报与作战一线力量是开发联合情报条令体系的主体，在联合条令体系的开发过程中分担不同的角色（参见表3–5）。这些角色遵循参联会主席指令《联合条令开发体系》和《联合条令开发程序》中拟定的详细规程，执行对联合情报条令体系的计划、开发、评估与维护等程序，确保联合情报条令体系按期高效完成更新。其中，项目启动、开发、签发、维护四个阶段，构成美军联合情报条令体系每一部条令完整的生命周期（life cycle）。经过联合条令开发界近30年的持续创新、证实和完善，四个阶段在不断提升整套开发流程体系化程度的同时，也形成了特色、高效的开发环节。

表3–5　联合情报条令体系的开发角色分工[1]

角　色	功　能
责任单位（LA）	独立的军种、作战司令部或联合参谋部等部门，负责一部条令全部的开发和维护事务。
联合参谋部条令主持单位（JSDS）	联合参谋部情报局，就其负责的条令项目与联合参谋部其他部门进行协调。
首席审核官（PRA）	受责任单位委派对责任范围内条令的开发、维护进行审核与调整。
协调审核官（CRA）	军种或作战司令部指派的单位，在条令开发、维护过程中协助责任单位、首席审核官、联合参谋部条令主持单位及测评组的工作。

[1] 根据《国防部军事及相关术语词典》整理，参见：U. S. Joint Chiefs of Staff, Joint Publication 1-02, *Department of Defense Dictionary of Military and Associated Terms,* Washington, D. C.: GPO, August 2017。

(续表)

角 色	功 能
技术审核官（TRA）	为责任单位、首席审核官、联合参谋部条令主持单位、协调审核官及测评组提供专业技术支持和指导的部门。
评估组（EA）	作战司令部或支援部门依据评估指令计划，协调和实施对联合试验条令（JTP）的评估。
测评组（AA）	对已批准发布的条令进行测评的单位。

一、明确开发程序各阶段时限与任务

（一）启动阶段

项目启动阶段一般以联合参谋部联合部队发展局收到开发新条令的提议开始，以开发新条令的项目指令完成结束，主要环节包括提议、全面分析、证实和完成项目指令四个环节，历时 6.5 个月左右（参见图 3–2）。

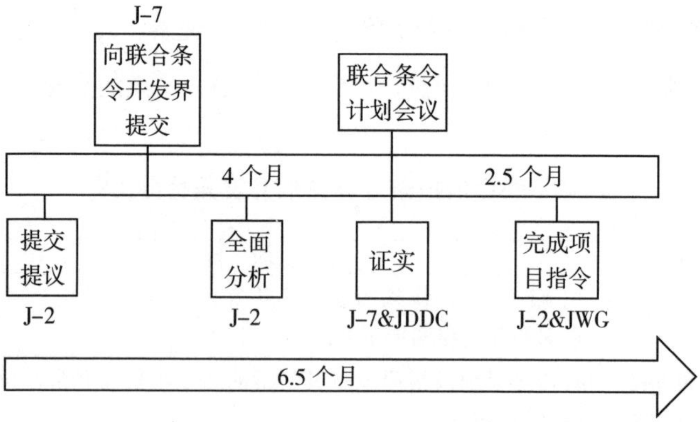

图 3–2　联合情报条令体系开发项目启动阶段图解[1]

[1] 根据美军官方资料整理绘制。参见：U. S. Joint Chiefs of Staff, Chairman of the Joint Chiefs of Staff Manual (CJCSM) 5120.01A, *Joint Doctrine Development Process*, Washington, D. C.: GPO, 29 December 2014, pp. B-6~10; U. S. Joint Chiefs of Staff, Joint Staff Manual (JSM) 5701.01E, *Formats and Procedures for Development of CJCS, JS, and J-Directorate Directives*, Washington, D. C.: GPO, 19 September 2011, pp. C-1~5。

1. **提议**

只要有军种参谋长、作战司令部指挥官或联合参谋部各局主官正式担保，任何人有权提议修订或开发新的联合情报条令。提议以备忘录公文格式呈递联合参谋部联合部队发展局。该局从内容、合理性、完整性等方面审核提议，并给出审核意见。在联合条令计划会议[1]召开前4个月，将符合条件的提议汇总给联合条令开发界成员做进一步审核。表达清晰、内容完整的提议将在项目启动阶段节省人力和物力，对项目成功启动起到良好的推动作用。

2. **全面分析**

得到联合参谋部联合部队发展局认可的提议将进入全面分析环节。开发者对相关资料进行搜集与研究，包括经验习得方面的文献及数据，现有联合、多军种、军种、多国条令及战术、技术与程序，已批准的行动计划、演习方案及报告等，相关的联合概念，试验结果等等，甚至包括一些访谈和会议记录。这些研究有助于对提议作出准确的分析，对撰写项目指令以及起草条令至关重要。

3. **证实**

证实环节（亦作“印证环节”），是指将所有有关联合情报条令体系的提议及相应的分析报告，在联合条令计划会议上展示并进行投票。在证实环节通过的提议，将被打包发送给联合参谋部联合部队发展局。联合部队发展局将给出最终决议：对提议的新条令不予开发，同意修订现有联合情报条令，抑或开发新的联合情报条令等。值得注意的是，在这一环节中，有投票权的代表也有权推荐相关的条令责任单位。

4. **起草项目指令**

一旦开发新条令的提议在联合条令计划会议上通过，或是经联合部队发展局批准，情报局在接下来的30天内可以向联合条令开发界发出召集通知，成立联合工作组（JWG）起草项目指令。情报局也可以向联合部队

[1] 联合条令计划会议每半年举办一次。

发展局提出成立项目指令专项联合工作组的协调需求。

项目指令需要描述待开发的联合情报条令核心内容的框架，提供章节大纲、段落大意以及部分主要附录。联合情报条令的常规修订提议不需要起草项目指令。

（二）开发阶段

联合情报条令体系开发阶段包含三个主要的标准化环节：常规开发程序、更新程序和快速开发程序，以及一个备选的试验条令开发程序。

1. 常规开发程序

项目指令发布后，联合情报条令进入常规开发程序，这一过程耗时约 17.5 个月（参见图 3–3）。联合参谋部联合部队发展局将负责终稿的协调准备事宜，在规定的 30 天内完成终稿草案。同样的，联合参谋部情报局依照联合参谋部联合部队发展局和联合条令开发界的审稿意见进行两轮修改，最终递交签发之前还要与联合工作组再次核对，确保无误。

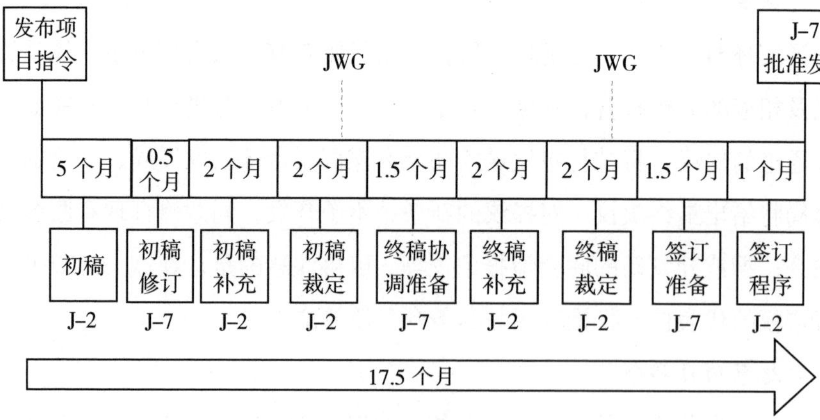

图 3–3　联合情报条令体系常规开发程序图解[1]

[1] 根据美军官方资料整理绘制。参见：U. S. Joint Chiefs of Staff, Chairman of the Joint Chiefs of Staff Manual (CJCSM) 5120.01A, *Joint Doctrine Development Process*, Washington, D. C.: GPO, 29 December 2014, pp. B-11~20。

2. 更新程序

更新程序针对近期条令需要更新的内容。这包括联合情报条令体系及联合条令体系内其他条令更新而引起的联动效应，新近试验成熟的概念，或是美军开辟了新的任务区等等。按照更新内容的优先次序，更新程序主要分为紧急修订和常规修订程序。

联合条令开发界成员可以向联合参谋部联合部队发展局或者情报局递交紧急修订联合情报条令的申请，但都将由联合参谋部情报局审阅，并在24小时内给出反馈结果。申请人需要在申请中说明理由并给出具体修订意见。一旦接到联合参谋部情报局的肯定意见，联合部队发展局将迅速通过联合参谋部条令开发执行部门成立专家组（各军种、作战司令部、协调审核组及联合参谋部的代表）。专家组对申请人的修订意见进行研讨和完善，24小时内给出最终修订稿。接下来，联合电子阅览室将第一时间完成联合情报条令电子版的修订，联合条令开发界成员也会及时收到条令的更新通知。

为确保联合情报条令体系的每一部条令在术语和概念上与整个体系保持一致，尽可能避免因修订不及时造成的矛盾和误解，联合条令开发界会对条令进行定期的常规修订。美国联合界成员可以随时向联合参谋部情报局递交常规修订申请，就联合情报条令中可能存在不准确、不完整、有歧义或误导性条款提出修订建议。首先由联合参谋部联合部队发展局和情报局对其进行为期1个月的审阅，审阅通过的申请将交给联合条令开发界评议，2个月后评议结果汇总到联合参谋部联合部队发展局，再由联合参谋部情报局领导专项联合工作组做最后的修改完善。单本联合情报条令的常规修订一般在3.5到5.5个月内完成。

3. 快速开发程序

作战指挥官、军种参谋长及联合参谋部各局主官还可提议对联合情报条令进行快速开发。快速开发程序一般须在12个月内完成，比常规开发程序快5.5个月。联合参谋部情报局须加紧撰写、修改、核准条令，并按月向联合参谋部部长、联合部队发展局、各级作战指挥官和军种参谋长们提交季度进度报告。

4. 试验条令开发程序

如果有成熟的作战概念，需要进一步证实以便吸收到条令中去，或者条令开发人员就条令核心结构无法达成一致，联合条令开发界会提议开发联合试验条令。经过美军联合概念开发程序检验的联合概念，代表了完成作战任务最先进、最高效的方法和思想，大多会直接被联合情报条令吸收，但有些概念因为过于复杂而需要新的联合情报条令来阐释。这个时候，美军就需要制定联合实验条令进一步验证。[1]

由于增加了试验和评估步骤，联合试验条令的开发周期相对较长（24至30个月）。联合参谋部情报局一般需要先花4.5个月完成试验条令的项目指令，再在7个月内撰写和修改试验条令草案。之后，联合参谋部联合部队发展局指派专项联合工作组用10到16个月反复评估、修改草案，评估结束后该局负责为试验条令定稿并呈交上级签发。

（三）签发阶段

签发阶段从联合参谋部联合部队发展局收到联合情报条令的定稿开始，至联合情报条令正式签发结束。联合参谋部联合部队发展局会在6周之内完成制作序言、内容提要、更新条目等准备工作，最终将完整的签发版本呈交参联会主席或联合参谋部部长签字，正式发布。

（四）维护阶段

联合情报条令签发以后，开发人员还需要建立正式和非正式的多种沟

[1] U. S. Joint Chiefs of Staff, Chairman of the Joint Chiefs of Staff Instruction (CJCSI) 3010.02 Series, *Guidance for Development and Implementation of Joint Concepts*, Washington, D. C.: GPO, 22 November 2013.

通机制，公示联合条令开发界开发流程及规则，尽可能多地从联合界获取有效的反馈，保持不同条令之间、单本条令不同版本之间的连贯性，确保整个联合情报条令体系的一体性。[1]

维护阶段以联合情报条令签发那一刻开始，直到针对性的官方评估报告（FAR）完成为止。在此阶段，联合情报条令将接受多种评估和测评。最常见的是，对条令内容的一致性和品质进行持续测评，包括使用者的测评和条令开发测评组的测评。测评目的主要是为联合情报条令签发满 3 年 6 个月后的全面修订做准备。

条令开发测评组一般会在联合情报条令正式签发 24 至 27 个月后启动测评工作，测评对象包括所有单本联合情报条令以及整个联合情报条令体系，甚至还包括联合情报条令体系与其他条令体系的关系。尤其是当条令正用于现实作战或演习试验时，测评组更会要求对联合情报多条令或体系进行同时测评。测评活动有：观摩实战或演习中的条令运用情况、组织访谈、问卷调查等。测评活动结束后，测评组要在 90 天内完成评估报告。评估报告的内容主要针对联合情报条令需要修改的内容（而不是使用），如果建议修改的内容少于原文的 20%，就要列出一份被评估条令的更新条目，并评价该条令与其他相关条令的联系；如果评价结果是取消被评估条令，要阐明理由。

使用者（联合界）进行测评时，可以按照联合情报条令附录“行政指令”部分提供的方法和程序，不限时间对现行联合情报条令体系或单本联合情报条令发表评价。

二、构建开发与应用共享技术

在联合情报条令体系建设之初，罗伯特·里斯卡西将军曾指出，条

[1] U. S. Joint Chiefs of Staff, Chairman of the Joint Chiefs of Staff Manual (CJCSM) 5120.01A, *Joint Doctrine Development Process*, Washington, D. C.: GPO, 29 December 2014, p. B-29.

令只有普及全军，才能有效增强联合部队的全面协同能力。[1] 对于美军而言，“联合情报条令绝不是束之高阁的大部头”[2]，即使是情报领域以外的读者也把它当成了解情报体系在联合级别上运行机制的重要参考[3]。这不仅得益于美军完善的条令开发组织体系和工作程序，也得益于同时对开发者和使用者友好[4]的一体化信息共享技术。

通过一体化信息共享技术，美军形成以联合情报条令体系为核心，向联合情报理论、联合教育与训练等方面延伸的数据网，为其全球范围的军事部署提供联合情报条令体系使用服务。平台设置有保持使用者与开发者畅通交流的接口，为全球部署联合力量提供使用联合情报条令便捷方式的同时，美军也提供了线上、线下、电话等多种反馈渠道保证使用者与条令开发界的有效沟通，实现了开发与应用互联互通的一体化发展模式。

联合情报条令体系的信息共享网络平台是包含了联合条令、教育、训练电子信息系统（JDEIS）和内网、外网及密级网络系统的复杂体系，由联合参谋部联合部队发展局负责维护和开发，尽可能地为美军及相关使用者提供省时、集中、便捷的服务，同时保障体系及时开发、正确维护和合理分发。

联合条令、教育、训练电子信息系统拥有公开的联合电子阅览室和保密的联合电子阅览室（JEL+）两个子系统的所有资料数据，以及联合条令开发工具包（JDDT）、联合术语大数据（JTMD）、数据分析工具及其他相关的研究工具和软件。联合条令、教育、训练电子信息系统包含联合情

[1] Robert RisCassi, “Principles for Coalition Warfare,” *Military Review*, Vol. 73, No.6, June 1993.

[2] John S. Clay, “The Fifth Service Looks at Doctrine,” *Joint Force Quarterly*, Issue 14, Winter 1996-97, p. 31.

[3] William G. Welch, “The Everyman’s Joint Library,” *Joint Force Quarterly*, Issue 14, Winter 1996-97, p. 128.

[4] William G. Welch, “The Everyman’s Joint Library,” *Joint Force Quarterly*, Issue 14, Winter 1996-97, p.129.

报条令体系及其相关的教育、训练方面的资料，以及所有官方指导文件、历史研究资料等海量的数据，同时把联合电子阅览室的数据不断分类重组成各种小系统，方便使用者快速、准确地定位自己需要的资料。

批准发行的联合情报条令包括加密条令和非密条令。非密条令经批准后，在美军联合电子阅览室网站公开发布。不仅如此，美军在该平台上传了新条令的讲解课件，以及联合情报条令用于战争演习的学习视频，并提供在线问答环节。美国军事院校的学生会使用美军的条令网上教育与训练软件进行在线学习，学习的内容包括 30 个模块，其中 6 个模块在联合电子阅览室[1]。

加密条令则须特定人员通过美军联合电子阅览室网站的加密通道获取。参联会主席规定，非美方政府机构或国家可以通过当地大使馆向美国国防情报局递交申请[2]，经批准后可以获取阅览加密条令的资格。这为国防部内部核心战斗力量接触密级条令资料的权威数据库提供了方便。联合情报条令体系中的《联合作战反情报与人力情报支援》（JP 2–01.2）和《作战环境联合情报准备》（JP 2–01.3）就保存在该数据库中。

[1] "The Joint World: Organization, Doctrine, and Education," *Joint Force Quarterly*, Issue 22, Summer 1999, p. 112.

[2] U. S. Joint Chiefs of Staff, Chairman of the Joint Chiefs of Staff Manual (CJCSM) 5120.01A, *Joint Doctrine Development Process*, Washington, D. C.: GPO, 29 December 2014, p. D-3.

第四章

美军联合情报条令体系的功能

体系整体性的外在表现是体系的功能。[1] 信息时代的联合作战更多地体现为基于信息系统的体系作战，但是，一个国家单靠技术本身并不能取得绝对军事优势，掌握正确使用各种高科技的方法至关重要。因为“任何体系都要在指导和规范下才能正常发挥功能”[2]，“一致”可以产生力量[3]。倘若美军在越战后没有改革其训练和作战条令，美国就不可能在海湾战争中打得如此顺手，正如查克·霍纳（Chuck Horner）将军所说，“沙漠盾牌”和“沙漠风暴”行动进展得如此顺利，是因为“所有人之前已到过这里”[4]。

本章从联合情报组织制度标准化、联合情报支援流程标准化和联合情报共享体系标准化等方面，分析美军如何通过联合情报条令体系

[1] 上海交通大学钱学森研究中心：《智慧的钥匙：钱学森论系统科学》，上海：上海交通大学出版社，2015 年，第 3 页。

[2] U.S. Joint Chiefs of Staff, Chairman of the Joint Chiefs of Staff Guide (CJCSG) 3501, *The Joint Training System: A Guide for Senior Leaders*, Washington, D.C.: GPO, 8 June 2012, p. B-1.

[3] [瑞士]A. H. 若米尼：《战争艺术概论》，刘聪、袁坚译，北京：解放军出版社，1988 年，第 61 页。

[4] [美] 马克斯·布特：《战争改变历史：1500 年以来的军事技术、战争及历史进程》，石祥译，上海：上海科学技术文献出版社，2011 年，第 336 页。

优化情报力量的运用，实现联合部队战斗力的增值；同时，分析该体系对建设军种情报条令体系，进而促进美军法律法规体系更加完善的功能。

第一节　优化情报力量的运用，为联合部队战斗力增值

标准化是美国“国防部实现各军种及国防部各局之间尽可能密切合作，以最有效地利用研究、开发与生产资源的过程”。[1] 作为美军法规体系的重要组成部分，美军联合条令体系术语、组织、实施程序等实现标准化，从而解放联合部队指挥官和参谋们，使他们得以集中力量解决实际战略、战役、战术问题。[2] 其中，联合情报条令体系吸收情报领域的新发展、新认识和新经验，为联合作战情报支援确立一套标准，并在教育训练中践行，不断优化情报力量的运用。

一、实现组织制度标准化，确保情报力量高效运行

制度的功能在于规定并形成秩序[3]，制度包括组织和构成组织间相互作用模式的规则。组织制度既是力量生成的关键环节，也是组织内人力与物力结合的纽带[4]，完善的组织制度有利于提高效率。美军联合情报条令体系的发展历史就是美军联合情报组织制度标准化的演进过

[1]　U.S. Joint Chiefs of Staff, Joint Publication 1-02, *Department of Defense Dictionary of Military and Associated Terms,* 15 November 2014, p. 235.

[2]　U. S. Joint Chiefs of Staff, Chairman of the Joint Chiefs of Staff Instruction (CJCSI) 5120.02D, *Joint Doctrine Development System*, Washington, D. C.: GPO, 5 January 2015, p. A-2.

[3]　申华：《美国国家情报管理制度研究》，北京：军事科学出版社，2010年3月，第10页。

[4]　沈雪哉：《军制学》，北京：军事科学出版社，2000年，第154页。

程[1]，美军通过运用该体系向联合部队指挥官等军事人员普及联合情报组织体系的构成、各级组织的职责以及共同的情报支援原则，从而实现联合部队的高效运行。

（一）规范情报支援力量的体系结构

术语的变化是情报力量结构调整的现实反映。跟踪联合情报条令体系发展过程中术语的更新，有助于推导美军规范情报力量体系结构的大致轨迹。“联合情报组织”（joint intelligence organizations）在联合条令诞生之初就已存在。类似概念还有“情报体系”（intelligence system）、“基本情报体系”（intelligence infrastructure）、“联合情报体系”（joint intelligence architecture）等。“情报体系”和“基本情报体系”[2]这两个术语具有“联合情报体系”[3]的基本概念内涵，但二者叙述并不清晰、明确，在联合情报条令体系将“联合情报体系”确定为联合情报核心概念后就脱离了联合

---

[1] 参见：任国军、孙园园：《美军联合情报体制研究》，北京：军事科学出版社，2016 年；任国军：《美军联合作战情报支援研究》，北京：军事科学出版社，2010 年；刘宗和、高金虎：《外国情报体制研究》，北京：军事科学出版社，2003 年。

[2] “基本情报体系”的这一解释在 1995 年以后的联合情报条令中不再使用。

[3] “联合情报体系”的定义在 1995 年至 2007 年（不包括 2007 年）发布的联合情报条令中保持不变，2006 年美国国防部将国家军事联合情报中心（NMJIC）升级为国防联合情报行动中心（DJIOC），2007 年版《联合情报》（JP 2–0）对“联合情报体系”做出相应的修订。有关“国防联合情报行动中心”与“国家军事联合情报中心”的承继关系，任国军所著《美军联合作战情报支援研究》一书进行过较为合理的述评，任国军、孙园园所著《美军联合情报体制研究》也有补充判证。2013 年版 JP 2–0 扩大了“联合情报体系”的概念内涵，提出：一体化联合情报体系主要由联合情报组织，由工作站、文件服务器和通信链构成的一体化网络系统，以及用于分发和交换情报的标准化程序三部分组成。参见：任国军：《美军联合作战情报支援研究》，北京：军事科学出版社，2010 年，第 243 页；任国军、孙园园：《美军联合情报体制研究》，北京：军事科学出版社，2016 年，第 75—82 页；Office of Security of Defense, *Remodeling Defense Intelligence (RDI) Initiative Face Sheet*, Washington, D. C.: GPO, May 2006；U.S. Joint Chiefs of Staff, Joint Publication 2-0, *Joint Intelligence*, Washington, D.C.: GPO, 22 June 2007, p. GL-12；U. S. Joint Chiefs of Staff, Joint Publication 2-0, *Joint Intelligence*, Washington, D. C.: GPO, 22 October 2013, pp. V-8~14。

情报核心术语集（terminology）。[1]

1991 年，第一本测试版 JP 2–0 在论及情报组织在“联合作战中的情报职责”（intelligence responsibilities for joint operations）时，给出了如下导语：一个情报组织具备的能力决定了这个组织所能承担的责任，只要可以满足作战的情报需求，任何组织都可以授命提供情报。[2] 可以看出，美军当时整合所有情报力量支援作战的决心，但“联合情报组织”的概念含糊反映出当时联合情报组织体系结构及其情报职责划分不明确。2000 年，新版 JP 2–0 首次去除模糊态度，在理论角度明确“联合情报组织”是“联合情报体系”的下位概念，并全面分析联合情报组织的结构。

通过联合情报条令体系，美军明确了从联合参谋部、作战司令部、联合特遣部队各个层级联合情报组织的构成、职责和相互支援关系。纵向上理清各级组织的情报任务分工，横向上强化组织间的协调与情报共享（参见图 4–1）。

如图 4–1 所示，美军联合情报组织由各级参谋部情报部门组织统筹，以国家联合作战与情报中心、作战司令部联合情报行动中心和联合特遣部队联合情报支援分队 [3] 为焦点，将情报力量凝聚成一个庞大

[1] 参见：U.S. Joint Chiefs of Staff, Joint Publication 2-0, *Doctrine for Intelligence Support to Joint Operations* (Test Pub), Washington, D.C.: GPO, 30 June, 1991, p. I-2, pp. II-17~18, p. III-1; U. S. Joint Chiefs of Staff, Joint Publication 2-01, *Joint Intelligence Support to Military Operations,* Washington, D. C.: GPO, 20 November 1996, p. GL-9; U. S. Joint Chiefs of Staff, Joint Publication 2-0, *Doctrine for Intelligence Support to Joint Operations,* Washington, D. C.: GPO, 9 March 2000, p. IV-4。

[2] U.S. Joint Chiefs of Staff, Joint Publication 2-0, *Doctrine for Intelligence Support to Joint Operations* (Test Pub), Washington, D.C.: GPO, 30 June, 1991, p. III-1.

[3] 需要注意的是，根据战役的规模以及复杂性，联合特遣部队指挥官可能会组建一个联合情报行动中心。联合特遣部队层级的联合情报行动中心比常规的联合情报支援分队（Joint Intelligence Support Element, JISE）规模更大，更加强调进行全源情报分析，除了增加包含情报界专家的联络组外，还增设反情报或人力情报小组等。参见：U.S. Joint Chiefs of Staff, Joint Publication 2-01, *Joint and National Intelligence Support to Military Operations*, Washington, D.C.: GPO, 05 July 2017, pp. II-8~9.

的体系。[1] 同时，历版联合情报条令都“十分强调联合部队各级指挥官对联合作战情报支援的核心领导作用”[2]，认为指挥官“不仅是情报用户，也是计划和实施情报行动的主角”，是“确保将情报与计划和作战无缝衔接的最终责任人”。[3]

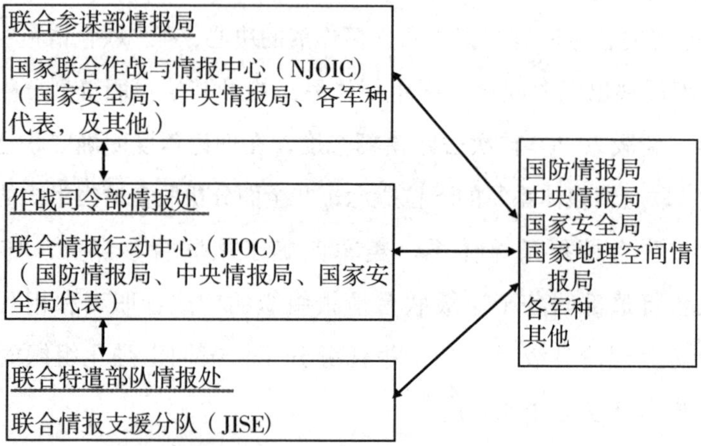

图 4–1 联合情报组织 [4]

[1] U.S. Joint Chiefs of Staff, Joint Publication 2-01, *Joint and National Intelligence Support to Military Operations*, Washington, D.C.: GPO, 05 January 2012, p. II-3.

[2] 任国军、孙园园：《美军联合情报体制研究》，北京：军事科学出版社，2016 年，第 69 页。

[3] U.S. Joint Chiefs of Staff, Joint Publication 2-0, *Joint Intelligence*, Washington, D.C.: GPO, 22 June 2007, pp. III-12~13.

[4] 该结构图建立在 2000 年《联合作战情报支援条令》（JP 2–0）给出的“联合情报组织图”基础之上，并参考 2007 年版 JP 2–0、2012 年版 JP 2–01、2013 年版 JP 2–0、2017 年版 JP 2–01 和 2018 年版 JP 3–33 中有关“联合情报组织”的论述做出调整。参见：U. S. Joint Chiefs of Staff, Joint Publication 2-0, *Doctrine for Intelligence Support to Joint Operations,* Washington, D. C.: GPO, 9 March 2000, pp. IV-4~9; U.S. Joint Chiefs of Staff, Joint Publication 2-0, *Joint Intelligence*, Washington, D.C.: GPO, 22 June 2007, pp. III-6~12; JP 2–01, 2012, pp. II-1~11; U. S. Joint Chiefs of Staff, Joint Publication 2-0, *Joint Intelligence*, Washington, D. C.: GPO, 22 October 2013, pp. III-6~9; U.S. Joint Chiefs of Staff, Joint Publication 2-01, *Joint and National Intelligence Support to Military Operations*, Washington, D.C.: GPO, 05 July 2017, pp. II-1~11; U.S. Joint Chiefs of Staff, Joint Publication 3-33, *Joint Task Force Headquarters*, Washington, D.C.: GPO, 31 January 2018, pp. IV-2~9。

随着联合情报条令体系的发展，联合情报组织的概念也经历了从无到有、不断深化的演进过程，从最初的模糊界定到目前全面、明确的定义，反映出美军联合情报组织体制在不断完善。[1] 同时，美军情报力量在体系结构和责任划分上逐渐实现“联合”，并不断加深联合的程度，确保整个组织体系的高效运行。

（二）统一各级情报组织的支援原则

美军联合情报条令体系以美国军事基本原则、联合作战原则和军种作战原则 [2] 为基础，总结归纳一体化情报支援的先进经验和理论成果，统一支援原则。联合情报支援原则经历从烦琐、分散到精练、凝聚的发展过程，形成目前针对性、实用性更强的十大原则。联合情报条令体系发展和完善的历史过程，反映出这十大原则的完整演变轨迹（参见图 4–2[3]）。

[1] 任国军、孙园园：《美军联合情报体制研究》，北京：军事科学出版社，2016年，第8页。

[2] 张晓军：《美国军事情报理论研究》，北京：军事科学出版社，2007 年，第 238 页。

[3] 该图根据美军联合情报条令对情报支援原则的阐述整理绘制，从整体上展示了现行十大联合情报支援原则对美军过去琐碎、重复、分散的联合情报支援原则的整合、继承和发展。任国军教授在其著作《美军联合作战情报支援研究》（第 105—107 页）中以美军 1995 年和 2007 年两版 JP 2–0 联合情报条令为主要依据，对其中阐述的新旧联合情报支援原则作出比较，创新性地列出了新旧原则之间的继承与发展关系，对笔者有很大启发性。但正如书中所补充的那样，美军联合情报支援原则是相互联系、相互支撑的一个整体，并不能被人为切割。同时参见：U. S. Joint Chiefs of Staff, Joint Publication 2-0, *Doctrine for Intelligence Support to Joint Operations* (Test Pub), Washington, D. C.: GPO, 30 June 1991, pp. II-1~34; U. S. Joint Chiefs of Staff, Joint Publication 2-0, *Joint Doctrine for Intelligence Support to Operations*, Washington, D. C.: GPO,5 May 1995, pp. IV-1~14; U. S. Joint Chiefs of Staff, Joint Publication 2-01, *Joint Intelligence Support to Military Operations,* Washington, D. C.: GPO, 20 November 1996; U. S. Joint Chiefs of Staff, Joint Publication 2-0, *Doctrine for Intelligence Support to Joint Operations*, Washington, D. C.: GPO, 9 March 2000, pp. IV-4~9; U. S. Joint Chiefs of Staff, Joint Publication 2-0, *Joint Intelligence*, Washington, D. C.: GPO, 22 June 2007, pp. II-1~12; U. S. Joint Chiefs of Staff, Joint Publication 2-01, *Joint and National Intelligence Support to Military Operations*, Washington, D. C.: GPO, 05 January 2012; U. S. Joint Chiefs of Staff, Joint Publication 2-0, *Joint Intelligence*, Washington, D. C.: GPO, 22 October 2013, pp. II-1~12。

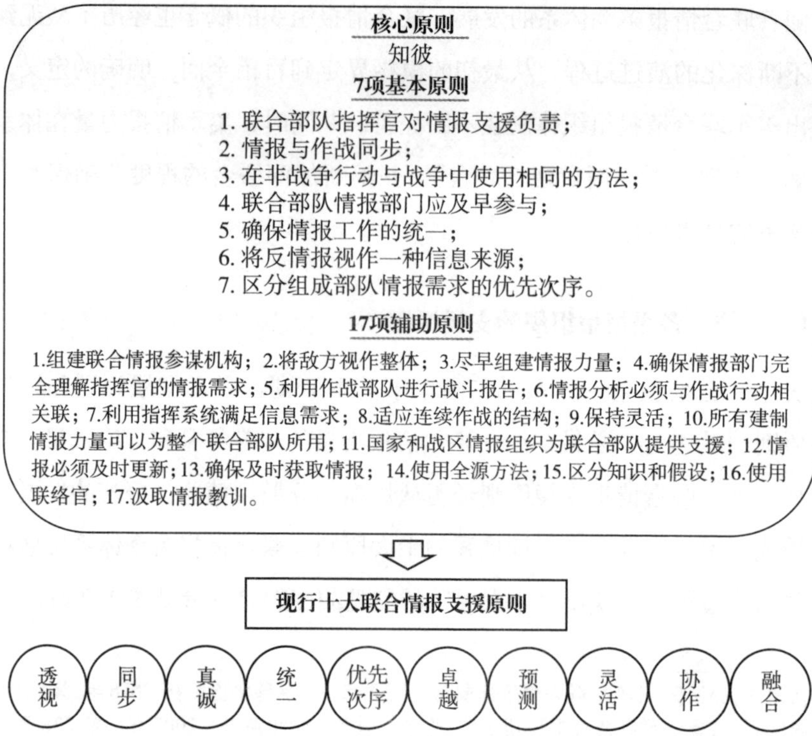

图 4–2　美军联合情报支援原则演变图

如图 4–2 所示，在联合情报条令体系建设之初，1995 年版战略级 JP 2–0 联合情报条令全面继承了 1991 年测试版条令规定的情报支援原则，从情报的目的、使用、质量等角度确立 1 项核心原则（知彼），7 项基本原则和 17 项辅助原则。尽管以现在的标准看，这 25 项原则过于烦琐，甚至重复，表述也不够凝练、醒目，有些原则与具体实施方法混合，但与当时的作战环境及美军的能力却是相符的。这些原则占据了条令 20% 的篇幅，成为该版条令的突出内容，在之后出版的各级联合情报条令中得到完善和发展，是“9・11”事件前指导美军联合情报行动的主要原则。

进入 21 世纪，针对新型作战环境和作战对象，美军全面调整国家、国防部、战区等情报组织的支援原则。在合理继承过去 25 项原则核心内容的基础上，联合情报条令体系摒弃不合时宜的原则，将其中重复的以及涉及具体行动、具体方法的内容并入联合情报条令体系其他相匹配的下级条令当中，对传统的经典条款加以完善，形成现行联合情报支援的十大原则。

新的十大原则更加精练、凝聚，包括经过提升的原则：透视、同步、统一、（区分）优先次序、卓越、灵活、融合等。尤其值得注意的是，为解决海湾战争、伊拉克战争以及“9·11”事件等暴露的情报政治化等问题，提高情报产品的客观性，美军在现行联合情报支援原则中增加了真诚、预测和协作等新原则。

准确、精练的情报支援原则浓缩美军联合情报条令体系核心内容，是情报理论与实践结合的历史产物。[1] 统一的情报支援原则适用于所有类型的军事行动及战争的各个级别，为美军联合情报支援力量提供理念上、表述上和行动上保持一致性的指导方针，使各级各类情报组织按照标准化组织制度实施有序、高效的支援。

二、实现支援流程标准化，确保情报发挥最大效力

美军联合情报条令体系为层级复杂、体系庞大的联合情报组织梳理出清晰的层级架构，规定联合情报组织体系要以任务为导向展开联合情报活动、履行联合情报责任。即，联合情报组织体系“根据各级联合部队指挥官的任务确定联合情报需求、优先次序，制定最佳搜集计划和策略，然后评估情报需求满足程度，及时对联合情报服务和支援做出调整”[2]，致力于联合情报、计划与作战的高度一体化，将全源信息转化为影响指挥官决策的高品质情报。为此，历版联合情报条令都明确规定各级联合部队指挥官的情报职

[1]　U.S. Joint Chiefs of Staff, Joint Publication 2-0, *Joint Intelligence*, Washington, D. C.: GPO, 22 October 2013, p. II-1.

[2]　U. S. Joint Chiefs of Staff, Joint Publication 2-01, *Joint and National Intelligence Support to Military Operations*, Washington, D. C.: GPO, 05 January 2012, p. xii.

责，指出各级联合部队指挥官首先要熟悉条令、统一认识，对联合作战情报支援工作负责。美军把联合情报组织体系这种以作战指挥官任务为导向的行动模式定义为“联合情报流程”。为提高情报对作战的支援效率，美军在联合情报条令体系中不断深化情报流程与作战周期一体化融合的行动理念。

（一）细化情报工作的标准流程

联合情报条令体系在发展初期阶段用“联合情报周期”（joint intelligence cycle）[1] 模型呈现联合情报组织不同阶段的工作程序，提出联合情报周期是按五个步骤或阶段实施行动的：计划与指导、搜集、处理、分析与生产、分发（参见图 4–3）。1991 年，第一部联合情报条令《联合作战情报支援条令（测试版）》（JP 2–0）补充说明：当时部分机构建议在“分发”和“计划与指导”之间增加对信息的“评估”步骤，以促进下一个周期的情报活动。

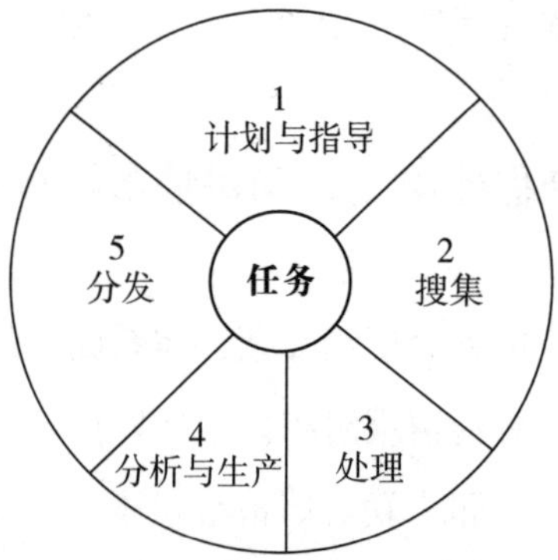

图 4–3　联合情报周期（1991 年）[2]

[1] U. S. Joint Chiefs of Staff, Joint Publication 2-0, *Doctrine for Intelligence Support to Joint Operations* (Test Pub), Washington, D. C.: GPO, 30 June 1991, pp. IV-2~12; U. S. Joint Chiefs of Staff, Joint Publication 2-0, *Joint Doctrine for Intelligence Support to Operations*, Washington, D. C.: GPO, 5 May1995, pp. II-1~8; U. S. Joint Chiefs of Staff, Joint Publication 2-0, *Doctrine for Intelligence Support to Joint Operations*, Washington, D. C.: GPO, 9 March 2000, pp. II-1~16.

[2] U. S. Joint Chiefs of Staff, Joint Publication 2-0, *Joint Doctrine for Intelligence Support to Operations*, Washington, D. C.: GPO,5 May1995, p. II-3.

2000 年，基于多年的情报实践和理论研究，《联合作战情报支援条令》（JP 2–0）为联合情报周期增加了“评估与反馈”阶段，认为各级联合情报组织应对其他五个阶段的情报活动进行评估，并及时做出反馈（参见图 4–4），但这显然与联合情报周期的阶段划分方式相矛盾。

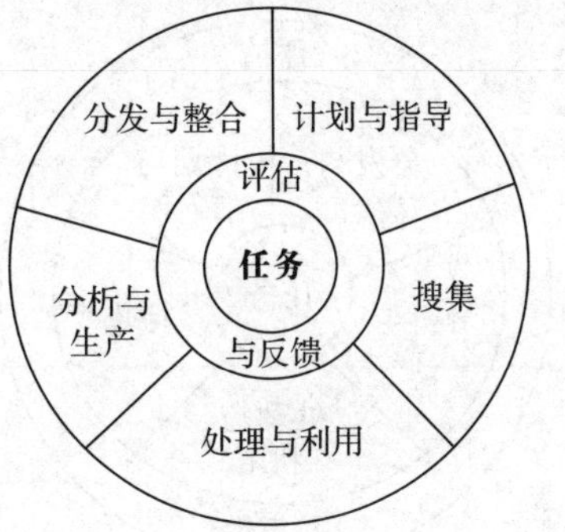

图 4–4　联合情报周期（2000 年）[1]

“9 · 11”事件后，联合情报界在新军事变革的大背景下进行了深刻的反思，2004 年 JP 2–01 对联合情报周期做出重大调整：将联合情报周期更名为联合情报流程；取消阶段划分之说，明确联合情报流程包含六类主要情报行动；用联合情报流程的网状拓扑结构代替联合情报周期同心圆模型（参见图 4–5）。

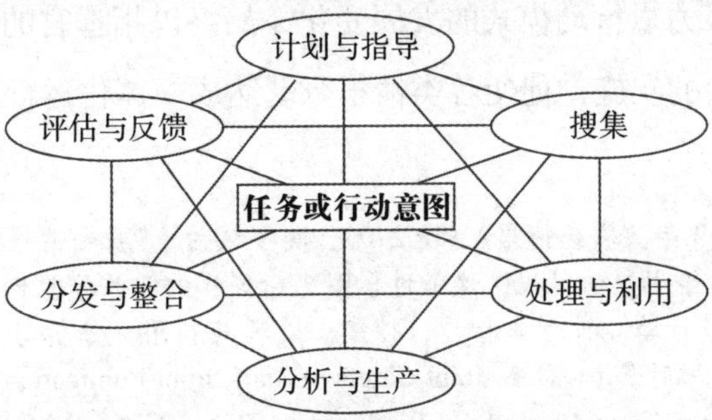

图 4–5　联合情报流程（2004 年）[2]

[1]　U. S. Joint Chiefs of Staff, Joint Publication 2-0, *Doctrine for Intelligence Support to Joint Operations*, Washington, D. C.: GPO, 9 March 2000, p. II-1.

[2]　U. S. Joint Chiefs of Staff, Joint Publication 2-01, *Joint and National Intelligence Support to Military Operations*, Washington, D. C.: GPO, 07 October 2004, p. III-1.

从联合情报周期到联合情报流程的转变，体现联合情报组织体系工作模式逐渐成熟。2007 年版《联合情报》(JP 2–0) 再次优化联合情报流程，并重新使用同心圆模型；2013 年《联合情报》(JP 2–0) 延续了这次优化（参见图 4–6)。

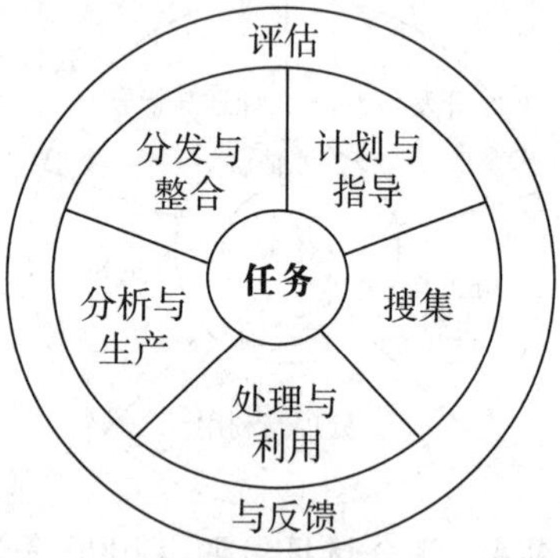

图 4–6　联合情报流程（2007 年）[1]

美军根据条令中的标准化流程履行职责，并在实施情报行动的过程中不断改进行动模式、提升能力。优化后，联合情报流程细则重新进入条令，继续规范情报行动。条令体系针对“联合情报流程”的历次重大调整，勾勒出情报力量行动模式的发展变化：始终以指挥官的任务和作战意图引导情报行动的实施，促使各类情报行动达成一体化运行，形成合力。

[1] 该图引自 2013 年《联合情报》(JP 2–0)。美军认为，“联合情报流程”是将信息转化为情报并提供给用户的过程，这个过程围绕指挥官的任务分为相互联系、相互作用的六类联合情报行动：计划与指导、搜集、处理与利用、分析与生产、分发与整合、评估与反馈。同时参考：U. S. Joint Chiefs of Staff, Joint Publication 2-0, *Doctrine for Intelligence Support to Joint Operations*, Washington, D. C.: GPO, 9 March 2000, p. II-1; U. S. Joint Chiefs of Staff, Joint Publication 2-0, *Joint Intelligence*, Washington, D. C.: GPO, 22 June 2007, I-7; U. S. Joint Chiefs of Staff, Joint Publication 2-01, *Joint and National Intelligence Support to Military Operations*, Washington, D. C.: GPO, 05 January 2012, p. III-2; U. S. Joint Chiefs of Staff, Joint Publication 2-0, *Joint Intelligence*, Washington, D. C.: GPO, 22 October 2013, p. I-5。

（二）促进情报与作战融合同步

一直以来，情报是制订计划、实施行动的基础。[1] 随着现代军事行动的一体化发展，情报行动早已不仅仅是作战行动的基础，也是作战行动的核心及直接驱动力。[2] 情报本身就是作战行动。[3] 美军强调，加强情报支援流程与作战周期的融合和同步，能够使情报更好地支援作战行动[4]，实现情报的效力最大化。

作为美军统一联合行动的权威理论指导体系，包括联合情报条令体系、联合作战条令体系、联合计划条令体系和联合通信系统条令体系等在内的整个联合条令体系，在自身周期性发展演进中保持着联动性。同时，联合情报条令体系在与其他条令体系的互动中成为美军条令开发的领航者。行动统一的前提是语言统一。术语互通是情报与作战达成融合的基础。美军联合情报条令体系主要通过美军联合出版物参考出版物——美国《国防部军事及相关术语词典》（JP 1–02）实现情报与作战术语体系的融合。

作为美军联合出版物的特殊构成，美国《国防部军事及相关术语词典》（JP 1–02）旨在“确立标准化军事及相关术语以涵盖美国武装部队的联合行动，为美军各种政策、战略、条令及计划等文件的制定提供首要的

[1] ［德］卡尔·冯·克劳塞维茨：《战争论》（第 1 卷），军事科学院译，北京：商务印书馆，1978 年，第 93 页。

[2] Jeffrey R. Cooper, *Curing Analytic Pathologies: Pathways to Improved Intelligence Analysis*, Washington, D. C.: Central Intelligence Agency Center for the Study of Intelligence, December 2005, pp. 14-15.

[3] U.S. Army, Office of the Chief of Staff, Executive Office of the Headquarters Staff Group, *2006 Army Game Plan: Accelerating Momentum*, Washington, D. C.: GPO, 1 May 2006, p.16.

[4] Office of the Under Secretary of Defense for Intelligence, *Defense Intelligence Strategy*, Washington, D. C.: GPO, 31 March 2008.

术语参考”[1]，以“改善国防部各部门之间、国防部与联邦政府机构之间、美国与其同盟之间的通联，增进沟通与相互理解”[2]。离开统一、标准化的军事术语，诸如作战计划制订、情报、指挥与控制、军事教育与训练、军事交流等方方面面的军事活动都将无法有效开展。

为实现各军种彻底、无缝联合，实现情报与作战计划和实施完全同步，美军已逐步实现情报与作战等军事术语的体系融合。联合情报领域的术语及定义，只有被联合情报条令体系吸收才被视为标准化联合情报术语，进而被美军《国防部军事及相关术语词典》[3]（JP 1–02）吸收，进入整个联合条令体系框架而向全军推广。各级情报组织必须使用准确、通用的术语，以避免情报用户在评估和研判时产生误解。[4]同时，各级联合部队指挥官履行职责的前提之一也是熟悉情报条令[5]、统一情报术语，以保障情报与作战彻底对接。

三、实现共享体系标准化，确保情报资源融合互通

“获取好情报的必要性是显而易见的。”[6]随着安全环境的变化，单一职能组织显然已经不能满足部队的情报需求。“好情报”取决于所有情报

[1] U.S. Joint Chiefs of Staff, Joint Publication 1-02, *Department of Defense Dictionary of Military and Associated Terms* (8 November 2010, as Amended Through 15 November 2014), p. i.

[2] U. S. Department of Defense, DoD Instruction (DoDI) 5025.12, *Standardization of Military and Associated Terminology*, August 14, 2009, p. 1.

[3] U. S. Joint Chiefs of Staff, Joint Publication 2-0, *Joint Intelligence*, Washington, D. C.: GPO, 22 June 2007, p. GL-5.

[4] U. S. Joint Chiefs of Staff, Joint Publication 2-0, *Joint Intelligence*, Washington, D. C.: GPO, 22 June 2007, p. I-20.

[5] U. S. Joint Chiefs of Staff, Joint Publication 2-0, *Joint Intelligence*, Washington, D. C.: GPO, 22 June 2007, p. III-13.

[6] U. S. Joint Chiefs of Staff, Joint Publication 2-0, *Joint Intelligence*, Washington, D. C.: GPO, 22 June 2007, p. III-1.

力量之间、情报力量与其他职能部门以及跨国组织之间“及时、准确的信息和情报共享”[1]。为促进联合作战中情报与信息的互通共享，联合情报条令体系为联合部队提供了情报领域最权威的标准术语集，以及构建联合情报共享体系的原则。

（一）建立概念驱动的联合情报术语体系

术语标准化是美军实现一体化联合的第一个也是最容易解决的任务。[2] 自联合情报条令体系发展至今，美军普遍认为，体系赋予了军事力量“共同的哲学、共同的语言、共同的目标”[3]。作为美军最基本的指导规范体系，联合情报体系提供了标准化联合情报术语体系，通过统一情报和作战术语，进而统一联合情报支援力量的行动。[4] 因为概念的变化或新概念的产生是引起术语变化的直接因素，联合情报术语标准化既是美军联合情报条令体系发展的结果，也是推动体系完善的动因。为此，美军联合情报条令体系不是被动地更新术语，而是主动构建了概念驱动的联合情报术语体系。

1. 概念驱动

自然科学的成果是概念。[5] 人们是从客体的特性出发，在脑中形成特征和概念，术语只是概念的一种语言指称，概念总要通过术语确定下来。客体、概念、术语的关系如图 4–7 所示。

[1] U. S. Joint Chiefs of Staff, Joint Publication 2-0, *Joint Intelligence*, Washington, D. C.: GPO, 22 June 2007, p. V-1.

[2] Richard B. Myers, “A Word from the Chairman,” *Joint Force Quarterly*, Issue 37, 2nd Quarter 2005, p.5; Richard D. Downie, “Defining Integrated Operations,” *Joint Force Quarterly*, Issue 38, 3rd Quarter 2005, p.10.

[3] U.S. Joint Chiefs of Staff, Joint Publication 1, *Doctrine for the Armed Forces of the United States*, Washington, D.C.: GPO, 14 May 2007, p. I-1.

[4] William G. Welch, “The Everyman’s Joint Library,” *Joint Force Quarterly*, Issue 14, Winter 1996-97, p. 129.

[5] 列宁 :《哲学笔记》, 中共中央编译局编译, 北京 : 人民出版社, 1974 年, 第 290 页。

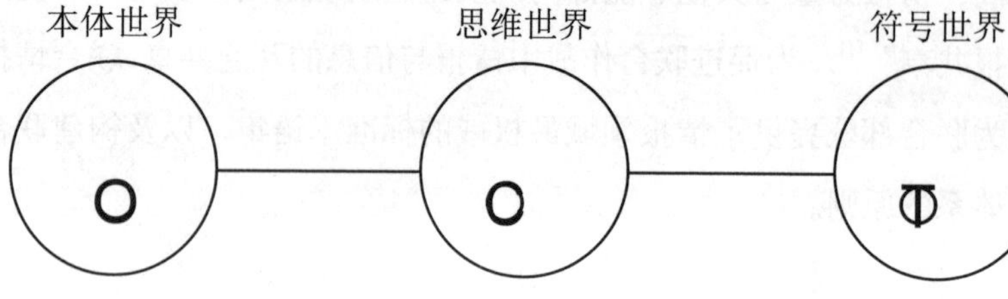

图 4–7　客体、概念、术语的关系 [1]

术语标准化是实现行业标准化的第一步，是任何行业领域达成统一行动的根本保障。术语标准化是所有标准化活动的基础，其结果是术语标准，其最终目标是获得标准化的术语体系或术语集，在这个术语体系中术语与所指称的概念是一一对应的关系。[2] 概念是知识的单元，根据一个领域中各个客体之间的关系和概念之间关系建立起来的概念体系，能够反映该领域的知识结构。概念体系有利于对新出现的概念进行分析、评估和吸收，从而实现术语体系的更新和完善。

联合情报概念体系形成于美军联合作战情报支援的实践活动与理论研究活动，以联合情报研究客体——情报为中心，以联合情报组织、情报流程、情报原则、情报共享机制等为基础。各个层级的联合情报条令遵循联合情报概念体系编排目录及内容，新发布或修订的条令，会在正文前附有

[1]　根据术语学研究对客体（O, Object）、概念（C, Concept）与术语（T, Term）关系的分析，将客体、概念和术语分别归入本体世界、思维世界和符号世界。从严格意义上说，三者之间的关系并不是简单的一一对应，但深入研究这种关系已偏离本书的主题。主要参考黑龙江大学叶其松的博士学位论文：《术语学核心术语研究》（指导老师：郑述谱教授），2010 年，第 45—60 页；北京语言大学李芸的博士学位论文：《信息科学和信息技术术语概念体系研究》（指导老师：张普教授），2003 年，第 17—22 页；费尔伯：《关于术语学原则与方法的理论》，载《自然科学术语研究》1992 年（1）。

[2]　有关“标准化”“术语”“术语标准化”的论述，参考了以下文献及工具书：R. R. K. Hartmann and Gregory James：《词典学词典》，北京：外语教学与研究出版社，2000 年；ISO 860：1996；*Webster's New World Dictionary of American English*（Third College Edition, 1988），上海：上海外语教育出版社，2013 年等。

更新说明，主要是概念、术语的变化，这个部分也成为美军联合情报、条令及相关领域研究人员研究和把握该领域前沿变化的焦点。

概念体系是联合情报条令体系的理论基础，联合情报概念的一体化开发促进了联合情报条令体系层级结构一体化。美军认为，概念和条令关系十分密切。概念驱动条令的发展，条令反过来也会影响概念。[1] 美军联合界有两大项目：联合条令开发和联合实验。[2] 联合概念开发是两大项目的纽带。概念的提出一般是回应目前联合条令中已经确认的不足，或是联合界意识到存在提高联合部队效能的机会。联合概念开发为联合实验提供基础，用来探索新的作战方法、组织结构和系统运用。经过验证的概念在明确表明对当前联合条令的“增值”后会被吸收到联合条令中，以激发和改进未来联合部队的作战思想。[3]

美军联合情报条令体系在建立之初，就构建了概念驱动的联合情报术语体系。1991 年测试版联合情报条令（JP 2–0）明确提出，建设这一体系的目的，就是为了确保各级情报机构在条令规定的概念体系理论框架指导下有效开展情报活动，为联合部队指挥官提供准确、及时、相关、充足的情报。[4] 美军联合情报条令体系在条令自身的体系化过程中不断完善联合情报的概念体系，从而实现体系的更新与完善。随着 2007 年《联合情报》（JP 2–0）的发布，美军联合情报核心概念体系已经发展成熟，并成为联合情报条令体系一体化发展的基础。

---

[1] Irving B. Holley Jr., “Concepts, Doctrine, Principles: Are You Sure You Understand These Terms?,” *Air University Review*, 35, no. 5, July-August 1984, pp. 90-93.

[2] [美]理克·罗莱特：《从概念到条令——新观点的整合》，载《外国军事学术》2004 年第 7 期。

[3] U.S. Joint Chiefs of Staff, Chairman of the Joint Chiefs of Staff Instruction (CJCSI) 3010.02D, *Guidance for Development and Implementation of Joint Concepts*, Washington, D.C.: GPO, 22 November 2013, p. A-3.

[4] U. S. Joint Chiefs of Staff, Joint Publication 2-0, *Doctrine for Intelligence Support to Joint Operations* (Test Pub), Washington, D. C.: GPO, 30 June 1991, p. I-2.

2. 案例：“情报门类”

作为美军情报搜集最重要的手段，“情报门类”是美军联合情报条令体系中发展脉络比较曲折的一个典型概念，同时也是对联合情报条令体系影响比较深刻的概念。在联合情报条令体系逐步形成的阶段，情报门类概念也在频繁更新、变动中逐步稳定下来（参见表 4–1）。

表4–1　情报门类的定义演变

术语名称	概念内涵
情报来源	用来观察、感知、记录或传递信息以了解相关状况、情况或事件的源头、手段或系统。情报来源主要有四种：图像情报（IMINT）、人力资源情报（Human Resources Intelligence）、信号情报（SIGINT）和测量与特征情报（MASINT）。（1991 年）
情报来源	用来观察、感知、记录或传递信息以了解相关状况、情况或事件的手段或系统。情报来源主要有七种：图像情报、人力情报（HUMINT）、信号情报、测量与特征情报、开源情报（OSINT）、技术情报（TECHINT）和反情报（CI）。（1995 年）
情报门类	指使用特定技术或人力资源进行情报搜集、处理、利用和报告的领域。情报门类包括五大类：人力情报、图像情报、测量与特征情报、信号情报和开源情报。（1996 年）
情报门类	指使用特定技术或人力资源进行情报搜集、处理、利用和报告的领域。情报门类包括七大类：人力情报、图像情报、测量与特征情报、信号情报、开源情报、技术情报和反情报。（2000 年）
情报来源	用来观察和记录目标位置、组织或个人相关状况、情况或活动信息的手段或系统。情报来源可以是人员、文件、装备或传感器。情报来源按照情报门类划分为七大类：图像情报、人力情报、信号情报、测量与特征情报、开源情报、技术情报和反情报。（2000 年）
情报门类	指使用特定技术或人力资源进行情报计划、搜集、处理、利用、分析和报告的领域。情报门类包括七大类：人力情报、地理空间情报（GEOINT）、测量与特征情报、信号情报、开源情报、技术情报和反情报。（2007 年）

（续表）

术语名称	概念内涵
情报来源	用来观察和记录与目标位置、组织或个人相关的状况、情况或活动信息的手段或系统。情报来源可以是人员、文件、装备或传感器。情报来源按照情报门类划分为七大类：地理空间情报、人力情报、信号情报、测量与特征情报、开源情报、技术情报和反情报。（2007 年）

表 4–1 中，1991 年，测试版联合情报条令 JP 2–0 中使用的术语“情报来源”与现在的“情报门类”术语概念基本一致。其中，情报门类“人力资源情报”在后来正式发行的联合情报条令术语表中采用了“人力情报”的表述，但两种术语还是有混用的现象。1996 年，美军发布联合情报条令 JP 2–01，首次设加密附录“情报门类”。该附录作为该条令重要的补充内容，单独发行。附录中五个加密附件（classified annex）详细论述了五种情报门类：人力情报、图像情报、测量与特征情报、信号情报和开源情报。除此之外，1996 年版 JP 2–01 对国防人力情报服务局、人力情报科、图像情报、图像处理步骤、国家安全局信号情报支援、信号情报流程、测量与特征情报程序与组织、测量与特征情报服务及国家开发中心等作出分析。这是美军联合情报条令体系中首次也是唯一一次如此详细论述情报门类及相关内容。2000 年前，美军交替使用术语“情报来源”和“情报门类”描述情报搜集的种类。2000 年，美军第一次明确了两个概念的区别，并在 2007 年、2013 年进一步完善了二者的概念区分和内涵。[1]

[1]　有关“情报门类”的定义演变，主要参见：U. S. Joint Chiefs of Staff, Joint Publication 2-0, *Doctrine for Intelligence Support to Joint Operations* (Test Pub), Washington, D. C.: GPO, 30 June 1991, p. IV-2; U. S. Joint Chiefs of Staff, Joint Publication 2-0, *Joint Doctrine for Intelligence Support to Operations*, Washington, D. C.: GPO,5 May1995, p.II-1; U. S. Joint Chiefs of Staff, Joint Publication 2-01, *Joint Intelligence Support to Military Operations*, Washington, D. C.: GPO, 20 November 1996, p. GL-9, p.vi; U. S. Joint Chiefs of Staff, Joint Publication 2-0, *Doctrine for Intelligence Support to Joint Operations*, Washington, D. C.: GPO, 9 March 2000, p. GL-5, p. II-2; U. S. Joint Chiefs of Staff, Joint Publication 2-0, *Joint Intelligence*, Washington, D. C.: GPO, 22 June 2007, p. GL-11, p. I-5。

除了对定义谨慎推敲以外，美军在 1996 年和 2004 年联合情报条令 JP 2–01 中设有加密章节或附录，详细阐述与情报门类包含的情报类别及其子体系相关的内容，美军至今未公开两部条令中的这部分加密内容。直到 2007 年，美军才在联合情报条令 JP 2–0 中以附录的形式详细描述情报门类及其子体系。结合美军 1991 年解密的测试版联合情报条令 JP 2–0 的相关内容，笔者才得以还原美军开发情报门类概念的历史轨迹。

“9 · 11”事件后，美军对情报搜集技术手段的开发和研究相当活跃，取得了较为显著的进展，尤其是针对以非国家行为体为主要对象进行的非对称反恐战争开发了很多新概念、新战法。2007 年，美军 JP 2–0 联合情报条令对情报门类概念进行了全面的更新，吸收了“生物统计情报”“诱套情报”“障碍情报”“动态威胁评估”等新概念。[1] 这次更新引发整个联合情报条令体系对情报搜集内容的大调整。情报搜集手段的发展也促使美军对情报用途产生了新认识和新经验，2013 年美军拓展了情报产品的种类，吸收“身份情报”为新的情报产品，从而引起整个体系的再次联动更新。

此外，概念驱动的联合情报术语体系，还体现在联合情报条令之间强大的概念索引功能上。任意层级的联合情报条令在提及其他条令中相关概念时，都附有该来源条令的具体信息。总之，一旦被美军联合情报条令体系吸收，联合情报概念就将引起联合情报条令体系横向（同级条令之间）上的联动反应，以及单本条令纵向（不同版本）上的更新与维护。概念的更新引起术语更新，进而倒逼体系更新，已经成为美军联合情报条令体系一体化发展的内在驱动力。概念驱动的术语体系也成为该体系高度标准化的体现，是促进情报资源互通共享的重要基础。

[1] U. S. Joint Chiefs of Staff, Joint Publication 2-0, *Joint Intelligence*, Washington, D. C.: GPO, 22 June 2007, pp. B-1~8.

（二）完善网络通联的联合情报共享体系

联合情报共享体系是联合情报概念体系的核心概念之一。如果说联合情报概念用来描述“联合情报是什么”，联合情报组织是联合情报的主体，描述“联合情报谁来做”，那么联合情报共享体系就是联合情报真正实现联合的关键技术手段，描述“联合情报如何做”。

1. 联合情报共享体系的演变

美军联合情报共享体系概念在联合情报条令体系发展过程中经历了深刻的变化。根据美军正式发布的 JP 2–0 联合情报条令，联合情报共享体系由联合情报体系演变而来，再往前追溯的话，其核心概念源自“联合互通”（joint interoperability）。

如图 4–8 所示，1991 年测试版 JP 2–0 联合情报条令明确，联合情报最重要的指导原则就是保持联合互通。情报组织要能实现在联合部队级、国家级、下属作战部队级间的互通，情报组织、情报程序与 C^3I 系统能够互通，情报组织和下属部队指挥与控制系统保持互通。[1] 条令总结了联合互通的三个要素：体系互通，情报信息、产品互通，以及语言互通。体系互通方面，所有情报组织的通信系统及设备保持互通，确保情报数据、信息、产品的流通顺畅。情报信息、产品互通方面，联合情报组织要确保所有情报数据、产品及信息在形式、内容及语言上与所有参与联合情报支援的军种情报机构保持一致。语言互通方面，联合情报组织与包括联合指挥部门在内的所有联合部队职能机构，使用统一的概念、语言、术语、名称、符号等。[2]

---

[1] U. S. Joint Chiefs of Staff, Joint Publication 2-0, *Doctrine for Intelligence Support to Joint Operations* (Test Pub), Washington, D. C.: GPO, 30 June 1991, pp. I-4~6.

[2] U. S. Joint Chiefs of Staff, Joint Publication 2-0, *Doctrine for Intelligence Support to Joint Operations* (Test Pub), Washington, D. C.: GPO, 30 June 1991, pp. II-30~34.

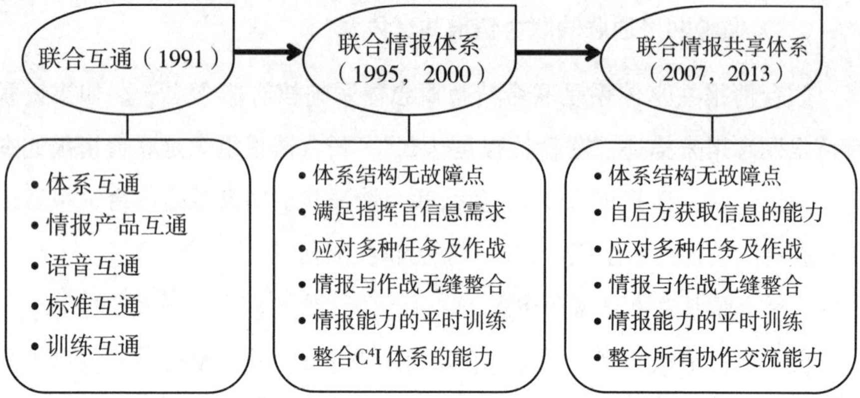

图 4–8　美军联合情报共享体系概念演变图 [1]

条令强调，联合情报缺乏互通性会直接破坏联合部队作战效力，通过制定和推行提高互通性的标准，以及在平时的训练和演习中不断演练、测试和评估能够改善联合情报组织体系的联合互通能力。在此过程中，美军能够实现参与作战与情报行动的所有力量在思想和行动上保持一致，努力打造为决策者提供最准确、最及时“敌情”的联合情报共享体系。[2]

1995 年版 JP 2–0 明确了联合情报体系的概念。事实上，彼时“国防科技委员会报告以及其他主要研究成果均表明，保证军事系统互通性的手

[1] 根据联合情报条令相关内容整合绘制，主要参见：U. S. Joint Chiefs of Staff, Joint Publication 2-0, *Doctrine for Intelligence Support to Joint Operations* (Test Pub), Washington, D. C.: GPO, 30 June 1991, pp. II-32~34; U. S. Joint Chiefs of Staff, Joint Publication 2-0, *Joint Doctrine for Intelligence Support to Operations*, Washington, D. C.: GPO,5 May1995, pp. VII-3~5; U. S. Joint Chiefs of Staff, Joint Publication 2-0, *Doctrine for Intelligence Support to Joint Operations*, Washington, D. C.: GPO, 9 March 2000, pp. IV-2~4; U.S. Joint Chiefs of Staff, Joint Publication 2-0, *Joint Intelligence*, Washington, D. C.: GPO, 22 June 2007, pp. V-6~7；U.S. Joint Chiefs of Staff, Joint Publication 2-0, *Joint Intelligence*, Washington, D.C.: GPO, 22 October 2013, pp. V-5~7。

[2] U. S. Joint Chiefs of Staff, Joint Publication 2-0, *Doctrine for Intelligence Support to Joint Operations* (Test Pub), Washington, D. C.: GPO, 30 June 1991, p. I-2.

段之一就是在国防部内建立一个综合性的指导体系”[1]。联合情报体系，是“由国家军事联合情报中心、战区联合情报中心，以及下属联合部队联合情报中心构成的一个动态、灵活的结构体系”。该体系具有自动化数据处理能力，并能负责提出通信和信息需求，负责向战区级和战术级指挥官提供制订计划和实施行动所需的全部情报。[2]条令提出，联合情报体系要在六个方面确保互通性：C^4I 系统的互通性，情报数据与产品的互通性，通用术语与符号，通用标准，培训与训练，通用数据库。

在此基础上，1996 年版 JP 2–01 勾勒了联合情报体系整合 C^4I 网络技术，提升情报系统和作战指挥与控制系统互通能力，为作战指挥官提供情报支援的流程图。2000 年版 JP 2–0 完善了联合情报体系的概念内涵，明确其负责“向国家级、战区级和战术级指挥官提供制订计划和实施行动所需的全部情报”[3]，反映美军正通过在顶层建立联合情报体系来规范联合情报组织之间的互通性。美军规定任何情报行动开展之前都要先构建联合情报体系。联合情报体系在国家级、作战司令部级和下属联合特遣部队级等层级上都是完整的共享子系统，为此，联合情报条令体系为各级联合情报体系明确了统一的构建原则：生存性、互通性、安全性和兼容性。[4]

自 2007 年始，美军开始在联合情报条令中全面使用联合情报共享体系概念，旨在将多国伙伴和跨机构情报组织的情报支援能力也利用起

---

[1] USD (A&T), ASD (C3I), JS/J6 Memorandum, *Subject: DoD Architecture Coordination Council (ACC)*, 14 January 1997. http://cdn.preterhuman.net/texts/wars_and_weapons/us_weapon_export_guide/003EADOC. doc.

[2] U. S. Joint Chiefs of Staff, Joint Publication 2-0, *Joint Doctrine for Intelligence Support to Operations*, Washington, D. C.: GPO,5 May1995, p. GL-9.

[3] U. S. Joint Chiefs of Staff, Joint Publication 2-0, *Doctrine for Intelligence Support to Joint Operations*, Washington, D. C.: GPO, 9 March 2000, p. GL-6.

[4] U.S. Joint Chicfs of Staff, Joint Publication 2-0, *Joint Intelligence*, Washington, D.C.: GPO, 22 October 2013, p. V-7.

来。美军认为，“军事力量的最终目标是完成国家指挥当局所赋予的任务，未来联合部队要达成这一目标需要具备全维优势，即美军独自或与多国和跨机构伙伴共同在所有类型军事行动中击败敌人、控制局势的能力”[1]。情报和信息共享的环境可以促进信息的共享、合作、协作和协调，在这种环境中，联合、多国和跨国情报组织能完全融合成一个密切协作的整体。

2. **互通互联能力更强的联合情报共享体系**

联合情报共享体系是网络通联能力更高的联合情报体系，是美军致力于不断提高联合水平过程中对联合情报界的更高要求，即“一体化联合情报体系”。[2] 以往，联合情报体系致力于构建一种相互通联的信息环境（interoperable information environment），以保障军事行动的情报和信息需求。[3] 当前以及未来，美军对联合情报能力提出更高要求，联合情报共享体系必须在协作性情报共享环境（collaborative intelligence sharing environment）中以最短的时间生成并传送情报、作战信息和命令[4]，其本身也是构建联合情报共享环境最重要的理论基础。

在经历从“联合互通性”“联合情报体系”到“联合情报共享体系”的概念演变后，当前美军联合情报共享体系横向上包含三个系统要素：联合情报组织（Joint Intelligence Organizations）、网络系统（Systems Network）和标准程序（Standardized Procedures）。其中，联合情报组织系统是核心主体；作为“由工作站、文件服务器、通信链组成的一体化网

[1] U.S. Joint Chief of Staff, *Joint Vision 2020,* Washington, D.C.: GPO, June 2000, p.6.

[2] U. S. Joint Chiefs of Staff, Joint Publication 2-0, *Joint Intelligence*, Washington, D. C.: GPO, 22 June 2007, p. V-11.

[3] U. S. Joint Chiefs of Staff, Joint Publication 2-0, *Joint Doctrine for Intelligence Support to Operations*, Washington, D. C.: GPO,5 May1995, p. VII-3.

[4] U. S. Joint Chiefs of Staff, Joint Publication 2-0, *Joint Intelligence*, Washington, D. C.: GPO, 22 June 2007, p. I-1.

络”[1]，网络系统实际是联合情报共享体系的运行平台；标准程序系统即确保情报在一体化网络系统中无障碍传输的一系列标准化程序。美军通过联合情报条令体系不断标准化联合情报共享体系概念，旨在实现联合情报组织间的协调贯通，同时要能将国家、军队间跨部门情报组织以及跨国情报组织都纳入联合组织机构的领导和协调之下，以确保联合部队指挥官获取更好的情报和信息，决策和执行周期也始终快于对手。

第二节　统领军种情报条令体系构建，完善法律法规体系

美军将联合情报条令体系视为其着眼信息化条件建设整个情报条令体系的根基。美军因此规定，在联合作战行动、教育及训练中，如遇到军种情报条令与联合情报条令不一致的地方，以联合情报条令为准。各军种在建设自己的情报条令体系时，要以联合情报条令体系为指导体系。美军认为，各军种仅仅是联合起来并不能产生更大的力量，还必须能发挥各自的优势、协同行动。[2] 通过联合情报条令体系的规范，实现将各个军种的不同情报能力整合成一种大于各个军种能力简单相加的联合情报能力。以此为联合部队的能力增值，这也正是美国孜孜以求的战略优势。美国海军上将迈克尔·马伦（M. G. Mullen）明确指出，美国军事力量能够在陆地、海上、空中、空间和计算机网络空间遂行各类军事行动并取得成功，关键因素就在于拥有世界上最好的联合情报能力。[3]

[1] U. S. Joint Chiefs of Staff, Joint Publication 2-0, *Joint Intelligence*, Washington, D. C.: GPO, 22 June 2007, p. V-11.

[2] Lawrence B. Wilkerson, “What Exactly is Jointness?,” *Joint Force Quarterly*, Issue 16, Summer 1997, pp.66-68.

[3] U. S. Joint Chiefs of Staff, *Capstone Concept for Joint Operations*, Version 3.0, Washington, D. C. : GPO, 15 January 2009, p. iii.

联合情报条令体系与军种情报条令体系共同构建了美军情报条令体系，是促进美军法律法规体系稳定、完善发展的重要结构体系。1986年以前，美军只有陆军和海军制定了情报条令，但远远没有形成体系。随着联合情报条令体系的规划、形成与发展，美军各军种大力发展了各自的情报条令体系，指导自身情报力量的运用，突出各自的情报优势，为联合部队战斗力增值。在此过程中，美军发挥联合情报条令体系的“排头兵”作用，逐步统一了各军种情报条令体系的基本结构框架、开发及应用的技术程序和标准规范等，拉动军种情报条令体系快速发展，对丰富、融合整个美军情报条令体系意义重大。

一、规范军种情报条令体系统一结构

自1986年发展至今，美军联合情报条令体系已经形成战略、战役、战术三级划分的稳定结构框架。随着联合理念的深化，美军逐步将联合情报条令体系的结构框架普及到各军种情报条令体系的结构构建中，从而实现美军各层级情报条令体系结构框架的统一。

美军联合情报条令体系从整个体系架构和单个条令结构上都反映出联合情报已经成熟的概念体系，明确联合情报在各个战争级别上的目标，规范不同层级联合情报组织管理体系的职责，及其与军种、国家情报组织的情报共享机制，从而在情报的核心概念体系、组织管理体系、行动流程、技术支撑体系等多方面，为美军各军种情报条令体系建设进行统一的顶层规划。

如图4–9所示，美国陆军情报条令体系由20世纪末的陆军情报系列手册（FM 34系列）演变而来。为与联合情报条令体系保持一致，自2001年起，陆军将情报系列手册的编号改为“2”（FM 2系列）。为进一步提升陆军情报力量在联合作战尤其是联合地面行动中的关键作用，陆军在2010年提出“条令2015”构想，将陆军情报系列手册（FM 2系列）更新为陆军条令出版物情报系列（ADP 2系列）。陆军现行情报条令体系主要包括陆军条令出版物情报系列、陆军条令参考出版物（ADRP）情报系列，以及未转化完的陆军情报系列手册。

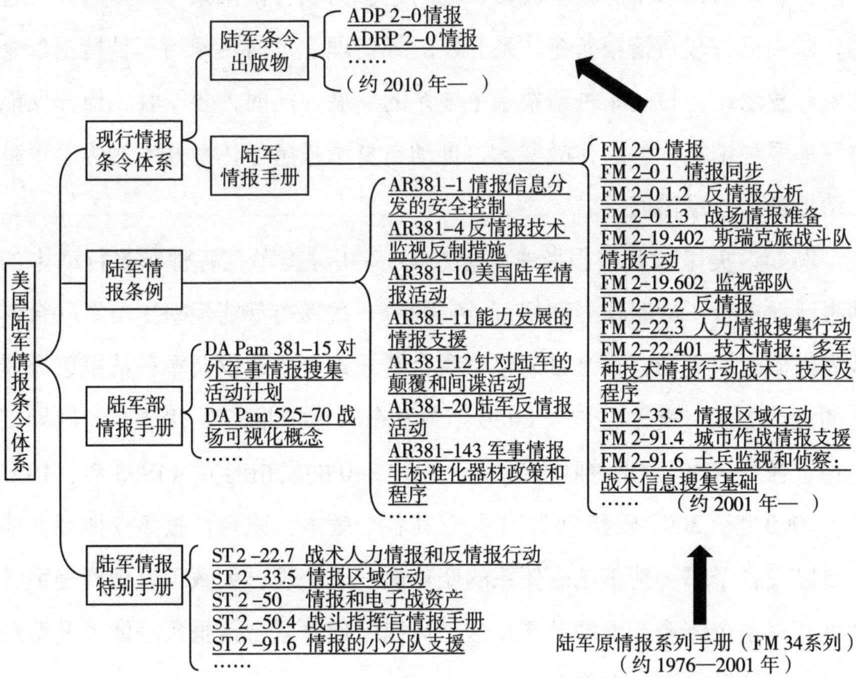

图 4–9　美国陆军情报条令体系演变图[1]

二、引领军种情报条令体系积极发展

美军将联合情报条令体系的开发体系与军种情报条令体系的开发体系综合集成为互联、互通、互操作的网络体系，确保美军情报条令体系成为

[1]　图4–9根据美国国防部网站和美国陆军网站相关文件整理而成，同时参见：任国军：《美军情报条令导读》，北京：军事科学出版社，2013年，第67—71页。

一个统一的整体。

联合情报条令体系是在美军军种情报条令（尤其是美国陆军在海湾战争之前建设的情报条令）基础上发展起来的。在开发过程中，联合情报条令体系与军种级情报条令体系之间保持概念增值的互动。军种情报条令体系开发组织体系中的核心成员，同时也参与联合情报条令体系的开发过程，以确保将联合情报条令体系开发的最新理念及时传递给军种情报条令体系开发组织，拉动军种情报条令体系的发展。同时，各军种积极开发能够发挥军种情报优势的作战概念，推动自身情报条令体系开发，为美军整个情报条令体系增值。

例如，美军联合情报条令体系中 JP 2–0 对美军在各种军事行动中的情报活动进行了战略指导和规范。它的每一次发布都能反映出美军联合作战先进概念的更新，也会带来整个联合情报条令体系以及军种情报条令体系的滚动更新。美军在过去 20 多年中发布联合情报条令 JP 2–0 的周期基本稳定在 5—7 年，沿着联合情报条令 JP 2–0 的发布时间（1993 年、1995 年、2000 年、2007 年和 2013 年）对其各个版本、联合情报条令体系其他条令以及各个军种情报条令体系的变化做一下梳理，大致可以把握美军各军种情报条令体系开发的节奏。这一规律使预测联合情报条令体系及军种情报条令体系的下一次更新成为可能。

作为美国建军历史最久的武装力量之一，海军陆战队过去对情报条令、条例不够重视。在美军开始建设联合情报条令体系后，海军陆战队也在舰队陆战队手册基础上建设其情报条令体系，以提升在联合作战中的情报能力。自 1997 年至今，尽管起步较晚，但海军陆战队情报条令体系在联合情报条令体系建设的拉动下，已有较为完备的体系结构，并呈现出清晰的情报与作战一体化趋势（参见图 4–10）。

如图 4–10 所示，美国海军陆战队并没有制定情报条令，而是借用舰队陆战队手册指导情报行动。随着美军联合情报条令体系的逐步形成，海军陆战队也开始重视作战理论的研究，并在其作战出版物中颁布 2 系列的情报条令。同时，随着条令出版物 2 系列《情报》（MCDP 2）的颁布，海军陆战队情报条令与联合情报条令体系在形式和内容上开始保持一致。

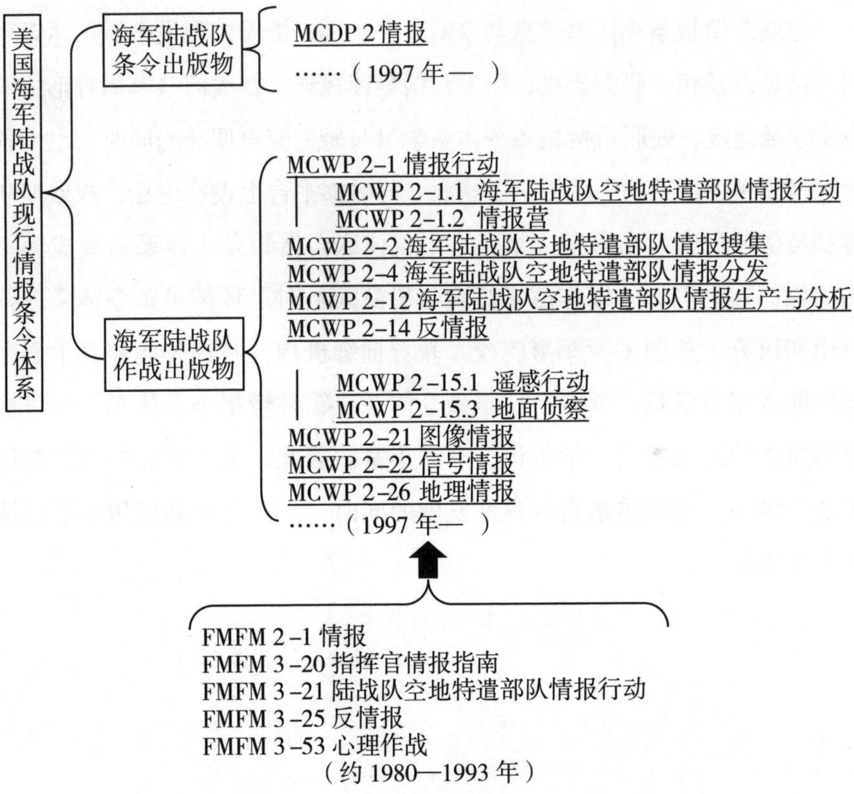

图 4–10　美国海军陆战队情报体系演变图[1]

三、促进军种情报条令体系广泛应用

联合情报条令体系强大的信息共享网络平台，可以满足美军全球范围

[1]　图 4–10 根据美国国防部网站相关文件整理而成，同时参见：任国军：《美军情报条令导读》，北京：军事科学出版社，2013 年，第 126—130 页。

内军事力量的需求。平台以联合情报条令体系为核心向联合情报理论、联合教育与训练等方面延伸的同时，囊括了各军种情报条令体系的大部分数据。通过了解、学习、使用、评估和反馈等网络通道，平台引导各军种情报条令体系得到更广泛的应用。

在联合情报条令体系信息共享网络平台上，美军定期发布有关体系更新的信息以及相关研究成果，研发包括导读视频、在线问答等多种形式的自主学习连接，使联合情报条令体系学习与研究变得便捷的同时，也为各军种情报条令体系的应用提供了模版。同时，平台上设有论坛、权威期刊等链接供使用者发布研究成果。这不仅使联合情报条令体系研究成为军内的热门，也倡导各级作战指挥官与研究人员对军种情报条令体系进行讨论和研究。美国多所军事院校、教育训练机构、各种智库和学术研究团体的专家及学员，就联合情报条令体系、军种情报条令体系、情报概念等所作的研究报告、学位论文非常丰富。因此，美军大力构建联合情报条令体系、实现体系自身良性发展的同时，引导各军种应用和发展情报条令体系。

◂ 第五章 ▸

美军联合情报条令体系的特点与问题

经过 30 多年的发展，美军不断完善联合情报条令体系，总体上保持其在信息化联合作战中的绝对情报优势。组成体系各层级的条令逐步实现了从内容到形式的统一、标准、规范[1]，不断强化体系的权威性、指导性、整体性等特征；其开发程序确保体系及时得到更新，实现了体系的灵活性、科学性。同时，所有联合情报条令在开发过程中力求简洁易读、分析详尽、引人入胜，为体系正常发挥作用、功能做出最大努力。对美军而言，联合情报条令不仅是权威的法规体系，也已经成为蕴含丰富联合情报理论的大型“学术作品”。[2] 然而，体系也存在突出的问题。透过这些特点和问题，我们可以更好地了解这一体系，总结分析美军建设联合情报条令体系过程中的经验和启发。

---

[1] 联合情报条令的统一格式也是美军联合情报条令体系的有机组成部分，但与要解决的核心问题并不直接相关，有关联合情报条令统一格式的问题详见附录 C“美军联合情报条令格式”。

[2] John S. Clay, “The Fifth Service Looks at Doctrine,” *Joint Force Quarterly*, Issue 14, Winter 1996-97, p. 30.

第一节　美军联合情报条令体系的特点

美军联合情报条令体系在体系演变、结构、开发等方面一体化特点明显，保证了体系功能的实现，具体表现为：体系地位层级高，有权威性；层级结构清晰，主题突出，聚焦情报职能，有很强的指导性；开发组织机构健全，管理有力，突出体系强制性；开发程序严谨合理，确保体系完整性；借助网络技术，确保快速传递，具有灵活性。

一、体系地位层级高，具有权威性

美军的条令是一种法规性质的权威指南，各级部队在实施军事行动时必须严加遵循。[1] 作为美军情报法律法规体系的重要组成部分，联合情报条令体系等级仅次于联邦法律，高于各军种、情报机构以及作战司令部的情报条令体系、规章条例等。该体系对美军情报力量的建设、使用和发展提供权威指导规范，有效提升联合部队的作战效力。在指导联合部队行动上，该体系具有优先权。所有军种情报条令、多军种情报条令及多国情报条令，都必须与联合情报条令保持一致。体系在自身演变过程中，逐步规范了各军种情报条令体系的统一结构，带动整个美军情报条令体系完善发展。

通过完善联合情报条令体系，美军梳理了情报理论，使其成为联合作战情报支援理论权威载体。[2] 随着体系进入稳定发展阶段，体系结构基本稳定，形成更加凝练的理论指导体系。作为一种法规性质的理论载体，联合情

---

[1]　U. S. Joint Chiefs of Staff, Chairman of the Joint Chiefs of Staff Instruction (CJCSI) 5120.02C, *Joint Doctrine Development System*, Washington, D. C.: GPO, 13 January 2012, p. A-1.

[2]　任国军：《美军情报条令导读》，北京：军事科学出版社，2013 年。

报条令体系包含美军系统化程度最高、最成熟、最实用的军事理论，成为美军联合情报理论发展水平的主要标志，在某种程度上也代表了美国军事情报理论发展水平。

二、聚焦情报职能，具有指导性

联合情报条令体系层级结构清晰，聚焦情报服务作战的重要思想和理论。整个体系主题突出，逐步删减与作战联系不够紧密的战术、技术与程序，凸显为各级联合部队指挥官决策过程服务的方向。[1] 1993 年，美军在联合情报条令体系结构规划中仅明确了 JP 2–0 的条令属性，有两部出版物的名称中既包含条令也包含战术、技术与程序，还有两部出版物全部是战术、技术与程序，战术、技术与程序所占比例明显过多。美军规定，有关战术、技术与程序的出版物为联合部队履行联合条令中的规范提供具体的方法和程序，不属于美军联合条令的范畴。[2] 2003 年，美军联合情报条令体系初步实现规划中的结构，其中战术、技术和程序有所减少，体系中条令和战术、技术与程序的组成比例基本持平。体系进入稳定发展阶段后，逐步实现“去 TTP 化”。体系在聚焦情报职能的同时，也提升了自身的一体化程度，加强了体系的指导性。

以“一体化”为特征的联合已经成为美军联合作战情报支援的发展趋势和特色。[3] 作为指导联合作战情报支援的权威理论体系，联合情报条令体系对美军联合情报现实工作开展，以及对情报和作战力量实施行

---

[1]　U.S. Joint Chiefs of Staff, Joint Publication 2-0, *Joint Intelligence*, Washington, D.C.: GPO, 22 October 2013, p. IV-12.

[2]　U.S. Joint Chiefs of Staff, CJCSI 5120.02D, *Joint Doctrine Development System*, Washington, D. C.: GPO, 5 January 2015, p. A-5.

[3]　任国军：《美军联合作战情报支援研究》，北京：军事科学出版社，2010 年，第 428 页。

动具有很高的指导性。作为体系核心和理论基础，战略级条令连接了情报与作战，传递了国家及国防部级军事战略、情报战略，明确了联合作战中情报组织的体系结构和职责以及实施情报行动的指导原则，为联合情报支援力量提供了统一概念体系。战役级条令是战略级条令中重要理论原则在联合作战层面的具体落实。这两部条令反映了美军联合情报重要力量构成、组织关系及职责、情报实施流程等，对规范和统一美军联合情报行动意义重大。战术级条令就联合作战情报支援中组织实施反情报、人力情报及作战环境联合情报准备等关键行动（及秘密行动）提供指导性原则。

三、组织管理有力，突出体系强制性

美军非常重视条令建设和完善，尤其是在参联会主席独立负责联合作战理论研究与创新后，通过建立健全组织体系，持续强化管理，美军逐步开发和完善了联合情报条令体系。

在统一的管理政策保障下，组织体系突出了参联会主席顶层领导，联合参谋部情报局主要负责、联合部队发展局统一协调的作用，以及情报与作战等一线力量共同参与的作用，形成独具美军特色的强制性组织管理体系。正是通过这一组织管理体系，美军制定了严明的管理政策，明确了联合情报条令体系开发的组织体系及其职责任务。尤其是在联合情报条令体系开始建设的规划阶段，参联会主席多次颁布开发程序以及有关体系结构的规划，加快了体系开发进程，对体系的长远发展奠定了坚实基础。不仅如此，联合情报条令体系的广泛应用也离不开组织管理体系的指导和监督。借此，美军强力推进联合情报条令体系建设的同时，也增强了体系的强制性特点。

四、开发程序严谨，确保体系完整性

美军联合情报条令体系是处于变化当中的体系。体系中子系统的结构随着体系的演变而变化[1]，反之亦然。所以，体系也是变化过程的集合体。[2]美军联合情报条令体系的开发程序严谨，确保了所有开发环节有序展开，实现了体系内条令的快速滚动更新，增强了体系的完整性。美军联合情报条令体系的演变历史，也是美军军事科技迅速发展、组织体制频繁调整的历史。在开发过程中，单本条令及时吸收作战理论的创新成果，反映组织体制的变化，才能充分发挥军事技术革命的效果[3]，完成整个条令体系的联动更新。尤其是在 20 世纪 90 年代，美军联合情报条令体系建设进展迅速、成果丰硕，尽管体系的开发周期还比较长，但单本条令的开发周期已经从 4 年缩短到最短的 23 个月。[4]在进入稳定发展阶段后，联合情报条令体系的开发周期已经稳定在 5 到 6 年之间，单本条令的平均开发周期也稳定在 34 个月。[5]（参见图 5–1）

从图 5–1 我们可以看出，美军更新联合情报条令当年各组成条令的变化情况（详见附录 A“美军联合情报条令体系结构演变图”）。在 1993 年至 2003 年的 11 年里，美军完成了最初规划的联合情报条令体系层级结构。体系包含条令的种类和数目在这一时期快速增长，并在 2003 年达到峰值。2004 年迄今的 14 年里，联合情报条令体系进入相对稳定的发展阶

[1] 上海交通大学钱学森研究中心：《智慧的钥匙：钱学森论系统科学》，上海：上海交通大学出版社，2015 年，第 164 页。

[2] 上海交通大学钱学森研究中心：《智慧的钥匙：钱学森论系统科学》，上海：上海交通大学出版社，2015 年，第 98 页。

[3] James K. Morningstar, “Technologies, Doctrine, and Organization for RMA,” *Joint Force Quarterly*, Issue 15, Spring 1997, p.37.

[4] Joseph J. Redden, “Joint Doctrine: The Way Ahead,” *Joint Force Quarterly*, Issue 14, Winter 1996-97, p.10.

[5] Gregory Kreuder, “Lead Turning the Fight: the Joint Operational Access Concept and Joint Doctrine,” *Joint Force Quarterly*, Issue 69, 2nd Quarter 2013, p. 108.

段，条令的种类逐渐维持不变。在此期间，美军完成了联合情报条令体系的两次更新。两次更新的时间跨度基本保持在 5 年（例如 2007—2012 年和 2013—2017 年），远远低于最初的 11 年。这反映出体系内条令之间的联动性和理论连贯性不断加强，整个体系的一体化程度在提高。

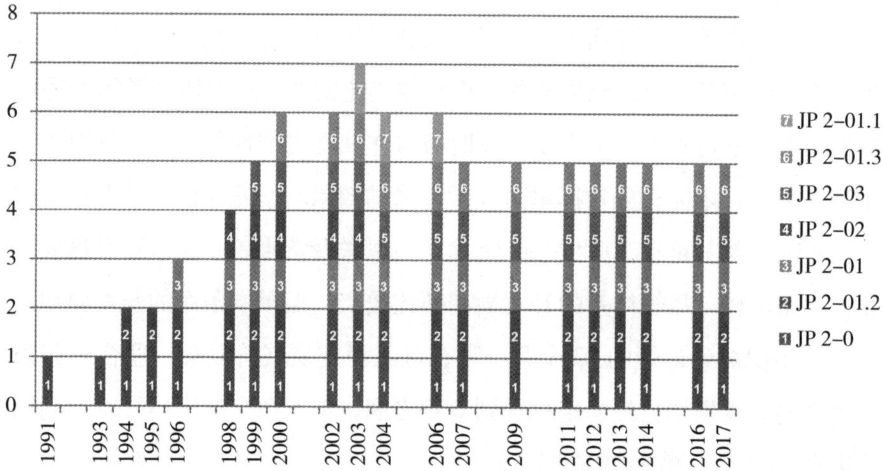

图 5–1 美军联合情报条令体系发展图谱

联合情报条令体系还对情报领域基本概念和术语进行常态化更新，促使联合情报术语、训练、组织关系、责任和程序的标准化、规范化，使各级各类情报人员能更准确地表达思想[1]，统一行动。体系在发展演变中，逐步修正不同层级的条令之间，以及联合情报条令与其他联合条令系列之间存在的内容重复、概念归属不清等问题。

纵观联合情报条令体系整个发展历史，美军紧跟联合情报支援理论和实践发展，对联合情报条令体系结构做出常态化、及时调整和更新，有力推动美军一体化联合作战情报支援能力的提高。同时，体系内条令的快速

[1] U.S. Joint Chiefs of Staff, Joint Publication 1, *Doctrine for the Armed Forces of the United States*, Washington, D.C.: GPO, 25 March 2013, p. I-1.

联动更新令整个体系更新周期逐步缩短，保证了体系更新的及时性，提高条令之间的内容连贯性，从而促进整个体系的一体化发展。

五、网络应用传递快，具有灵活性

借助网络应用平台，美军已经实现联合情报条令体系的快速传递，为其全球范围部署的军事力量提供指导，保障军事教育、训练的正常进行。平台结构极其复杂，但功能强大，且极具灵活性。正是依托这一平台，美军实现了联合情报条令体系的及时开发、正常维护和快速传递，为美军及相关使用者提供省时、集中、便捷的服务。

该平台与美军联合条令、教育、训练电子信息系统相连，拥有内网、外网及密级网络系统等端口，在确保体系充分公开、快速传递的同时也兼顾了保密需求。目前，在联合参谋部联合部队发展局的维护和开发下，平台还设有与开发系统保持畅通交流的接口，提供线上、线下、电话等多种反馈渠道保证使用者与条令开发界的有效沟通，确保联合情报条令体系在全球范围的便捷使用。平台（戏称“图书馆”）拥有联合情报条令体系及其相关的所有资料数据。这些资料被分门别类编入无数相互连接的子系统，包括条令、政策、理论研究，以及各种数据分析工具和软件。

此外，这些平台和系统能够与国防部、参联会、核心情报机构、各军种实现互联互通，置于整个美军网络体系中。这在最大程度上确保了联合情报条令体系的使用，优化了情报力量的运用，提升了整个作战体系的战斗力。

第二节　美军联合情报条令体系存在的问题

美军建设联合情报条令体系的初衷，是为了实现情报机构间的互通、协作、资源共享，指导情报力量的运用，达成国家战略目标。经过多年的发展，目前体系已呈现出结构较为合理，开发体系和程序较为完备，体系功能发挥比较充分的特点。然而，该体系也存在以下方面的问题。

一、体系演变各阶段发展不够均衡

第一，体系规划准备阶段规划多，变动大。美军已公开的官方文件包含其 1988 年、1992 年和 1993 年做出的体系规划。这些官方文件的发布，是基于美军联合情报条令体系开发团队多层级、多领域、多频次的研究。即便如此，与体系在逐步形成和稳定发展阶段相比，体系规划更新最频繁、变动最大。例如，1988 年版体系规划中的《密码支援联合战术、技术和程序》（JP 2–02），1992 年版体系规划中的《联合特遣部队作战情报支援联合条令及战术、技术和程序》（JP 2–02）和《战斗损伤评估联合条令》（JP 2–04），以及 1993 年版体系规划中的《联合作战信号情报支援条令与程序》（JP 2–02）几部条令都曾在体系的战役层级出现。但从美军后来的规划以及正式颁布的条令中，这些条令并没有得到继续发展以及颁布。基于笔者掌握的材料，这可能存在几个方面原因：一是当时通信不够发达，美军无法及时搜集各级机构的反馈意见；二是出于对重点技术保护等因素，美军对不同条令的规划作出了调整；三是美军规定由特定机构负责特定情报条令的开发和维护，在这一制度安排下，加之国防预算削减、军队规模缩减、情报机构间竞争加剧等原因，造成了上述的变动。

第二，体系形成阶段历时长，造成条令之间不一致、有延迟。从美军发布第一部联合情报条令到体系初次实现规划中的结构组成，体系历时 10 年才逐步形成。这与规划阶段 6 年发布多次规划，以及稳定发展阶段 5

至6年完成一次体系更新的状态形成鲜明对比。由于美军是以滚动模式开发条令的，一个条令体系完成一次滚动更新所用时间过长的话，必然会造成体系内先后开发的条令之间有概念、术语及程序的延迟更新，产生不一致，甚至混乱。联合情报条令体系的战役层级主要明确军事与国家情报机构组织关系、职责，以及对提供地理空间方面情报机构的规范，以突出美军的优势情报能力。与战略层级相比，这一层级中的条令与美军情报机构组织关系的照映最深。然而，在体系形成阶段，处于战役层级三部条令分别在1996年、1998年和1999年发布，距离1993年战略层级条令的发布依次迟滞3年、5年和6年。此外，美军直到2003年才发布《目标选择与打击情报支援联合战术、技术和程序》（JP 2–01.1），与战役层级发表的第一部条令（1996年）相差了7年。这两部条令的同时使用，势必会对体系的指导性带来不利影响。

二、体系的结构关系不够明晰

美军主要遵循联合条令体系的层级构建原则，同时依据情报在战争不同层级的使命确立了联合情报条令体系战略、战役、战术层级的结构组成。但是，联合情报条令体系自1986年提出开始建设起，其体系结构的调整从未停止。在体系演变过程中，也曾按照情报支援部门和机构的层级构建，以及按照情报在作战行动中不同的地位、作用、领域等构建。笔者推测，情报机构间的沟通壁垒造成联合情报条令体系发展演变不均衡，导致联合情报条令体系的战略、战役、战术层级界限逐渐模糊。但更关键的还是，体系的层级构建原则不统一，直接造成体系不够明晰的结构间关系。

首先，在体系演变前期阶段，其结构组成变化快，结构关系比较混乱。截至1993年首部战略级联合情报条令的公开发布，体系从近8年的规划准备阶段过渡到逐步形成阶段。在此期间，美军主要通过官方文件《联合出版物体系，联合条令及联合战术、技术与程序开发计划》（JP 1–01）发布联合情报条令体系的结构规划，引导条令开发界及美国整个武装力量对其关注、探讨、研究（参见图 5–2）。

从图 5–2 中我们可以看到，美军在体系发展的规划准备阶段论证充分，体系主要是依据战争层级构建，同时各层级的条令组成主要按照情报在作战行动中不同的地位、作用、领域来规划。在 1988 年规划与 1992 年规划中，体系仅具备战役级和战术级两个层级。在这期间，美军发布了第一层级的测试版《联合作战情报支援条令》（JP 2–0，1991 年），该出版物从战役层级对情报力量做出指导和规范。[1] 到 1993 年，尽管美军规划了三级体系结构，但仅从名称判断，第一层级条令的战略指导思想并未体现出来，第二层级和第三层级区分并不明显。三次规划中，体系第一层级《联合作战情报支援条令》（JP 2–0）地位不变。受当时美军重视的情报行动影响，其他层级条令组成调整和变化比较大。例如，对于反情报和秘密情报行动，美军曾计划将指导这类情报行动的条令《反情报支援联合战术、技术和程序》等置于体系较高的层级。除此之外，规划中涉及战斗损伤评估、联合特遣部队情报行动等一些规范战术行动的条令，也曾在体系第二层级中出现，如《战斗损伤评估联合条令》（JP 2–04）、《联合特遣部队作战情报支援联合条令及战术、技术和程序》（JP 2–02）等。但是，这两部条令与第三层级条令区分比较模糊。

其次，长期以来，美军联合情报条令体系的结构组成中存在诸多战术、技术与程序，造成体系结构层次不清。这在体系规划准备和逐步形成两个演变阶段显得尤为明显。尽管美军在官方文件中反复重申战术、技术与程序不属于条令，但这种现象在体系长达 15 年的前期演变过程中一直

---

[1] U.S. Joint Chiefs of Staff, Joint Publication 2-0, *Doctrine for Intelligence Support to Joint Operations* (Test Pub), Washington, D.C.: GPO, 30 June, 1991, p. I-3.

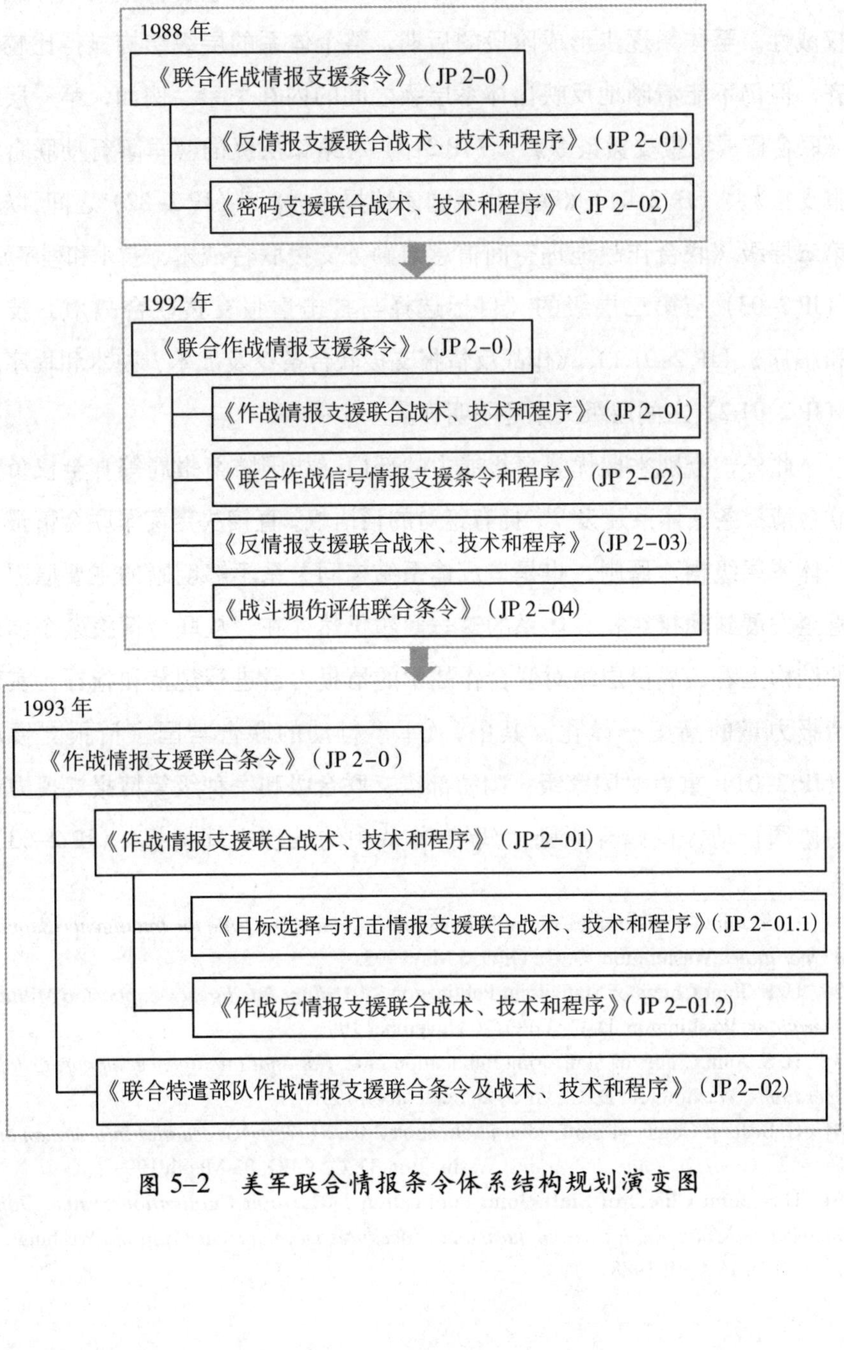

图 5–2　美军联合情报条令体系结构规划演变图

存在。各组成条令在命名上也深受当时军种情报条令的影响，联合情报条令体系与军种情报条令体系区分不清，体现不出联合情报条令体系的权威性。至体系逐步形成阶段的后期，整个体系的层级结构显得比较整齐，但仍不能清晰地反映出体系层级之间的内在关系。例如，第一层级《联合作战情报支援条令》[1]（JP 2–0）与第二层级的《军事行动联合情报支援》[2]（JP 2–01）、《联合作战国家情报支援》[3]（JP 2–02）之间，以及第二层级《联合作战地理空间信息与勤务支援联合战术、技术和程序》[4]（JP 2–03）与第三层级的《目标选择与打击情报支援联合战术、技术和程序》（JP 2–01.1）、《作战反情报支援联合条令及战术、技术和程序》（JP 2–01.2）之间层级关系还不明确。

此外，个别掌握优势情报能力的部门（如国防情报局等）全权负责联合情报条令体系建设[5]，拥有绝对的话语权，直接决定美军联合情报条令体系层级构建原则，也是造成体系结构间关系不够明晰的主要原因。直至发展到现行结构，体系的这一问题仍然存在。从联合情报条令体系的结构上看，战役层级对联合作战中的情报力量进行规范和指导，实现情报力量的高度一体化。其中，《军事行动的联合与国家情报支援》（JP 2–01）重点对国家级、国防部级、联合级和军种级等情报支援力量的协调行动提供指导原则，《联合作战中的地理空间情报》（JP 2–03）

[1] U. S. Joint Chiefs of Staff, Joint Publication 2-0, *Joint Doctrine for Intelligence Support to Operations*, Washington, D. C.: GPO, 5 May1995.

[2] U. S. Joint Chiefs of Staff, Joint Publication 2-01, *Joint Intelligence Support to Military Operations*, Washington, D. C.: GPO, 20 November 1996.

[3] U. S. Joint Chiefs of Staff, Joint Publication 2-02, *National Intelligence Support to Joint Operations*, Washington, D. C.: GPO, 28 September, 1998.

[4] U. S. Joint Chiefs of Staff, Joint Publication 2-03, *JTTP for Geospatial Information and Services Support to Joint Operations*, Washington, D. C.: GPO, 03 March 1999.

[5] U.S. Joint Chiefs of Staff, Joint Publication 1-01, *Joint Publication System, Joint Doctrine and Joint Tactics, Techniques, and Procedures Development Program*, Washington, D.C.: GPO, 15 April 1988.

对地理空间情报力量的统一行动进行规范。这两部条令被认为是联合情报条令体系的重要支柱，一直是国内外军事学者跟踪、研究的重点。但是，这两部条令之首部条令的发布均迟于联合情报条令体系其他层级的条令，更新的频率也少于其他层级的条令。与战略级 JP 2–0 发布早、更新快不同的是，这一层级条令地位与发展错位的不均衡现象，反映出美军情报机构间并未达到深度联合、情报共享的现实状态。另外，从概念关系上看，地理空间情报、反情报和人力情报是三种情报门类，它们的关系应该是并列的，但在联合情报条令体系的结构中，《联合作战中的地理空间情报》[1]（JP 2–03）一直是战役级联合情报条令，高于战术级联合情报条令《联合作战反情报与人力情报支援》（JP 2–01.2）的层级安排。

三、体系的开发动力稍显不足

在美军条令体系中，联合情报条令体系的规模并不突出，甚至与其他类别的条令体系相比还很不完善。与整个演变过程中其他阶段相比，体系在经历了初期的频繁论证进入形成阶段后就开始显得动力不足。历时 10 年，体系才实现规划的结构。

与联合情报在信息时代联合作战中发挥的关键作用不符的是，在美军联合条令体系内，联合情报条令体系远远不如同级别的作战条令体系丰富和完善，甚至赶不上后勤条令体系的发展规模（详见附录 B“美军联合出版物体系结构图”）。其规模与同一时期发展起来的军种情报条令体系相比，也没有绝对优势。

在联合情报条令体系建设初期，陆军情报条令为其发展奠定了基

[1] U. S. Joint Chiefs of Staff, Joint Publication 2-03, *Geospatial Intelligence Support in Joint Operations*, Washington, D. C.: GPO, 07 May 2017.

础。1986 年至今，在体系演变过程中上任的参联会主席也多来自陆军。其中，2011 年至 2015 年间任参联会主席的马丁·邓普西（Martin E. Dempsey）曾任陆军训练和条令司令部司令。这为体系创造了先天的发展优势。然而，联合情报条令体系与军种情报条令体系相比（如陆军情报条令体系），在开发速度、体系规模上仍处于劣势。

◂ 第六章 ▸

建设联合情报条令体系的思考

条令体系是军事法规体系的构成要素，包含了实现整个作战体系统一行动最基本的指导原则，其中，联合情报条令体系对统一情报概念、术语和行动，提高信息化联合作战效率意义重大。为适应世界军事领域从机械化向信息化过渡的新形势，有必要大力开展外国联合情报条令体系研究，稳步推进联合情报条令体系建设的发展。

第一节　充分认清联合情报条令体系的重要性

一体化联合作战是“联合”程度更深的信息化联合作战，联合的对象囊括了跨兵种、跨军种、跨组织、跨国等作战力量。联合作战空间也由传统的陆、海、空三维空间向陆、海、空、天、电、网等全维空间扩展，对作战空间的全面感知是一体化联合作战计划、实施和评估的保证。在这种条件下，信息与情报成为联合的关键。这对联合部队的协同能力和统一行动提出了更高要求[1]，除了信息技术上的保障，实现情报的组织制度、工

[1]　Christopher G. Marquis, Denton Dye, and Ross S. Kinkead, “The Advent of Jointness during the Gulf War：A 25-Year Retrospective,” *Joint Force Quarterly*, Issue 85, 2nd Quarter, 2017, p. 83.

作流程、技术系统等的标准化，优化情报力量的运用，成为确保联合部队作战理念统一、行动统一的关键。

海湾战争后，美军主导了世界新军事变革，通过理论开发、军事训练和实践检验不断提升其联合部队的能力，已经实现武装力量的一体化联合。美军适时建设联合情报条令体系，为美国运用军事力量实施统一行动提供指导原则，同时也为其国家军事战略服务。[1]在不断优化情报力量和能力的过程中，该体系已成为美军整个作战体系战斗力的“倍增器”。面对新形势、新挑战，我们只有充分认清联合情报条令体系的价值和意义，才能建好这个体系。

一、联合情报条令体系对情报能力建设、效能发挥的重要价值

经过近几场战争检验，建设联合情报条令体系，逐步优化情报力量的运用，进而提升联合部队战斗力，已经是美军应对信息时代联合作战的主要做法。美军以此实现各级作战目标，并最终实现不同阶段的国家目标。美军通过条令体系促进情报能力建设、效能发挥的这一过程不是一蹴而就的，而是在和平时期的教育、训练、试验中对照条令反复锤炼、验证实现的。

联合情报条令体系在概念上既不属于政策范畴也不是战略范畴，但它为美国武装部队遂行一体化联合行动提供了“权威的指导和标准化术语体系”[2]，能使美军在军事力量运用中更有效地执行既定政策、实现军事战略目标。美军认为条令处于战争的核心位置，是正确判断的基础。[3]该体系

[1] U. S. Joint Chiefs of Staff, Chairman of the Joint Chiefs of Staff Instruction (CJCSI) 5120.02D, *Joint Doctrine Development System*, Washington, D. C.: GPO, 5 January 2015, p. A-4.

[2] U. S. Joint Chiefs of Staff, Chairman of the Joint Chiefs of Staff Instruction (CJCSI) 5120.02D, *Joint Doctrine Development System*, Washington, D. C.: GPO, 5 January 2015, p. A-3.

[3] U. S. Joint Chiefs of Staff, Joint Publication 2-0, *Doctrine for Intelligence Support to the Joint Operations*, Washington, D. C.: GPO, 9 March 2000, p.I-1.

为美军情报支援行动提供一套标准，具有权威性和一般性。其权威性在于标准化的概念术语、组织体系、实施程序等，一般性在于其反映的是美军联合作战情报支援的基本规律和理念。美军在教育训练中不断践行这些标准，深化统一的理念，以此优化情报力量、提升情报效能。

只有充分认清联合情报条令体系对情报能力建设、效能发挥的重要价值，才能制定出合理完善的开发政策，确保这一体系建设稳步推进。

二、联合情报条令体系在整个条令体系中具有加速器、赋能器的作用

联合情报条令体系是促进美军法律法规体系稳定、完善发展的重要体系结构。情报之于信息时代联合作战显而易见的决定性作用，美军联合情报条令体系的发展一直是备受关注的领域。尽管联合情报条令体系的组成条令远远少于联合条令体系中作战系列的条令，但其更新速度一直是领先的。尤其是，战略级条令《联合情报》被视为完美的条令范本，在质量及修订次数上都超越其他拱心石条令甚至是拱顶石条令 [1]，对其他系列条令体系的发展产生激励。

同时，美军发挥联合情报条令体系的“排头兵”作用，逐步统一了各军种情报条令体系的基本结构框架、开发及应用的技术程序和标准规范等，拉动军种情报条令体系快速发展，对丰富、融合整个美军情报条令体系意义重大。在美军联合情报条令体系开始建设之前，各军种情报条令发展非常缓慢，只有个别军种开发了情报条例或手册。美军开始建设联合情报条令体系之初，就提出其地位高于各军种条令体系，以及多军种条令和多国条令。随着其规划、形成与稳定发展，联合情报条令体系带动美军各军种情报条令体系的大力发展。

[1] William G. Welch, “The Everyman’s Joint Library,” *Joint Force Quarterly*, Issue 14, Winter 1996-1997, p.129.

建设联合情报条令体系，要充分认清该体系在整个条令体系中的地位和作用，才能有效发挥其加速器、赋能器的作用，避免发展过程中动力不足等问题，确保持续发展、全面发展。

三、联合情报条令体系能够实现理论与实践之间的互推力

作为战争实践最丰富、军事理论研究最活跃的国家，美国十分重视条令在军事力量建设、使用和发展中的重要作用。因此，美军的条令不仅是其作战理论的主要载体，也是一种法规性质的权威指南。条令指导战争，关乎胜败，它反映的是那些科学化、系统化程度最高、最成熟、最实用的军事理论。所有的条令一起构成美军整个条令体系，每一部都是一个小系统，代表用于指导各种军事行动的理念和原则。其中，联合情报条令体系构成指导联合作战中情报力量运用的法规体系。

联合情报条令体系既是法规体系，也是情报理论研究的成果。当前，以作战实践、作战经验和理论研究推动体系开发，以体系的开发牵引情报力量的建设、运用和发展，再以情报力量的建设、运用和发展丰富作战实践、作战经验和理论研究，已经成为美军成熟的体系开发模式（参见图 6–1）。

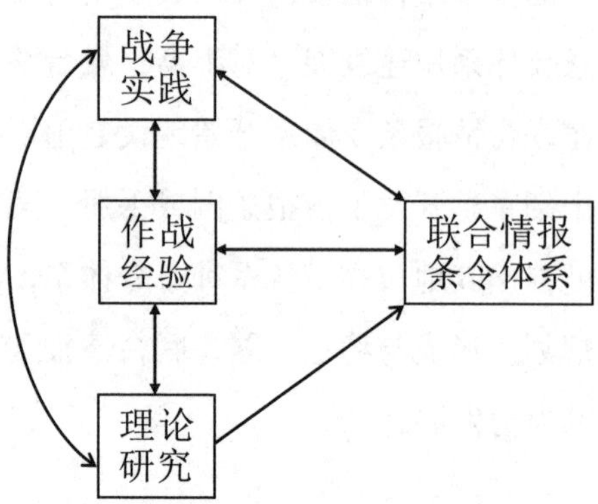

图 6–1　情报理论与实践之间互推力模型

如图所示，该体系一方面阐述了美军情报力量如何协调一致实施情报行动，另一方面也反映了美军成熟的联合情报理论。换句话说，美军通过联合情报条令体系连接了情报理论与实践，并形成了二者之间的互推力。充分认清联合情报条令体系的价值和意义，能够在开发过程中积极引导和促进这种互推力，形成良性开发程序。

第二节　以情报为牵引，立足体系思维搭建联合情报条令体系

进入信息时代以来，以美国为首的世界主要军事强国对联合情报条令体系化发展迫切，不断提出更高要求，究其原因：体系对抗是信息化时代联合作战的主要特点，体系作战能力不仅取决于作战体系构成要素的强弱，更取决于各要素组合状态的优劣。[1] 基于信息系统的体系作战能力以指挥信息系统为纽带和支撑，使各种作战要素、作战单元、作战系统相互融合，将实时感知、高效指挥、精确打击、快速机动、全维防护、综合保障集成于一体，形成具有倍增效应的作战能力。这已经成为信息化战争战斗力的基本形态。换言之，构成作战体系的关键要素相互联系、相互制约但却各不相同，情报与信息是将这些要素有机融合成一体、形成合力，并让战斗力倍增的枢纽。建设联合情报条令体系应突出情报对作战、计划的牵引作用，着眼整个条令体系合理构建，同时要强化该体系对军种情报条令体系的统领。

[1]　国防科学技术大学信息系统与管理学院：《体系结构研究》，北京：军事科学出版社，2011 年，第 1 页。

一、突出情报对作战、计划的牵引作用

美军联合情报条令体系对联合情报实践照映很深，涉及为联合作战服务的所有情报力量，以及重点情报行动。但是，因美军长期在构建原则上摇摆、模糊，造成体系结构关系不够明晰等问题。长期以来，该体系构建只是抽象地以情报行动对实现战略、战役、战术级作战目标的作用为主要原则。在其演变过程中，也呈现出按照情报支援部门和机构层级构建的主线，以及按照情报在作战中不同的地位、作用、领域等构建。正因如此，其结构层级显得不够统一、清晰。构建联合情报条令体系必须立足体系思维，以情报为牵引。

实施联合作战，情报的生产必须与作战和计划保持同步，才能及时满足各级作战指挥官的情报需求，为联合作战各阶段提供高效服务。这就要求所有情报资源、手段的运用都与作战、计划同步，以充分发挥情报作为指挥与控制体系感应器的作用。建设联合情报条令体系，是为了更好地实现运用情报力量制胜的目的。在构建该体系的结构时，也应突出情报对作战和计划的牵引作用。这样才能不断优化情报力量的运用，在更大程度上实现情报、作战和计划的同步。

二、着眼整个条令体系，合理制定联合情报条令

一个体系的构建和维护是不同学科、不同领域交叉、结合以致融合，趋向综合集成一体化方面发展的结果。[1] 条令代表了为获取胜利而进行战争的中心思想，是由信念、知识和经验组成的网络。[2] 条令体系则

[1] 上海交通大学钱学森研究中心：《智慧的钥匙：钱学森论系统科学》，上海：上海交通大学出版社，2015 年，第 3 页。

[2] U. S. Joint Chiefs of Staff, Joint Publication 2-0, *Doctrine for Intelligence Support to the Joint Operations*, Washington, D. C.: GPO, 9 March 2000, p.I-1.

将包含所有制胜思想的网络集成一个体系，为美军开展军事教育与训练奠定坚实基础。大到国际安全环境、国家战略目标的变化，小到情报门类、情报组织的更新，一经被条令吸收，就可能引起整个体系的滚动更新。联合情报条令体系组成条令之间的互动，以及体系与上、下级法规体系之间的关联，也决定了体系的整体性、权威性，以及体系功能的正常发挥。

美军将联合情报条令体系与作战、计划、后勤、通信等系列全部纳入联合条令体系，统一开发，各个系列都得到较好的发展。尽管如此，美军依然面临联合情报条令体系在规模和丰富程度上远不如作战系列的问题。为避免类似的问题，联合情报条令体系可着眼全军条令体系制定，构建科学的体系结构，确保体系合理、长远发展。

三、站位要高，加强对军种情报条令体系的统领

为实现情报部门之间、情报与其他部门之间的协调行动，美军在层级设计上将联合情报条令体系置于军种情报条令体系之上，增强了联合情报条令体系的权威性。随着联合理念的深化，美军逐步将联合情报条令体系的结构框架普及到各军种情报条令体系的结构构建中，从而实现美军各层级情报条令体系结构框架的统一。同时，美军将联合情报条令体系的开发体系与军种情报条令体系的开发体系综合集成互联、互通、互操作的网络体系，确保美军情报条令体系成为一个统一的整体。

在整个条令体系中，联合情报条令体系站位要高于军种情报条令体系。各个军种都拥有独特传统和能力，通过完善自身的情报条令体系，各军种能提高自身优势、发挥最大作战效力。加强联合情报条令体系的权威性，使其统领军种情报条令体系的建设，有利于统一联合与军种情报条令体系各层级的总框架和开发节奏。

第三节　从顶层设计出发进行联合情报条令体系开发

目前，美军联合情报条令体系的开发团队包括联合参谋部情报局、联合部队发展局、情报与作战一线力量代表等开发主体，也有军事院校、研究机构等。这些不同层级类别的部门、机构在参联会主席的顶层领导下，因为共同的目标，各司其职，形成统一、有序的组织体系。由此可见，从顶层设计出发，构建联合情报条令体系的开发体系，合理制定体系开发政策，明确核心开发团队的结构组成，有利于体系建设顺利开展。

一、明确联合情报条令体系开发组织、政策与核心团队

（一）明确体系开发组织架构

没有上层建筑的前提，再好的体系也无能为力。[1] 联合情报条令体系开发涉及机构庞杂，从顶层设计出发组建这支队伍，有利于其凝聚成协调、统一的体系。尤其在联合情报条令体系建设的规划筹备阶段，这样做能够加快各级开发团队的组建，并有效消减不必要的沟通损耗。

二战后，美军联合作战理论研究在参联会主席的推动下取得瞩目的成就，其中，最具代表性的成果就是联合出版物体系。20 世纪 80 年代，作为美国武装力量的最高军事长官及总统和国防部长的首席军事顾问，参联会主席的权力得以加强和落实。自此，联合出版物体系进入快速发展的轨道，美军联合情报条令体系才得以规划、形成并不断被完善。在这一过程中，美军将提升一体化联合作战能力的领域涵盖到条令、编制、训练、装备、领导力及教育、人员、设施、政策等诸多方面。

[1] 上海交通大学钱学森研究中心：《智慧的钥匙：钱学森论系统科学》，上海：上海交通大学出版社，2015 年，第 95 页。

从顶层设计出发建设联合情报条令体系，有利于加快制定合理完善的体系开发政策；有利于组织协调统一的体系开发团队，确保有序、高效地建设联合情报条令体系；有利于建立科学高效的体系开发程序，确保长远、持续的体系发展前景。

（二）合理制定体系开发政策

由于情报本身的复杂性，联合情报条令体系建设涉及系统科学、军事情报学、社会学等等多学科、多领域的交叉结合。在过去的70多年里，单就情报流程中的情报分析环节，美国情报理论研究者分成了不同的派别。以谢尔曼·肯特为首的传统研究者认为，情报分析是社会科学中具有独特方法论的一门学科。[1] 这种将情报分析视为科学的观点对美国情报领域影响深远。同时也有研究者认为，在特定时机和情境中进行艺术的想象和思考是情报分析的必要补充。当今美国情报理论研究者则更为务实，认为情报分析既是一门艺术，也是一门科学，甚至是一种专业技艺。[2] 情报工作者需要借助科学方法和技术手段处理海量信息、解读国际形势、提供情报产品。国家也要通过建设完善的法规体系，确保情报机构有序、良好运行，情报工作者获得正规、专业培训，以便他们在关键时刻充分发挥想象力、熟练运用专业技能达到最佳效果。

因此，联合情报条令体系建设要兼顾体系构建的复杂性和情报工作的特殊性。研究的要素包括且不限于：信息时代联合作战的特征（涉及情报、战争、科技等）和域[3]（海、陆、空、天、网、电等），情报等领域的

---

[1] Roger Z. George, "Fixing the Problem of Analytical Mind-Sets: Alternative Analysis," *International Journal of Intelligence and CounterIntelligence*, Vol.17, No.3, September 2004, p.388.

[2] Julian Richards, *The Art and Science of Intelligence Analysis*, New York: Oxford University Press, 2010, p.35.

[3] William O. Odom, Christopher D. Hayes, "Cross-Domain Synergy Advancing Jointness," *Joint Force Quarterly*, Issue 73, 2nd Quarter 2014, pp.123-128.

工作者（人类），情报机构与联合情报条令体系开发组织等（社会）（参见图 6–2）。尤其是在规划准备的阶段，一套科学、合理、完善的开发政策体系将会取得事半功倍的效果。

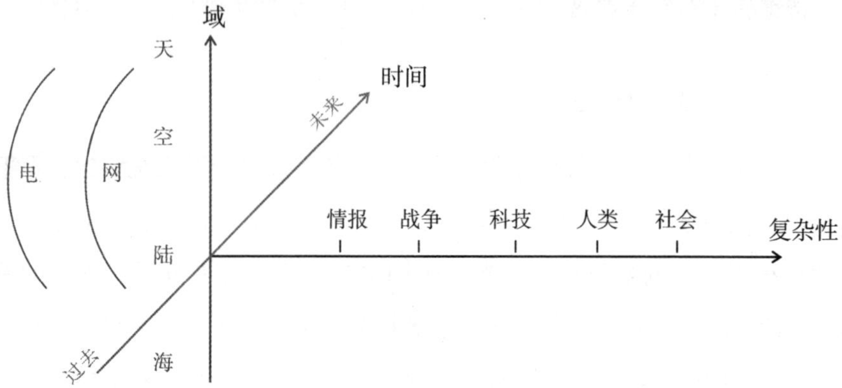

图 6–2　联合情报条令体系建设涉及要素构想

制定联合情报条令体系的开发政策，至少需要从域（如海、陆、空、天、网、电等）、时间（从过去到未来）、学科领域的复杂性等方面作出整体规划，每一个维度都需要来自顶层的指导和监督[1]，确保从国家层面宏观把控联合情报条令体系建设，全面考察影响联合情报条令体系建设的内外因素，有利于制定合理完善的开发政策。

（三）明确核心开发团队组成

一个组织体系从无序转化为有序的关键，是其子系统在一定的条件下互相协同，形成在时间、空间（域）和功能上有序的状态。[2] 这一组织体

[1]　参见：上海交通大学钱学森研究中心：《智慧的钥匙：钱学森论系统科学》，上海：上海交通大学出版社，2015 年，第 3—8 页；Dale C. Eikmeier, "Simplicity: A Tool for Working with Complexity and Chaos," *Joint Force Quarterly*, Issue 92, 1st Quarter 2019, pp. 30-35。

[2]　上海交通大学钱学森研究中心：《智慧的钥匙：钱学森论系统科学》，上海：上海交通大学出版社，2015 年，第 173 页。

系因此才能产生稳定、有序的结构，高效运转。

组建一流的开发团队对开展联合情报条令体系建设工作至关重要。图6–3是关于联合情报条令体系核心开发团队的初步构想：各级情报组织体系、各级部队指挥官体系、军种代表（情报条令制定部门优先）、情报及相关研究领域的专家等。

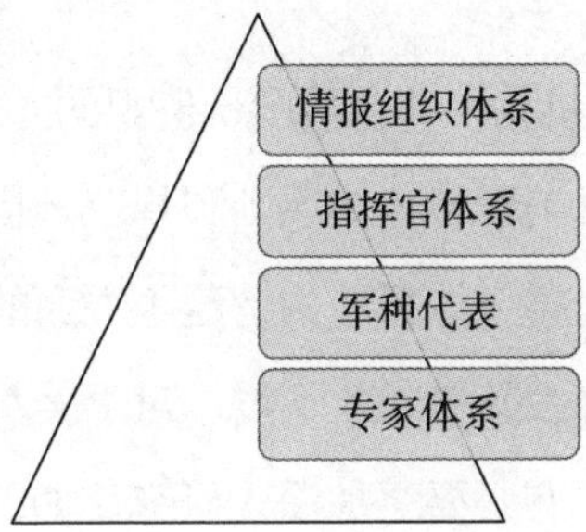

图 6–3　联合情报条令体系核心开发团队构想

在这个团队中，各级作战指挥官作为指挥与控制体系的关键，既是情报产品的消费者、生产者，也是联合情报条令体系建设的重要参与者。这是因为，该体系首先是满足各级指挥官与情报工作者使用统一语言的需求。在此意义上，需要让各级作战指挥官通过多种形式参与到联合情报条令体系建设中来。

从美军联合情报条令体系的演变及结构构建看，其情报与作战一体化程度越来越深的指导理念，反映了情报与作战组织机构之间越来越融合、同步的现实。特别是情报组织与作战指挥官的协调一致，对于生产及时准确的情报至关重要。反过来，美军将战时的这种情报与作战的融合倒推在联合情报条令体系建设当中，情报组织与作战指挥官在每一部条令开发过程中共同努力、保持互通，并在教育训练中进一步演练、修正、提升，在制度安排上形成了优化情报力量运用的良性循环。

同时，作战指挥官是各级各类军事法律法规体系的推行者和使用者。他们进入联合情报条令体系开发团队，成为核心力量，对于提升自身领导力、塑造所在部队联合文化以及促进部队践行联合情报条令体系指导原则等，具有重要推动作用。这反过来也在持续加强联合情报条令体系的一体化。

二、规划联合情报条令体系开发阶段要科学合理

长期以来，美军情报机构以符合美国价值观的方式进行运作[1]，其联合情报条令体系包含的是符合美军特色的原则和规范。但国情、军情截然不同的国家，对于美军联合情报条令体系结构构建等方面的具体做法，必须特别慎重地辨别，做到取其精华去其糟粕。不过，对于美军比较成熟的联合情报条令体系开发技术和程序，有必要更加深入研究。如图 6-4 所示，联合情报条令体系的开发程序至少包含规划、启动、编写、维护四个主要阶段。

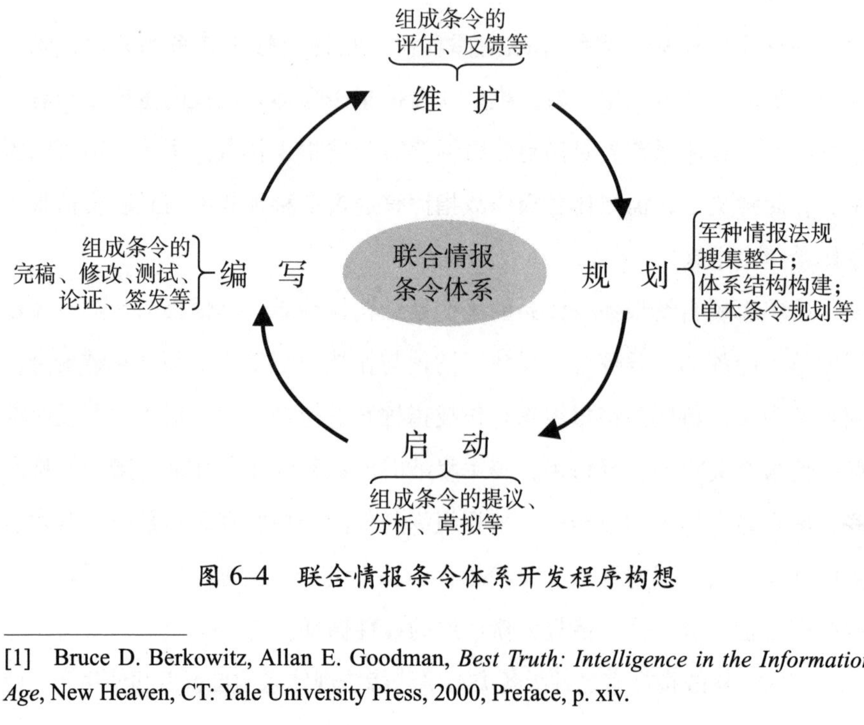

图 6-4 联合情报条令体系开发程序构想

[1] Bruce D. Berkowitz, Allan E. Goodman, *Best Truth: Intelligence in the Information Age*, New Heaven, CT: Yale University Press, 2000, Preface, p. xiv.

美军推崇实力，重财力、重兵器、重技术、重制度、重训练[1]，重视基本指导规范的建设，通过大力发展条令等军事法规体系促进武器、技术和制度的普及，提高训练的效果。在当前美军法律法规体系中，军种情报条令体系的层级虽然在联合情报条令体系之下，但军种情报条令体系，尤其是陆军情报条令体系却是建设联合情报条令体系的重要基础。[2]在美军联合情报条令体系持续 7 年的规划准备阶段，参联会主席曾频繁发布各种指示、手册等督促各军种及相关部门协力完成这一任务。[3]

建设联合情报条令体系归根结底是为适应世界新军事变革发展趋势，满足国家安全需求。基于此，汇集各军种情报条令、条例等法规，将是联合情报条令体系建设规划阶段必不可少的重要环节。有必要进行全面的调研，了解各个机构长期性和临时性的标准化指南、规范、条令、条例等，反复开展研讨，确定可以指导开展联合情报活动的统一规范。

美军认为，联合情报条令体系既是军事法规体系也是科研结晶，饱含开发团队所有人员的血汗甚至泪水，须持续对其评价、反思，而不是束之高阁。美军通过开发与应用一体化的技术平台，帮助他们不断修正和把握体系的发展方向。[4]同样，为使用者和开发团队提供沟通和衔接的渠道，即开发与运用一体化技术平台，亦可成为联合情报条令体系建设的重要保

[1] 李零：《兵以诈立：我读〈孙子〉》（增订典藏本），北京：中华书局，2012 年，第 6 页。

[2] James J. Tritten, *Naval Perspectives for Military Doctrine Development,* p.21. http://www.dtic.mil/ doctrine/new_pubs/jointpub_reference.htm.

[3] 参见：U.S. Joint Chiefs of Staff, Joint Publication 1-01, *Joint Publication System, Joint Doctrine and Joint Tactics, Techniques, and Procedures Development Program*, Washington, D.C.: GPO, 1 June 1990; U.S. Joint Chiefs of Staff, Joint Publication 1-01, *Joint Publication System, Joint Doctrine and Joint Tactics, Techniques, and Procedures Development Program*, Washington, D.C.: GPO, 30 July 1992; U.S. Joint Chiefs of Staff, Joint Publication 1-01, *Joint Publication System, Joint Doctrine and Joint Tactics, Techniques, and Procedures Development Program*, Washington, D.C.: GPO, 14 September 1993。

[4] William G. Welch, "The Everyman's Joint Library," *Joint Force Quarterly*, Issue 14, Winter 1996-97, p. 129.

障（参见图 6–5）。

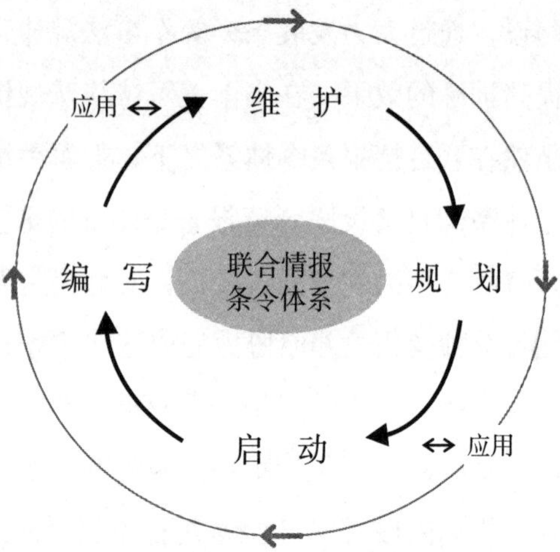

图 6–5　联合情报条令体系开发与应用一体化平台构想

联合情报条令体系组成条令应区别于各种军语词典或逐条罗列的条例，因为术语离开了语境不利于快速掌握和传播。另外，该体系也应区别于由战略兵书大部头构成的理论体系，以避免惜时如金的一线战斗员望而却步。如图 6–5 所示，在这个开发与应用一体化技术平台构想中，每一部组成条令的开发和应用都如同一个规律运转的齿轮，它们共同构成联合情报条令体系的运转网络。建设开发与应用一体化的技术平台，为部队提供了解联合情报条令体系并及时作出回馈的路径，确保开发团队及时吸纳使用者的反馈意见。同时，使用者就联合情报条令体系建设进行学习和交流，形成互动的、连续的、可循环的开发与应用网络，为联合情报条令体系完善发展提供保障。

三、确保情报与作战、计划、后勤等部门协同推进

作为信息化联合作战的核心职能要素，联合情报自身的体系化及其与

作战、计划等的一体化融合是整个作战体系战斗力倍增的必然要求，这种要求的迫切性与联合情报条令的体系化要求成正比。基于此，建设和完善联合情报条令体系，需要情报与作战、计划、后勤等部门的协同推进。

各级作战、计划、后勤等部门应积极提供人力、物力等，全程参与，确保体系在各个开发环节的完整性、系统性。具体到一部条令的开发，所有部门应派遣代表协助条令的规划；参与所有条令研发会议与讨论；基于联合和军种演习、试验等，就装备与技术、部队结构等方面提出条令补充意见；对情报部门起草的条令进行审阅、分析和评估，确保条令论及的情报能力、角色以及战术表达准确并与已批准的所有条令一致。同时，定期评估体系中已批准发布的条令，确保将演习、实战、试验中成熟的作战经验和理念及时吸收到体系当中。

第四节　实现概念术语标准化，打牢联合情报条令体系建设根基

作为美军最基本的指导规范体系，联合情报条令体系为部队提供了统一的概念体系、术语体系，以此达到统一理念、统一行动的目的。[1] 实现这一目标的前提是，早在体系建设之前，美军十分重视情报概念与术语标准化的开发，并构建了情报与作战、计划、后勤等方面话语体系充分融合、互动的开发模式。加快包括情报概念、术语在内的军事术语标准化开发，可以为联合情报条令体系建设等相关工作创造条件。

[1] William G. Welch, "The Everyman's Joint Library," *Joint Force Quarterly*, Issue 14, Winter 1996-97, p. 129.

一、实现各军兵种情报概念与术语的标准化

因为地域、作战传统差异等现实原因，情报概念与术语的开发比较滞后，更新不够及时。概念和术语的统一是条令制定、体系开发的前提。统一各军兵种的情报概念和术语，是建设好联合情报条令体系的第一步。

通过广泛展开调研，了解各军兵种、情报机构长期性和临时性的标准化指南、规范、条令、条例等。结合实际情报活动与理论研究，围绕联合情报核心概念，以情报组织、情报流程、情报原则、情报共享机制等概念及其下属概念为主体，可逐步确立联合情报工作基本的概念体系，以及相应的术语体系。同时，在术语标准化指导体系下，借鉴美军的术语标准化开发模式，尝试构建概念驱动的术语体系。概念驱动的术语体系可以确保联合情报条令体系及时吸收成熟的作战理念和概念，并在体系内各条令之间形成概念牵引的联动反应。

二、构建情报、作战、计划等术语体系的互联互通

建设联合情报条令体系，除统一情报概念和术语外，还要实现整个军事术语的互通，构建统一的话语体系。离开统一的话语体系，诸如作战、计划制订、情报支援、指挥与控制、军事教育与训练、军事交流等方方面面的军事行动都将无法有效开展。尤其重要的是，情报组织必须使用准确、通用的术语，以避免情报用户在评估和研判时产生误解[1]；而作为最主要的情报用户，各级联合部队指挥官履行职责的前提之一也是熟悉情报条令[2]、掌握标准化情报术语，以保障情报与作战的无缝对接。为此，在

[1] U.S. Joint Chiefs of Staff, Joint Publication 2-0, *Joint Intelligence*, Washington, D.C.: GPO, 22 June 2007, p. I-20.

[2] U.S. Joint Chiefs of Staff, Joint Publication 2-0, *Joint Intelligence*, Washington, D.C.: GPO, 22 June 2007, p. III-13.

统一各军兵种情报概念与术语的同时，还要构建情报、作战、计划等部门统一的话语体系。

美军联合情报条令体系建设是在联合条令体系框架下进行的，与作战、计划、后勤、通信等条令系列并行展开。同时，美军将《国防部军事及相关术语词典》（JP 1–02）与联合条令体系一起纳入联合出版物体系，为美军提供统一的话语体系。目前，美军已实现《国防部军事及相关术语词典》的每月更新。通过这部词典，情报、作战、计划、后勤、通信等联合条令体系的子系统之间形成紧密互动。换句话说，伴随一部条令的更新，其变化的术语会被下一版《国防部军事及相关术语词典》吸收，并在整个联合条令体系内扩散，进而向全军推广。构建情报、作战、计划等部门统一的话语体系，可以借鉴美军的经验，在联合情报条令体系开发团队中设立专门的术语委员会，将军语词典与情报、作战、计划等专有术语系统进行数字化处理，并形成互动网络。

结 语

一、总结

体系作战已经成为信息时代联合作战的主要形式。联合情报条令体系作为指导体系作战的规范体系，构成完善信息化条件下军事法规体系的重要组成部分，其开发需要全军的共同努力，尤其是来自军事情报研究人员扎实、系统的基础研究。

为满足信息时代联合作战制胜需求，美军在海湾战争后逐步建立起联合情报条令体系，以加强联合部队的统一行动和协同行动[1]，借助情报取得的信息优势帮助联合部队实现总体效能大于部分之和的效果[2]，从而提升独立战争以来美军的联合作战水平，实现联合部队的一体化。进入信息化时代，美军追求情报支援与作战周期的同步，联合情报支援节奏更为紧凑[3]，情报支援自身一体化、情报与作战一体化可以达成现代战争最佳效果。

按照参联会主席的命令，美军各军种依据联合情报条令体系的形式和

---

[1] U. S. Joint Chiefs of Staff, Chairman of the Joint Chiefs of Staff Instruction (CJCSI) 5120.02D, *Joint Doctrine Development System*, Washington, D. C.: GPO, 5 January 2015, p. A-1.

[2] U. S. Joint Chiefs of Staff, Joint Publication 1, *Doctrine for the Armed Forces of the United States*, Washington, D. C. : GPO, 25 March 2013, pp. i-ii.

[3] James R. Clapper, "Challenging Joint Military Intelligence," *Joint Force Quarterly*, Issue 4, Spring 1994, p. 94.

内容，逐步展开符合各自作战特点和作战要求的情报条令体系建设，以便对各军种情报力量的完善发展加以规范，对其在联合作战情报支援中的行动进行统一。至此，美军形成了以联合情报条令体系为核心，以各军种情报条令体系为辅助的情报条令体系。美军整个情报条令体系，是以各级各类联合情报条令为蓝本逐步发展起来的规范体系，对其进行研究已经成为考察美军情报条令体系和联合情报支援机制的必由之路。

以美军联合情报条令体系为核心研究对象，对其全面分析研究，意在回答美军联合情报条令体系“是什么”“如何演变”“为什么这样构建”“有什么样的开发机制”“是否实现了既定功能”“有什么特点以及存在什么问题”等，形成如下主要研究成果：

1. 美军联合情报条令体系的演变。随着信息革命对联合作战能力、联合情报力量运用提出更高要求，美军在 1986 年着手准备和开发联合情报条令体系，以优化联合情报力量运用，提升联合作战能力；2003 年，美军首次实现规划中的联合情报条令体系；“9·11”恐怖袭击后，美军经历了有史以来最深刻的军事转型，基于对情报工作的深刻反思，联合情报条令体系进入相对稳定的一体化发展时期。

2. 美军联合情报条令体系的结构。从体系的外部环境看，联合情报条令体系向上隶属联合条令体系，向下统领各军种情报条令体系。这个体系融合了多种结构构建指导思想，其中最主要的是遵循联合条令体系层级构建原则，其次是以情报行动对实现战略、战役、战术级作战目标的作用为原则构建。联合情报条令体系子系统的变化往往引起整个体系的滚动更新，照映联合情报现实工作的调整。作为联合情报条令体系的核心和理论基础，战略级子系统是连接情报与作战一体化的桥梁，负责传递国家及国防部级军事战略、情报战略，明确了联合作战中情报组织的体系结构和职责以及实施情报行动的指导原则，为联合情报支援力量提供了统一的术语。战役级子系统是战略级条令中重要理论原则在联合作战层面的具体落实。战术级子系统就联合作战情报支援中组织实施反情报、人力情报及作战环境联合情报准备等行动，提供指导性原则及相关战术、技术和程序。

3. 美军联合情报条令体系的开发。美军联合情报条令体系的开发组织体系把握“一调”“一抓”“多管”的责任划分原则，即联合部队发展局统一协调，联合参谋部情报局主抓负责，包含来自作战体系各个层级的组织及代表的条令开发团队各司其职。体系已经形成参联会管理政策指导、作战经验与教训牵引、理论界研究成果促进的开发理论基础，按照既定的程序有序开发。联合情报条令体系的应用系统有效地将网络应用平台与平时教育训练结合起来。以使用者为中心的搜索与阅读工具使得条令学习变得简单、轻松、便捷。尤其是，体系开发与应用系统实现互联互通的一体化，成为体系建设的根本保障。

4. 美军联合情报条令体系的功能。联合情报条令体系作为美军整个作战体系的“效力倍增器”，从法律法规层面对联合情报组织制度、联合情报支援流程、联合情报技术系统等进行标准化规范，优化情报力量，确保联合作战中情报力量的协作互通和高效运行，提高情报对作战的实时支援。

5. 美军联合情报条令体系的特点和问题。美军联合情报条令体系在体系演变、结构、开发等方面一体化特点明显，保证了体系功能的实现，具体表现为：体系地位层级高，有权威性；层级结构清晰，主题突出，聚焦情报职能，有很强的指导性；开发组织机构健全，管理有力，突出体系强制性；开发程序严谨合理，确保体系完整性；借助网络技术，确保快速传递，具有灵活性。但同时，体系也存在演变各阶段发展不够均衡，结构关系不够明晰，以及开发动力不足等问题。

6. 建设联合情报条令体系的思考。基于对美军联合情报条令体系的全面研究，笔者对建设联合情报条令体系提出四点思考：充分认清联合情报条令体系的价值和意义；以情报为牵引，立足体系思维搭建联合情报条令体系；从顶层设计出发进行情报条令体系开发；加快概念术语标准化的开发。

二、展望

多年前，笔者开始关注美军联合作战理论重要成果——联合情报条令体系的发展，跟踪研究至今。基于已有的研究和调研，笔者深感联合情报条令体系对统一思想、统一行动，提升联合部队战斗力，完善军事法规体系的重要意义，认为对其进行研究很有价值。随着研究的逐步深入，笔者对未来继续该领域的研究满怀期望。

一套完善的联合情报条令体系，要能将高层级的情报战略文件同低层级的战术、技术与程序相融合，将这些如同孤岛般的指导原则构建成和谐的体系网络[1]，只有这样才能加深高层战略对日常军事事务的指导，才能加快体系化的进程。[2] 我们围绕联合情报条令体系取得了初步的研究成果，但在以下方面还可以继续推进研究的深度。

（一）持续跟踪美军各级情报条令体系发展

对美军联合情报条令体系的历史发展演变、结构组成、开发程序及应用平台系统、功能实现等进行了初步、系统性跟踪研究，这只是打开了解美军联合情报条令体系之窗。美军联合情报条令体系建立在美国陆军情报条令的基础之上，在自身发展过程中引导着美军各军种和主要国家情报机构（如国家地理空间情报局等）的情报条令体系建设，在多军种、多国情报条令开发中也占据主导地位。同时，军种及其他情报条令体系的发展反过来也对该体系起到促进和完善作用。它们的互动机理都值得进行深入细致的研究。

[1] John S. Clay, "The Fifth Service Looks at Doctrine," *Joint Force Quarterly*, Issue 19, Winter 1996-97, p. 31.

[2] John S. Clay, "The Fifth Service Looks at Doctrine," *Joint Force Quarterly*, Issue 19, Winter 1996-97 p. 30.

继续对美军联合情报条令体系各层级子体系进行深入研究、对单个条令逐一研究并对不同条令之间对比研究，形成更多联合情报条令体系研究系列，这些成果将为具体的情报工作提供启发和借鉴。此外，从世界的眼光看，美军的联合情报条令体系发展对其盟友及其他军事强国的联合情报条令体系发展、情报活动等都产生了辐射性的影响，这方面的研究涉及范围更加广泛、工作更加琐碎，哪些需要重点关注，哪些值得深入研究，怎么开展研究，都需要做出取舍。

（二）全面梳理美军联合情报条令体系演变过程中暴露的问题和不足

为实现联合部队在跨职能、跨地域和跨文化行动中真正的联合互通，美军构建了包括条令在内的多种政策法规体系。[1] 但是，若为军队的战斗部署，以条令的形式规定出一个绝对的体系来，也是不够合理的。[2] 美军为完善联合情报条令体系，近乎苛刻地打磨联合情报条令体系开发程序，不断将概念开发及作战反思融入条令等，取得了显而易见的成果。与此同时，美军在联合情报条令体系中勾勒的理想体系与现实情况存在的矛盾也是突出的，在演变过程中暴露出问题和不足，研究时不可忽视。

---

[1] U.S. Department of Defense, *Summary of the 2018 National Defense Strategy of the United States of America: Sharpening the American Military's Competitive Edge*, Washington, DC: GPO, 2018, p. 8.

[2] [瑞士] A. H. 若米尼：《战争艺术概论》，刘聪、袁坚译，北京：解放军出版社，1988 年，第 400 页。

附　录

附录A　美军联合情报条令体系结构演变图

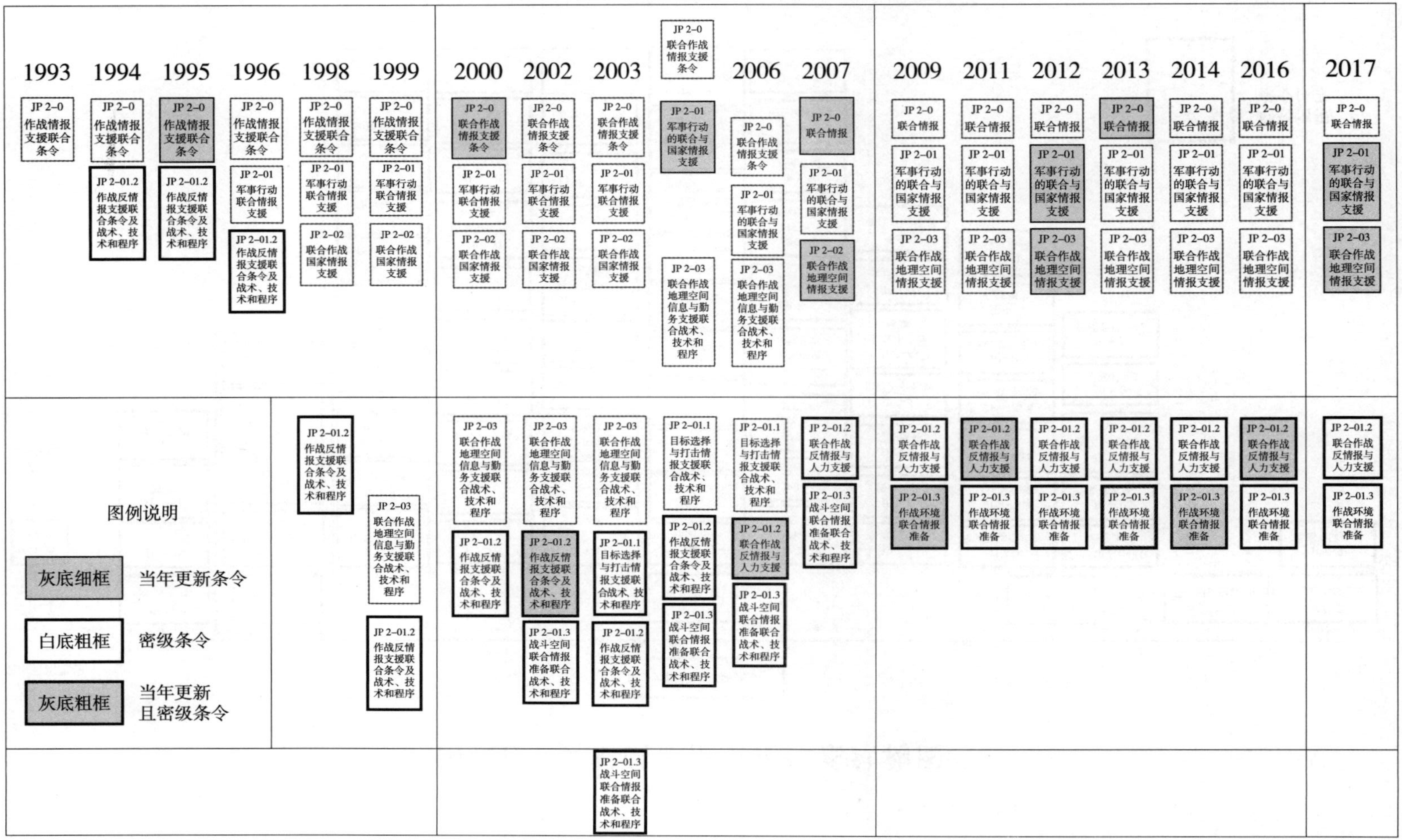

附录B　美军联合出版物体系结构图[1]

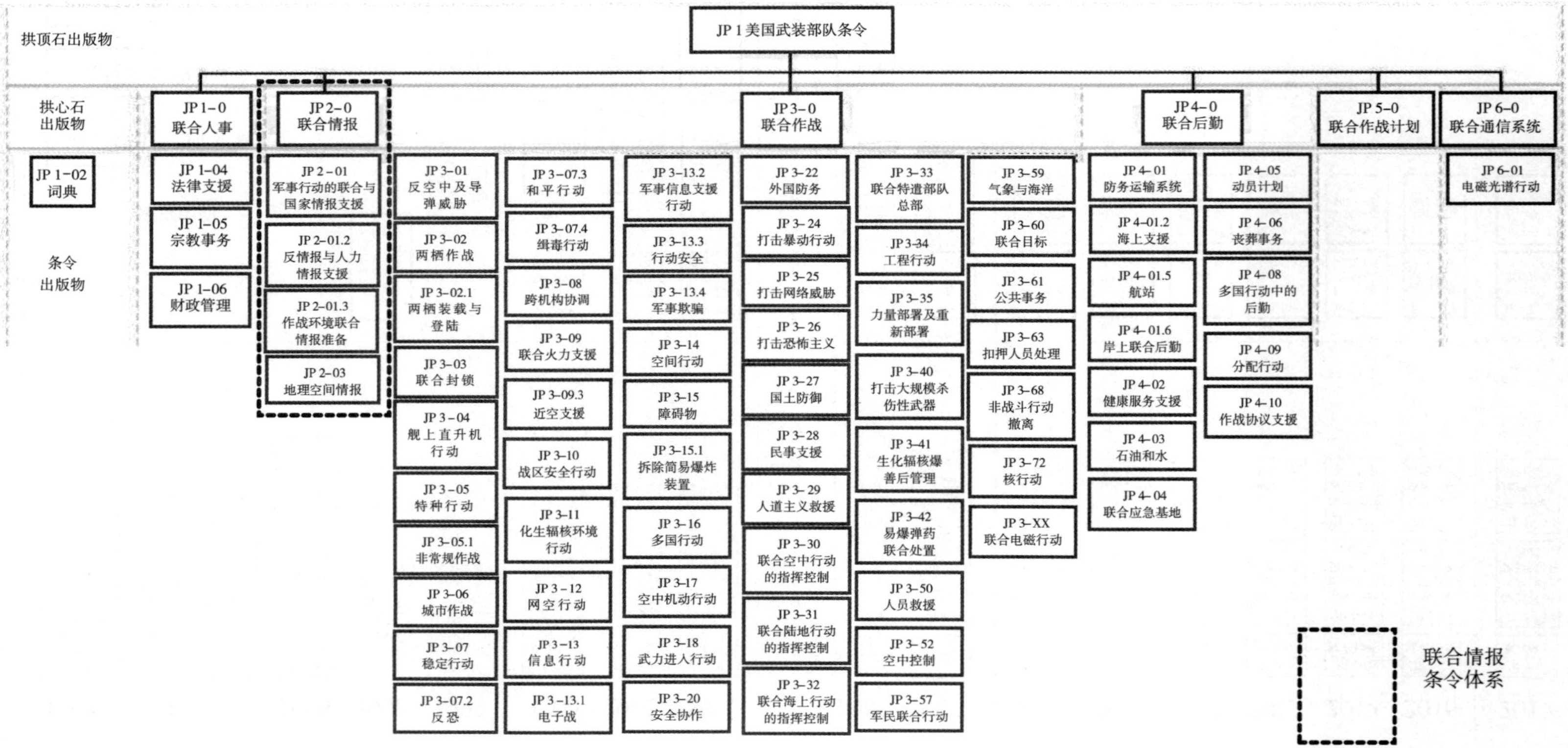

[1] U.S. Joint Chiefs of Staff, *Joint Doctrine Hierarchy Chart*, Washington, D.C.: GPO, 06 Feburary 2018.

附录C　美军联合情报条令格式

为了对美军联合情报条令体系尽可能全面、深入地分析研究，同时又不影响本书主体的逻辑脉络，附录C对联合情报条令外在表现形式等相关问题做出补充说明。

美军联合情报条令体系现行五部条令在表现形式上体现出体系化、标准化特点，除封面和封底外，主要内容依次包含安全指令、参联会主席寄语（仅JP 2–0《联合情报》条令）、序言、更新条目、目录索引、内容提要、条令正文、附录（及附件）和术语表（含缩略语）等部分。

(1) 封面和封底

美军联合情报条令的封面自上而下标注有条令编号、名称和日期等主要信息，并印有参联会和五大军种的徽章[1]（详见附录C附件a“现行联合情报条令体系组成条令封面”）。封底正中印有参联会徽章，封底内页印有介绍美军联合条令开发程序及体系结构的简易图，并标出该部联合情报条令在联合情报条令体系乃至整个美军联合条令体系中的大概地位。

联合情报条令封面和封底颜色采用国际通用的标准色卡即潘通色卡，具体如下：非密级条令封面和封底统一使用深蓝色（如现行联合情报条令体系的第一、二层级条令），保密等级最低的密级条令（CONFIDENTIAL）使用蓝色封面和封底，保密等级中等的条

[1] 美军联合情报条令封面正中印有参联会徽章。条令标题上方自左至右印有美国陆军和海军陆战队徽章。批准日期左侧是美国海军徽章，右侧是空军徽章，下方是海岸警卫队徽章。

令（SECRET）使用红色封面和封底，保密等级最高的条令（TOP SECRET）使用橘红色封面和封底。密级条令在封面和封底的页眉、页脚标有相应的保密等级。

（2）安全指令

目前，美军只有密级联合情报条令才会附有一份安全指令（Security Instructions）（详见附件 b“安全指令”）。由于不便获取相关密级联合情报条令，我们无法了解现行密级条令中安全指令的具体内容。基于现有的美军联合条令开发方面的公开资料，以及美军已解密的联合情报条令，笔者判断，安全指令部分主要用于阐述为该部条令设保密等级的原因，有关获取该部条令的规定及使用原则，外国组织及个人使用该部条令的申请程序，以及该条令的脱密程序。

同时，安全指令指出，密级条令的全称和简称[1]不属于保密内容，可以在任何通信方式中使用，但在参联会批准的联合出版物中出现时需要用到密级条令的完整名称。

（3）参联会主席寄语

参联会主席寄语是参联会主席对联合情报条令体系的总体指导，由联合参谋部情报局（J–2）起草，递交参联会主席审阅签字。联合情报条令体系中仅第一层级的《联合情报》（JP 2–0）包含参联会主席寄语。目前可以查阅到四份联合情报条令参联会主席寄语，签署联合情报条令 JP 2–0 的历任参联会主席信息参见表 C–1。

其中，2000 年版联合情报条令 JP 2–0 的参联会主席寄语在 1995 年版

[1] 如《作战环境联合情报准备》（JP 2–01.3）的全称是“联合出版物 2–01.3《作战环境联合情报准备》”（Joint Publication 2–01.3 “Joint Intelligence Preparation of the Operational Environment”），简称是“联合出版物 2–01.3”（Joint Pub 2–01.3 或 JP 2–01.3）。

的基础上仅做了个别用词的修订，现行的 2013 年版联合情报条令 JP 2–0 则完全沿用了 2007 年的版本，这四份参联会主席寄语实际只有两个版本。两份参联会主席寄语从联合情报对获取战争胜利的关键作用出发，告诫国家及联合情报组织、部队指挥官及全体军事人员学习联合情报条令的重要性（详见附件 c“参联会主席寄语”）。

表C–1　签署联合情报条令JP 2–0的参联会主席信息

版本	参联会主席信息		
	姓名	军种	任期
《作战情报支援联合条令》（1995 年）	约翰·沙利卡什维利上将（John M. Shalikashvili）	美国陆军	1993—1997 年
《联合作战情报支援条令》（2000 年）	亨利·谢尔顿上将（Henry H. Shelton）	美国陆军	1997—2001 年
《联合情报》（2007 年 ）	彼得·佩斯上将（Peter Pace）	美国海军陆战队	2005—2007 年
《联合情报》（2013 年）	马丁·邓普西（Martin E. Dempsey）	美国陆军	2011—2015 年

（4）序言

联合情报条令的序言由主题、目的、应用范围三部分组成。主题部分简明扼要地介绍所属联合情报条令的主要内容。目的和应用范围部分则从整个联合条令体系的角度，阐述美军制定联合情报条令的目的以及条令的使用范围和原则，指出联合情报条令的权威性，明确联合情报条令对美国武装力量实施联合行动以及参与跨国和跨部门行动的重要性。下级联合情报条令序言中目的和应用范围部分与《联合情报》（JP 2–0）序言中的内容一致，不得作出更改。

（5）更新条目

除新开发的联合情报条令外，所有正式发布的联合情报条令都有一个部分简要罗列该版条令对上一版条令做出的重要修订，即更新条目。更新条目的标题下面会以紫色大写字母写明该条令所取代的旧版条令的编号及其发布时间，如：

“REVISION OF JOINT PUBLICATION 2–0

DATED 22 JUNE 2007”

（2007 年 6 月 22 日联合出版物 JP 2–0 的修订版）

更新条目由联合参谋部情报局草拟，一般是关于新版条令中核心概念的变化、吸收的新术语等内容，有助于使用对象快速了解新旧版本条令的变化。尤其是，联合情报条令开发者对术语表中术语及其定义的修订会出现在更新条目中，对于条令或相关领域的长期研究者来说，更新条目部分可以使他们对联合情报条令体系的跟踪研究变得更便捷。

（6）目录索引

美军联合情报条令目录索引部分的特别之处是，将文中所有的图、表按出现的先后顺序公布，方便阅览。

（7）内容提要

联合情报条令在正文之前有一份内容提要，由联合参谋部联合部队发展局撰写，是对条令内容高度凝练的概括。内容提要以“指挥官要点”（Commander’s Overview）开始，列出条令的章节主题，每章节要义的旁边还附有相应的关键词、句总结。内容提要部分紧贴所属联合情报条令的内容，不会引用新的材料。

(8) 条令正文

联合情报条令正文的内容按章、节排版，不使用脚注。联合情报条令正文部分的每一章都以一段引言开始。这段引言与本章内容相关，并对阐述本章主题有较强的辅助作用。引言的出处和日期需要一并注明。历史上，美军联合情报条令多从世界著名军事学家、思想家的著作中选取引言，现行联合情报条令则转而从官方发布的战略文件中选取引言。

(9) 附录

为了主体内容的完整性、行文的流畅性，美军联合情报条令针对章节中重要知识点的补充说明以附录及附件的形式放在条令正文之后。这部分内容信息量很大，很有研究价值，通常是有关实施程序、计划步骤、体系架构等的备忘录或清单（如“情报门类”“密级资料的安全规定”等），也包括大量标准化公文、表格的示例（如“情报可信度等级”“地理空间情报预测样表”等）。

参考文献和行政指令是联合情报条令附录部分两个必备项目。参考文献均是官方文献，按照发布单位的级别一般包括以下几类：国家级法案、战略文件、总统指令等文献；国防部发布的命令（DoDD）、指令（DoDI）、手册（DoDM）等文献；参联会主席批准发布的联合条令、指令、手册等文献；情报界成员及各军种发布的标准化文件、条令等。

行政指令包含所述联合情报条令更新版本、获取方式、开发机构、上级责任单位联络方式等信息的简要说明，是整个附录部分的最后一项内容。

(10) 术语表

术语表包括“缩略语”和“术语及定义”两部分。缩略语主要包括联合情报条令正文中使用的缩写词和首字母缩写词。缩写词是词或词组的简称，如 CI（反情报，counterintelligence）和 GMI（一般军事情报，general military intelligence）。首字母缩写词指词组的首字母缩写词，有两种：可以当作一个单词读出来而不是按顺序读字母的首字母缩写词，如 NATO（北约，North Atlantic Treaty Organization）和 HUMINT（人力情报，human intelligence）等；不能当作单词读而只能读字母的首字母缩写词，如 IC（情报界，intelligence community）等。

联合情报条令的缩略语仅收录正文中出现至少两次及以上的联合情报及相关术语的缩略语，在条令的序言、更新条目、目录索引、内容提要和图表中出现过但正文中没被使用的缩写词，不会出现在术语表的缩略语目录中。

术语表的第二部分“术语及定义”是所属联合情报条令专有的术语及其定义集，条令所列术语及其定义都将收录在《国防部军事及相关术语词典》（JP 1–02）中，并注明该术语出自哪一部联合情报条令。术语及定义部分是美军联合情报条令体系与这部美军权威军事术语词典密切互动的重要纽带，因为联合情报条令体系通过向词典输送术语保证了词典的完整性、全面性，词典提出的术语、释义方面的修订意见则促进了联合情报条令体系的更新与完善。这种持续互动是推动联合情报条令体系发展的重要方式。

（11）电子版形式

经批准发行的美军联合情报条令在参联会官方网站上可以获取 PDF 格式电子版（8.5 英寸 × 11 英寸，即 22 厘米 ×28 厘米），按照分辨率高低分为两个版本：低分辨率版本（72 dpi）和高分辨率版本（150 dpi），分别供使用者下载或打印。

附件a　现行联合情报条令体系组成条令封面[1]

《联合情报》

《军事行动的联合与国家情报支援》

《联合作战中的地理空间情报》

《联合作战反情报与人力情报支援》

《作战环境联合情报准备》

[1]　密级条令《联合作战反情报与人力情报支援》和《作战环境联合情报准备》封面系根据美军相关规定绘制。

附件b 安全指令

1. 原件

Joint Pub 2-0
30 June 1991

DOCTRINE FOR INTELLIGENCE SUPPORT TO JOINT OPERATIONS

SECURITY INSTRUCTIONS

1. The long title of this document is Joint Publication 2-0, "Doctrine for Intelligence Support to Joint Operations." The short title is Joint Pub 2-0.

2. This document contains no classified information and is judged to be UNCLASSIFIED in accordance with guidance provided by DOD Regulation 5200.1-R with Change 1, 27 June 1988.

2. 译文

联合出版物 2–0

1991. 06. 30

联合作战情报支援条令

安全指令

1. 该文件全称“联合出版物 2–0《联合作战情报支援条令》”，简称“联合出版物 2–0”；

2. 根据 1988 年 6 月 27 日国防部条例 5200.1–R 规定，该文件属非密级条令，无密级信息。

附件c 参联会主席寄语

1. 译文一[1]

情报对获取联合作战的胜利至关重要。联合部队指挥官要获得并保持战场上的情报优势，必须恰当运用情报搜集与分析资源。没有这项能力，联合部队就会丧失奇袭、行动安全以及灵活机动等必要优势。

为迎接21世纪的到来，我们还必须认识到美国武装部队所承担的角色和任务正在发生变化，必须确保情报计划工作能适应各类军事行动。未来战场将对联合互通性和军力的加强提出更高的要求。因此，作为一个可资利用的倍增器，情报支援的价值是无可估量的。

希望联合部队的各级指挥官、计划人员以及作战人员能够全面深入地熟悉本出版物所刊条令，并运用这一工具迎接国家未来的挑战。

参联会主席

约翰·沙利卡什维利上将

[1] U. S. Joint Chiefs of Staff, Joint Publication 2-0, *Joint Doctrine for Intelligence Support to Operations*, Washington, D. C.: GPO,5 May 1995, Chairman's Letter.

2. 译文二[1]

新版《联合情报》（JP 2–0）为在各种军事行动中实施联合与多国情报活动提供最新的指南。这本具有重要意义的拱心石出版物，是联合情报条令体系的核心，为美军将作战、计划和情报工作凝聚成一个整体奠定了基础。条令包含的纲领性概念和原则为我们与多国伙伴、美国政府的其他机构以及政府间和非政府组织，就计划和实施联合情报行动提供了一个通用的标准。

伴随我国进入 21 世纪，我军正在实施转型以迎接新的挑战，联合情报组织和能力也将随之不断发展。为应对不同敌人所构成的多种威胁，本条令提供的指导原则将确保美国武装部队现在和未来的领导者能够组织和训练部队，并遂行全球范围的任务。

我希望所有的指挥官都来学习、理解，并向下属传授条令中的理论概念和原则。只有这样，我们才能充分发挥联合部队巨大的军事潜力。为实现这一目标，我要求你们广泛分发这份拱心石联合出版物，并利用一切机会积极推动所有联合出版物的使用。

参联会主席

美国海军陆战队上将

彼得·佩斯

[1] U. S. Joint Chiefs of Staff, Joint Publication 2-0, *Joint Intelligence*, Washington, D. C.: GPO, 22 October 2013, Chairman's Letter.

附录D 美军现行联合情报条令主要内容及图表目录

为方便研究者查询联合情报条令核心内容，附录 A 将美军现行部分联合情报条令的主要内容和图表目录编译如下：

附件 a 《联合情报》（JP 2–0，2013 年）

附件 b 《军事行动的联合与国家情报支援》（JP 2–01，2017 年）

附件 c 《联合作战中的地理空间情报》（JP 2–03，2017 年）

附件a 《联合情报》（JP 2–0，2013年）

主要内容

第一部分 情报的性质

- 联合情报的角色和职责
- 联合情报流程
- 情报与战争的级别
- 情报与各种军事行动
- 情报在军事行动中的作用

第二部分 联合情报的原则

- 透视
- 同步——保持情报与计划、作战的同步
- 诚实——保持理性坦诚
- 统一——协作以实现共同的目标
- 区分优先等级——基于指挥官的指令区分情报需求的优先次序

• 卓越——力求生产最高质量标准的情报
• 预测——接受预测敌方意图的风险
• 机智——保持灵活，能适应持续变化的环境
• 协作——发挥多种分析资源的优势
• 融合——利用所有信息和情报来源

第三部分　情报组织及其职责

• 国防情报与情报界
• 国防与联合情报组织
• 情报联盟
• 司令部与参谋部门情报职责

第四部分　联合作战计划、实施与评估中的情报支援

• 情报计划概述
• 联合作战计划概述
• 情报计划的制订流程
• 情报对作战计划评估与实施阶段的支援
• 情报对各作战实施阶段的支援

第五部分　联合、跨机构与多国情报共享与协作

• 情报共享环境
• 多国情报共享原则
• 跨机构情报协作原则
• 情报共享体系的要求与标准
• 情报共享体系的构成要素

附录

图表

附件b 《军事行动的联合与国家情报支援》（JP 2–01，2017年）

主要内容

第一部分　情报在军事行动中的角色

- 情报面临的挑战
- 情报对军事行动的支援

第二部分　联合与国家情报组织、职责及程序

A. 联合情报

- 联合参谋部情报局
- 作战司令部情报组织及职责
- 下属联合部队情报组织及职责

B. 国家情报

- 国防部情报与战斗支援部门组织及职责

• 国家情报界组织及职责

• 联合与国家情报支援组织

• 情报与国防部信息网络

• 情报通信系统计划

C. 跨机构、政府间和多国情报共享

• 多国情报协作

• 国际情报共享

• 跨组织情报协作

第三部分　情报行动

• 情报流程

A. 计划与指导

• 情报计划

• 情报需求与信息需求计划

• 资源分配

• 国家情报需求

B. 搜集

• 搜集管理

• 搜集需求管理

• 搜集行动管理

• 搜集行动的种类

• 搜集机构与来源

C. 处理与利用

• 人力情报

• 地理空间情报

• 信号情报

- 测量与特征情报
- 开源情报
- 科技情报
- 反情报

D. 分析与生产

- 信息转化为情报
- 协作
- 数据库和虚拟知识库
- 产品
- 对作战指挥官的支援
- 情报生产职责
- 申请
- 确定优先需求

E. 分发与整合

- 分发方法
- 情报与作战整合

F. 评估与反馈

- 评估
- 反馈

附录

A. 联合部队情报部门快速反应检查表

B. 全球情报、监视与侦察管理

C. 文件与媒体加工

D. 目标情报

E. 密级资料的安全规定

F. 联合开发对情报的支援

G. 参考文献

H. 行政指令

图表

附件c 《联合作战中的地理空间情报》（JP 2–03，2017年）

主要内容

第一部分　地理空间情报概述

第二部分　角色与职责

- 国家及国防部级地理空间情报支援组织
- 联合参谋部
- 各作战司令部
- 下属联合部队指挥官
- 各军种
- 非国防部机构
- 联盟共同体

第三部分　联合作战中的地理空间情报

- 联合情报行动中心
- 联合地理空间情报小组
- 国家地理空间情报局情报协作与援助团队
- 作战环境的联合情报准备

第四部分　地理空间情报活动

- 指导、计划与需求管理
- 地理空间情报的发现与获取
- 任务与搜集
- 处理与利用
- 分析、生产与可视化
- 分发、协作与存储
- 评估与反馈

附录

A. 地理空间情报与联合计划

图表

D–3　权威参考体系标准示例

G–1　飞行信息地图出版物

G–2　地形图

G–3　城市平面图

缩略语释义

AA	assessment agent	测评组
ACINT	Acoustical Intelligence	声学情报
ADP	Army Doctrine Publications	陆军条令出版物
ADRP	Army Doctrine Reference Publications	陆军条令参考出版物
AFDC	Air Force Doctrine Center	空军条令中心
AFDD	Air Force Doctrine Document	空军条令文件
AR	Army Regulation	陆军条例
ATDC	Army Training and Doctrine Command	陆军训练和条令司令部
BEI	Biometrics-enabled intelligence	生物赋能情报
CCMD/COCOM	combatant command	作战司令部
CGP	Coast Guard Publication	海岸警卫队出版物
CI	Counterintelligence	反情报
CIA	Central Intelligence Agency	中央情报局
CINC	Commanders in Chief	总司令
CJCS	Chairman of the Joint Chiefs of Staff	参联会主席
CJCSI	Chairman of the Joint Chiefs of Staff Instruction	参联会主席指令
CJCSM	Chairman of the Joint Chiefs of Staff Manual	参联会主席手册
COG	center of gravity	重心
COMDTINST	Commandant Instruction	总司令指令
COMDTINST M	Commandant Instruction Manual	总司令手册
COMDTPUB	Commandant Publication	总司令出版物

COMINT	Communications Intelligence	通信情报
CRA	coordinating review authority	协调审核官
CSA	combat support agency	战斗支援部门
DA	Department of the Army	陆军部
DA&M	Director of Administration and Management	（国防部）行政管理办公室主任
DFE	Defense Intelligence Agency Forward Element	国防情报局前沿部署分队
DHS	Department of Homeland Security	国土安全部
DIA	Defense Intelligence Agency	国防情报局
DJIOC	Defense Joint Intelligence Operations Center	国防联合情报行动中心
DMA	Defense Mapping Agency	国防测绘局
DNI	Director of National Intelligence	国家情报总监
DoDD	Department of Defense Directive	国防部命令
DoDI	Department of Defense Instruction	国防部指令
DoDM	Department of Defense Manual	国防部手册
DoM	Directorate of Management	管理局
DOMEX	Document and Media Exploitation	文件与媒体加工
DOTMLPF-P	doctrine, organization, training, materiel, leadership and education, personnel, facilities, and policy	条令、编制、训练、装备、领导力及教育、人员、设施、政策
dpi	dots per inch	分辨率
EA	evaluation agent	评估组
ELECTRO-OPTICAL	Electro-optical Intelligence	光电情报
ELINT	Electronic Intelligence	电子情报
EO	Executive Order	总统命令
FAR	formal assessment report	官方评估报告
FBI	Federal Bureau of Investigation	联邦调查局
FEI	Forensics-enabled intelligence	鉴定赋能情报
FISINT	Foreign Instrumentation Signals Intelligence	国外设备信号情报

FM	Field Manual	陆军手册
FMFM	Fleet Marine Force Manual	舰队陆战队部队手册
GEOINT	Geospatial Intelligence	地理空间情报
GMI	General Military Intelligence	一般军事情报
HUMINT	Human Intelligence	人力情报
I2	identity intelligence	身份情报
IC	Intelligence Community	情报界
IMINT	Imagery Intelligence	图像情报
IRJNT	Infra-red Intelligence	红外情报
I&W	Indications and Warning	征候与预警
J–1	Joint Staff Directorate for Manpower & Personnel	联合参谋部人力与人事局
J–2	Joint Staff Directorate for Intelligence	联合参谋部情报局
J–2X	joint force counterintelligence and human intelligence staff element	联合参谋部情报局反情报与人力情报部门
J–3	Joint Staff Directorate for Operations	联合参谋部作战局
J–4	Joint Staff Directorate for Logistics	联合参谋部后勤局
J–5	Joint Staff Directorate for Strategic Plans and Policy	联合参谋部战略计划与政策局
J–6	Joint Staff Directorate for Command, Control, Communications, and Computer/ Cyber	联合参谋部指挥、控制、通信与计算机/网络系统局
J–7	Joint Staff Directorate for Joint Force Development	联合参谋部联合部队发展局
J–8	Joint Staff Directorate for Force Structure, Resource & Assessment	联合参谋部部队结构、资源与评估局
JCLL	Joint Center for Lessons Learned	经验习得联合中心
JDC	Joint Doctrine Center	联合条令中心
JDDC	joint doctrine development community	联合条令开发界
JDDT	Joint Doctrine Development Tool	联合条令开发工具包
JDEIS	Joint Doctrine, Education, and Training Electronic Information System	联合条令、教育、训练电子信息系统

JDPC	Joint Doctrine Planning Conference	联合条令计划会议
JDWP	Joint Doctrine Working Party	联合条令工作组
JEL	Joint Electronic Library	联合电子阅览室
JFCC-ISR	Joint Functional Component Command for Intelligence, Surveillance and Reconnaissance	情报、监视与侦察联合职能部队司令部
JFQ	*Joint Force Quarterly*	联合部队季刊
JIOC	Joint Intelligence Operations Center	联合情报行动中心
JIPB	joint intelligence preparation of the battlespace	战斗空间联合情报准备
JIPOE	Joint Intelligence Preparation of the Operational Environment	作战环境联合情报准备
JISE	Joint Intelligence Support Element	联合情报支援分队
Joint Pub/JP	Joint Publication	联合出版物
JMIC	Joint Military Intelligence College	联合军事情报学院
JRIC	Joint Reserve Intelligence Center	联合预备役情报中心
JSDS	Joint Staff Doctrine Sponsor	联合参谋部条令主持单位
JTASC	Joint Training Analysis and Simulation Center	联合训练分析与模拟中心
JTF	Joint Task Force	联合特遣部队
JTMD	Joint Terminology Master Database	联合术语大数据
JTP	joint test publication	联合试验条令
JTTP	Joint Tactics Techniques and Procedures	联合战术、技术与程序
JWC	Joint Warfighting Center	联合作战中心
JWG	joint working group	联合工作组
LA	lead agent	责任单位
LASJNT	Laser Intelligence	激光情报
MASINT	Measurement and Signature Intelligence	测量与特征情报
MC&G	mapping, charting and geodesy	测绘与大地测量
MCDP	Marine Corps Doctrine Publication	海军陆战队条令出版物
MCWP	Marine Corps Warfighting Publication	海军陆战队作战出版物
NDC	Navy Doctrine Command	海军条令司令部
NDIU	National Defense Intelligence University	国防情报大学

NDP	Naval Doctrine Publication	海军条令出版物
NDU	National Defense University	国防大学
NGA	National Geospatial-Intelligence Agency	国家地理空间情报局
NGB	National Guard Bureau	国家警卫局
NICAT	National Geospatial-Intelligence Agency Intelligence Collaboration and Assistance Team	国家地理空间情报局情报协助分队
NIMA	National Imagery and Mapping Agency	国家图像与测绘局
NIST	National Intelligence Support Team	国家情报支援小组
NGIC	National Geospatial Intelligence College	国家地理空间情报学院
NJOIC	National Joint Operations and Intelligence Center	国家联合作战与情报中心
NMJIC	National Military Joint Intelligence Center	国家军事联合情报中心
NRO	National Reconnaissance Office	国家侦察办公室
NSA	National Security Agency	国家安全局
NSG	National System for Geospatial Intelligence	国家地理空间情报系统
NST	National Geospatial-Intelligence Agency Supporting Team	国家地理空间情报局支援分队
NUCINT	Nuclear Intelligence	核情报
NWP	Naval Warfare Publication	海军作战出版物
OSINT	Open-Source Intelligence	开源情报
OPINT	Optical Intelligence	光学情报
PHOTINT	Photographic Intelligence / Photo Intelligence	照片情报
PMESII	political, military, economic, social, information, and infrastructure	政治、军事、经济、社会、信息、基础设施
PRA	Primary review authority	首席审核官
RADINT	Radar Intelligence	雷达情报
RINT	Unintentional Radiation Intelligence	辐射情报
RMA	Revolution in Military Affairs	军事变革

SCA	sociocultural analysis	社会文化分析
SIGINT	Signals Intelligence	信号情报
SIR	specific information requirement	特定信息需求
S&TI	scientific and technical intelligence	科技情报
TECHINT	Technical Intelligence	技术情报
TELINT	Telemetry Intelligence	遥感情报
TRA	technical review authority	技术审核官
TTP	Tactics Techniques and Procedures	战术、技术与程序
USCG	United States Coast Guard	美国海岸警卫队
WTI	weapons technical intelligence	武器技术情报
WMD	weapons of mass destruction	大规模杀伤性武器

参考文献

中文参考文献

（一）外国译著

[1] [德] 恩格斯：《自然辩证法》，北京：人民出版社，1971 年。

[2] [德] 卡尔·冯·克劳塞维茨：《战争论》，军事科学院译，北京：商务印书馆，1978 年。

[3] [法] 艾里克·洛朗：《从信息革命到情报战争》，阎素伟译，北京：群众出版社，1988 年。

[4] [法] 托克维尔：《论美国的民主》，董果良译，北京：商务印书馆，1988 年。

[5] [美] 阿尔文·托夫勒，海迪·托夫勒：《未来的战争》，阿迪，马秀芳译，北京：新华出版社，1996 年。

[6] [美] 艾伯茨：《信息时代美军的转型计划：打造 21 世纪的军队》，李耐和等译，北京：国防工业出版社，2011 年。

[7] [美] 艾布拉姆·N. 舒尔斯基：《无声的战争：认识情报世界》，罗明安、肖皓元译，北京：金城出版社，2010 年。

[8] [美] 布鲁斯·D. 伯尔考维茨，阿兰·E. 古德曼：《绝对真实：信息时代的情报工作》，张力，白洁，唐岚译，北京：时事出版社，2001 年。

[9] [美] 布鲁斯 · 诺尔曼 :《世界大战中的情报战》，李志兴、孙志成、王建华译，北京 : 军事科学出版社，1986 年。

[10] [美] 葛里高利 · 特勒沃顿 :《重塑信息时代的国家情报系统》，中国现代国际关系研究所译，北京 : 时事出版社，2003 年。

[11] [美] 杰弗里 · 里彻逊 :《美国情报界》，郑云海等译，北京 : 时事出版社，1988 年。

[12] [美] 理查德 · N. 哈斯 :《“规则主义” ——冷战后的美国全球战略》，陈遥遥，荣凌译，北京 : 新华出版社，1999 年。

[13] [美] 罗伯特 · 杰维斯 :《国际政治中的知觉与错误知觉》，秦亚青译，北京 : 世界知识出版社，2003 年。

[14] [美] 罗伯特 · R. 莱昂哈德 :《信息时代的战争法则》，王振西等译，北京 : 新华出版社，2001 年。

[15] [美] 马克斯 · 布特 :《战争改变历史 : 1500 年以来的军事技术、战争及历史进程》，石祥译，上海 : 上海科学技术文献出版社，2011 年。

[16] [美] 迈克尔 · 奥汉隆 :《高科技与新军事革命》，王振西等译，北京 : 新华出版社，2001 年。

[17] [美] 美国国防部 :《海湾战争 : 美国国防部报告》，军事科学院外国军事研究部译，北京 : 军事科学出版社，1991 年。

[18] [美]“9 · 11”委员会 :《“9 · 11”委员会报告》，史禺译，北京 : 世界知识出版社，2005 年。

[19] [瑞士]A. H. 若米尼 :《战争艺术概论》，刘聪、袁坚译，北京 : 解放军出版社，1988 年。

[20] [苏] 列宁 :《哲学笔记》，中共中央编译局编译，北京 : 人民出版社，1974 年。

[21] [英] 李德尔 · 哈特 :《第二次世界大战史》，纽先钟译，上海 : 上海人民出版社，2003 年。

（二）国内专著

[22] 崔师增、王勇男：《美军联合作战》，北京：国防大学出版社，1995 年。

[23] 崔亚峰：《一体化联合作战理论研究》，北京：解放军出版社，2005 年。

[24] 董鸿宾：《美国军事基本情况》，北京：军事科学出版社，2013 年。

[25] 高金虎：《美国战略情报与决策体制研究》，西安：陕西师范大学出版社，2004 年。

[26] 国防科学技术大学信息系统与管理学院：《体系结构研究》，北京：军事科学出版社，2011 年。

[27] 军事科学院外国军事研究部：《新世纪美国军事转型计划——美国转型“路线图”文件汇编》，北京：军事科学出版社，2003 年。

[28] 李零：《兵以诈立：我读〈孙子〉》（增订典藏本），北京：中华书局，2012 年。

[29] 李耐国：《军事情报研究》，北京：军事科学出版社，2001 年。

[30] 李芸：《信息科学和信息技术术语概念体系研究》，北京语言大学博士学位论文，2003 年。

[31] 刘宗和、高金虎：《外国情报体制研究》，北京：军事科学出版社，2003 年。

[32] 吕登明：《信息化战争与信息化军队》，北京：解放军出版社，2004 年。

[33] 闵振范、王保存：《构建信息化军队的组织体制》，北京：解放军出版社，2004 年。

[34] 纽先钟：《孙子三论：从古代兵法到新战略》，桂林：广西师范大学出版社，2003 年。

[35] 秦亚青：《权力·制度·文化：国际关系理论与方法研究文集》，北京：北京大学出版社，2005 年。

[36] 任国军：《美军联合作战情报支援研究》，北京：军事科学出版社，2010 年。

[37] 任国军：《美军情报条令导读》，北京：军事科学出版社，2013 年。

[38] 任国军，孙园园：《美军联合情报体制研究》，北京：军事科学出版社，2016 年。

[39] 上海交通大学钱学森研究中心：《智慧的钥匙：钱学森论系统科学》，上海：上海交通大学出版社，2015 年。

[40] 申华：《美国国家情报管理制度研究》，北京：军事科学出版社，2010 年。

[41] 沈雪哉：《军制学》，北京：军事科学出版社，2000 年。

[42] 孙建民：《战后情报侦察技术发展史研究》，北京：军事科学出版社，2008 年。

[43] 王保存：《世界新军事变革新论》，北京：解放军出版社，2003 年。

[44] 徐根初：《跨越：从机械化战争走向信息化战争》，北京：军事科学出版社，2004 年。

[45] 徐红：《教育科学研究方法》，武汉：华中科技大学出版社，2013 年。

[46] 许嘉：《美国战略思维研究》，北京：军事科学出版社，2003 年。

[47] 许慎：《说文解字今释》，汤可敬译，长沙：岳麓书社，1997 年。

[48] 阎学通、孙学峰：《国际关系研究实用方法》，北京：人民出版社，2007 年。

[49] 叶其松：《术语学核心术语研究》，黑龙江大学博士学位论文，2010 年。

[50] 曾苏南：《一体化联合作战专题研究》，北京：军事科学出版社，2004 年。

[51] 张殿请：《特殊的较量：情报与反情报》，北京：世界知识出版社，1997 年。

[52] 张学军、穆守强：《军事学术研究方法论》，北京：人民日报出版社，2016 年

[53] 张晓军：《军事情报学》，北京：军事科学出版社，2001 年。

[54] 张晓军：《美国军事情报理论研究》，北京：军事科学出版社，2007 年。

[55] 张召忠：《怎样才能打赢信息化战争》，北京：世界知识出版社，2004 年。

[56] 《中国古典文学荟萃（老子）》，北京：北京燕山出版社，2009 年。

[57] 中国现代国际关系研究所：《信息革命与国际关系》，北京：时事出版社，2002 年。

[58] 周健、于恩志：《比较军事法：美国军事法》，北京：海潮出版社，2002 年。

[59] 资中筠、陈乐民：《冷眼向洋：百年风云启示录》，北京：三联书店，2001 年。

（三）百科全书、辞典

[60] 《辞海》（修订本），上海：上海辞书出版社，1979 年。

[61] 上海外语教育出版社编译：《牛津英语大词典》，上海：上海外语教育出版社，2013 年。

[62] 上海外语教育出版社编译：《新牛津英汉双解大词典（第 2 版）》，上海：上海外语教育出版社，2013 年。

[63] [苏] H. B. 奥加尔科夫：《军事百科词典》，中国人民解放军军事科学院外军部译编，北京：群众出版社，1985 年。

[64] 《新华字典》，北京：商务印书馆，2011 年版。

[65] 许国志：《系统科学大辞典》，昆明：云南科技出版社，1994 年。

[66] 中国社会科学院语言研究所词典编辑室编：《现代汉语词典》，北京：商务印书馆，2012 年。

[67] 中国社会科学院语言研究所词典编辑室编：《现代汉语词典（汉英双语）》，北京：外语教学与研究出版社，2002 年。

[68] 卓明信等：《军事大辞海》，北京：长城出版社，2000 年。

（四）研究论文

[69] 费尔伯：《关于术语学原则与方法的理论》，载《自然科学术语研究》1992 年第 1 期。

[70] 冯志伟：《术语学中的概念系统与知识本体》，载《术语标准化与信息技术》2006 年第 1 期。

[71] 黎毅：《美军条令体系及其特点》，载《外国军事学术》2005 年第 8 期。

[72] 李晓芬：《美国〈国防部军事及相关术语词典〉发展情况及特点》，载《外国军事学术》2016 年第 2 期。

[73] 李政道：《新世纪微观与宏观的统一》，载《科学世界》2000 年第 1 期。

[74] 刘琳：《从伊拉克战争看美军转型的成果》，载《外国军事学术》2004 年第 6 期。

[75] 孙江、李俊璇：《美国"国家地理空间情报系统（NSG）地理空间情报（GEOINT）基础学说 1–0"解读》，载《情报杂志》2007 年第 12 期。

[76] 于景元：《钱学森综合集成体系》，载《科学技术哲学》2007 年第 2 期。

[77] 张晓军：《美国情报理论研究的宏观考察》，载《情报杂志》2017 年第 2 期。

英文参考文献

（一）专著

[78] Bruce D. Berkowitz, Allan E. Goodman, *Best Truth: Intelligence in the Information Age*, New Heaven, CT: Yale University Press, 2000.

[79] Anthony H. Cordesman, *The Iraq War: Strategy, Tactics, and Military Lessons*, London: Praeger, 2003.

[80] Michael Handel, *Intelligence and Military Operations*, London: Frank Cass, 1990.

[81] Jeffrey R. Cooper, *Curing Analytic Pathologies: Pathways to Improved Intelligence Analysis*. Washington, D. C.: Central Intelligence Agency Center for the Study of Intelligence, 2005.

[82] John Keegan, *Intelligence in War: Knowledge of the Enemy from Napoleon to Al-Qaeda*, Greennacres, FL: Pimlico, 2010.

[83] Julian Richards, *The Art and Science of Intelligence Analysis*, New York: Oxford University Press, 2010.

[84] Sherman Kent，*Strategic Intelligence for American World Policy*, NJ: Princeton University Press, 1949.

[85] Kerry Patton, *Sociocultural Intelligence: A New Discipline in Intelligence Studies*, New York: Continuum Publishing Corporation, 2010.

[86] Mark Phythian, *Understanding the Intelligence Cycle*, New York: Routledge, 2013.

[87] Merriam-Webster Inc., *Webster's Ninth New Collegiate Dictionary*, Beijing: World Publishing Corporation, 1988.

[88] Robert Dover, Michael S. Goodman and Claudia Hillebrand, *Routledge Companion to Intelligence Studies*, New York: Routledge, 2014.

[89] R. R. K. Hartmann and Gregory James，*Dictionary of Lexicography*, Beijing: Foreign Language Teaching and Research Press, 2000.

[90] Sean T. Lawson, *Nonlinear Science and Warfare: Chaos, Complexity and the U.S. Military in the Information Age*, Routledge, The Taylor & Francis Group, 2014.

[91] Jennifer E. Sims and Gerber Burton, *Transforming U. S. Intelligence,*

Washington, D. C.: Georgetown University Press, 2005.

[92] Gregory F. Treveton, *Reshaping National Intelligence for an Age of Information*, Cambridge: Cambridge University Press, 2003.

[93] *Webster's New World Dictionary of American English,* Third College Edition, 1988.

（二）期刊论文及研究报告

[94] Antulio J. Echevarria II, "Center of Gravity: Recommendations for Joint Doctrine," *Joint Force Quarterly*, Issue 35, October 2004.

[95] Authur S. Hulnick, "What's Wrong with the Intelligence Cycle," *Intelligence and National Security*, Volume 21, Issue 6, 2006.

[96] Bernard E. Trainor, "Jointness, Service Culture and Gulf War," *Joint Force Quarterly*, Issue 3, Winter 1993-94.

[97] Brian T. Real, *Data Visualization of ISR and C^2 Assets across Multiple Domains for Battlespace Awareness*, Naval Postgraduate School Monterey, CA 93943-5000, Dec 2009.

[98] Carl E. Mundy, Jr., "Complementary Capabilities from the Sea," *Joint Force Quarterly*, Issue 1, Summer 1993.

[99] Carl M. Bradley, *Intelligence Surveillance and Reconnaissance in Support of Operation Iraqi Freedom: Challenges for Rapid Maneuvers and Joint C^4ISR Integration and Interoperability*, RI: Naval War College, 9 February 2004.

[100] Charles C. Krulak, "Doctrine for Joint Force Integration," *Joint Force Quarterly*, Issue 14, Winter 1996-1997.

[101] Judy G. Chizek, "Military Transformation: Intelligence, Surveillance and Reconnaissance," Congressional Research Service, February 22, 2005.

[102] Christopher G. Marquis, Denton Dye, and Ross S. Kinkead, "The

Advent of Jointness during the Gulf War：A 25-Year Retrospective," *Joint Force Quarterly*, Issue 85, 2nd Quarter 2017.

[103] Colin L. Powell, "A Word from the Chairman," *Joint Force Quarterly*, Issue 1, Summer 1993.

[104] Dale C. Eikmeier, "Simplicity: A Tool for Working with Complexity and Chaos," *Joint Force Quarterly*, Issue 92, 1st Quarter 2019.

[105] David A. Sawyer, "The Joint Doctrine Development System," *Joint Force Quarterly*, Issue 14, Winter 1996-97.

[106] Donald H. Rumsfeld, "Transforming the Military, " *Foreign Affairs*, Vol.81, No. 3 (May-Jun. 2002).

[107] Douglas C. Lovelace, Jr., and Thomas-Durell Young, "Joint Doctrine Development: Overcoming a Legacy," *Joint Force Quarterly*, Issue 14, Winter 1996-1997.

[108] Michael T. Flynn and Charles A. Flynn, "Integrating Intelligence and Information: Ten Points for the Commander," *Military Review*, January-February 2012.

[109] Frederick R. Strain, "The New Joint Warfare," *Joint Force Quarterly* Issue 2, Autum 1993, pp. 17-24.

[110] George A. Joulwan, "Doctrine for Combined Operations," *Joint Force Quarterly*, Issue 14, Winter 1996-97.

[111] George H. Hock, JR., "Joint Terminology: At the Heart of Doctrine," *Joint Force Quarterly*, Issue 62, 3rd Quarter 2011.

[112] Gregory Kreuder, "Lead Turning the Fight: the Joint Operational Access Concept and Joint Doctrine," *Joint Force Quarterly*, Issue 69, 2nd Quarter 2013.

[113] Ike Skelton, "Intelligence Support of Military Operations," *Joint Force Quarterly*, Issue 18, Spring 1998.

[114] Irving B. Holley Jr., "Concepts, Doctrine, Principles: Are You Sure You

Understand These Terms? ," *Air University Review*, 35, no. 5, July-August 1984.

[115] James D. Marchio, "Days of Future Past: Joint Intelligence in World War Ⅱ ," *Joint Force Quarterly*, Issue 11, Spring 1996.

[116] James D. Marchio, "The Evolution and Relevance of Joint Intelligence Centers," *Studies in Intelligence*, Volume 49, Number 1, 2006.

[117] James J. Tritten, *Naval Perspectives for Military Doctrine Development*, 1994. http://www. dtic. mil/ doctrine/new_pubs/jointpub_reference.htm.

[118] James J. Tritten, *Naval Doctrine...from the Sea*, 1994. http://www.dtic. mil/doctrine/new_ pubs/jointpub_reference. htm.

[119] James K. Morningstar, "Technologies, Doctrine, and Organization for RMA," *Joint Force Quarterly*, Issue 15, Spring 1997.

[120] James N. Mattis, "The Joint Narrative Describing the Future Environment and Joint Operations," *Joint Force Quarterly*, Issue 54, 3rd Quarter 2009.

[121] James R. Clapper, "Challenging Joint Military Intelligence," *Joint Force Quarterly*, Issue 4, Spring 1994.

[122] James Stavridis, "The Second Revolution," *Joint Force Quarterly*, Issue15, Spring 1997.

[123] Jaylan Michael Haley, "An Evolution in Intelligence Doctrine: The Intelligence, Surveillance, and Reconnaissance Mission Type Order," *Air & Space Power Journal*, September-October 2012.

[124] Jeffery T. Richelson, "Truth Conquers All Chains: The U.S. Army Intelligence Support Activity, 1981-1989," *International Journal of Intelligence and Counterintelligence*, 12:2, 1999.

[125] Jerome Clauser, revised and edited by Jan Goldman, *Intelligence Research and Analysis*, Maryland: The Scarecrow Press, Inc., 2008.

[126] John M. Fawcett, Jr., "This Breaking News Just In, Emperor Napoleon I

Is Still Dead!," *Joint Force Quarterly*, Issue 92, 1st Quarter 2019.

[127] John S. Clay, "The Fifth Service Looks at Doctrine," *Joint Force Quarterly*, Issue 14, Winter 1996-97.

[128] "Joint Doctrine Update," *Joint Force Quarterly*, Issue 81, 2nd Quarter 2016.

[129] "Joint Doctrine Update," *Joint Force Quarterly*, Issue 82, 3rd Quarter 2016.

[130] "Joint Doctrine Update," *Joint Force Quarterly*, Issue 92, 1st Quarter 2019.

[131] Joseph W. Prueher, "Rethinking the Joint Doctrine Hierarchy," *Joint Force Quarterly*, Issue 14, Winter 1996-97.

[132] Joseph J. Redden, "Joint Doctrine: The Way Ahead," *Joint Force Quarterly*, Issue 14, Winter 1996-97.

[133] Kristan J. Wheaton, "Let's Kill the Intelligence Cycle," *Competitive Intelligence*, Vol. 15, No. 2, April/June 2012.

[134] Lawrence B. Wilkerson, "What Exactly is Jointness?," *Joint Force Quarterly*, Issue 16, Summer 1997.

[135] Manthorpe, William H. J., "The Emerging Joint Teams: Fulfilling a Crucial Role," *Studies in Intelligence*, Volume 43, No.3, Winter 1999-2000.

[136] Markus V. Garlauskas, "Intelligence Support for Military Operations," *Joint Force Quarterly*, Issue 33, Winter 2002–03.

[137] Mary E. Quin, *What's a JIC to do?*, Newport, RI: Naval War College, 18 May, 2004.

[138] MG Barbara G. Fast, "Intelligence Lessons Learned: Leveraging the Practical Experience of Operation Iraqi Freedom/Operation Enduring Freedom," *Foreign Studies,* June 2006.

[139] Michael C. Vitale, "Jointness by Design, Not Accident," *Joint Force Quarterly*, Issue 9, Autumn 1995.

[140] Michael I. Handel, "Intelligence and Military Operations," *Intelligence &*

National Security, 1990.

[141] Michael M. Sweeney, *Blue Force Tracking: Building a Joint Capability*, U. S. Army War College, PA 17013-5220, March 2008.

[142] Milan N. Vego, "The Problem of Common Terminology," *Joint Force Quarterly*, Issue 43, 4th Quarter 2006.

[143] Price T. Bingham, "The U.S. Air Force and Army in Korea: How Army Decisions Limited Airpower Effectiveness," *Joint Force Quarterly*, Issue 91, 4th Quarter 2018.

[144] Richard B. Myers, "A Word from the Chairman," *Joint Force Quarterly*, Issue 37, 2nd Quarter 2005.

[145] Richard D. Downie, "Defining Integrated Operations," *Joint Force Quarterly*, Issue 38, 3rd Quarter 2005.

[146] Richard E. Barrowman, "Geospatial Intelligence：The New Intelligence Discipline," *Joint Force Quarterly*, Issue 44, 1st Quarter 2007.

[147] Robert A. Doughty, "Reforming Joint Doctrine," *Joint Force Quarterly*, Issue 1, Summer 1993.

[148] Robert K. Ackerman, "Jointness Advances, Stovepipes Reign," *Signal*, Feb 2006.

[149] Robert RisCassi, "Principles for Coalition Warfare," *Military Review*, Vol. 73, No.6, June 1993.

[150] Robert Wagner, Stephen Perkins, "Joint Intelligence Transformation: Bridging the Gap," *Military Intelligence*, Volume 30, Number 3, July-September 2004.

[151] Roger Z. George, "Fixing the Problem of Analytical Mind-Sets: Alternative Analysis," *International Journal of Intelligence and CounterIntelligence*, Vol.17, No.3, September 2004.

[152] Stephen J. Climbala and James J. Tritten, "Joint Doctrine—Engine of

Change?," *Joint Force Quarterly*, Issue 33, Winter 2002-03.

[153] Steven R. Drago, "Joint Doctrine and Post-Cold War Military Intervention," *Joint Force Quarterly*, Issue 14, Winter 1996-97.

[154] "The Joint World: Organization, Doctrine, and Education," *Joint Force Quarterly*, Issue 1, Summer 1993.

[155] "The Joint World: Organization, Doctrine, and Education," *Joint Force Quarterly*, Issue 2, Autumn 1993.

[156] "The Joint World: Organization, Doctrine, and Education," *Joint Force Quarterly*, Issue 5, Summer 1994.

[157] "The Joint World: Organization, Doctrine, and Education," *Joint Force Quarterly*, Issue 7, March 1995.

[158] "The Joint World: Organization, Doctrine, and Education," *Joint Force Quarterly*, Issue 8, July 1995.

[159] "The Joint World: Organization, Doctrine, and Education," *Joint Force Quarterly*, Issue 10, February 1996.

[160] "The Joint World: Organization, Doctrine, and Education," *Joint Force Quarterly*, Issue 11, May 1996.

[161] "The Joint World: Organization, Doctrine, and Education," *Joint Force Quarterly*, Issue 14, March 1997.

[162] "The Joint World: Organization, Doctrine, and Education," *Joint Force Quarterly*, Issue 15, June 1997.

[163] "The Joint World: Organization, Doctrine, and Education," *Joint Force Quarterly*, Issue 17, February 1998.

[164] "The Joint World: Organization, Doctrine, and Education," *Joint Force Quarterly*, Issue 22, June 1999.

[165] "The Joint World: Organization, Doctrine, and Education," *Joint Force*

Quarterly, Issue 26, September 2000.

[166] Tyler Akers, "Taking Joint Intelligence Operations to the Next Level," *Joint Force Quarterly*, Issue 47, 4th Quarter 2007.

[167] William A. Owens, "Making the Joint Journey," *Joint Force Quarterly*, Issue 21, Spring 1999.

[168] William A. Owen, "The Emerging System of Systems," *Military Review*, Vol.75, No. 3 (May-June) 1995.

[169] William G. Welch, "The Everyman's Joint Library," *Joint Force Quarterly*, Issue 14, Winter 1996-1997.

[170] William O. Odom, Christopher D. Hayes, "Cross-Domain Synergy Advancing Jointness," *Joint Force Quarterly*, Issue 73, 2nd Quarter 2014.

（三）官方文献

[171] Oversight and Investigations Subcommittee of the Committee on Armed Services House of Representatives, *Intelligence Successes and Failures in Operations Desert Shield/Storm*, Washington, D.C.: GPO, August 16, 1993.

[172] U.S. Army, Office of the Chief of Staff, Executive Office of the Headquarters Staff Group, *2006 Army Game Plan: Accelerating Momentum*, Washington, D. C.: GPO, 1 May 2006.

[173] U.S. Coast Guard Headquarters, Coast Guard Publication 1, *Doctrine for the U.S. Coast Guard*, Washington, D.C.: GPO, February 2014.

[174] USD (A&T), ASD (C3I), JS/J6 Memorandum, *Subject: DoD Architecture Coordination Council (ACC)*, 14 January 1997.

[175] U. S. Department of Defense, DoD Instruction (DoDI) 5025.12, *Standardization of Military and Associated Terminology*, Washington, D. C.: GPO, August 14, 2009.

[176] U.S. Department of Defense, *Final Report to Congress: Conduct of the Persian Gulf War,* Washington, D.C.: GPO, 1992.

[177] U.S. Department of Defense, *Joint Force Quarterly*, Washington, D.C.: NDU Press, 1993~2019.

[178] U.S. Department of Defense, *Strategy for Operations in the Information Environment*, Washington, DC: GPO, 2016.

[179] U.S. Department of Defense, *Summary of the 2018 National Defense Strategy of the United States of America: Sharpening the American Military's Competitive Edge*, Washington, DC: GPO, 2018.

[180] U.S. Joint Chiefs of Staff, *Capstone Concept for Joint Operations*, Version 3.0, Washington, D. C.: GPO, 15 January 2009.

[181] U. S. Joint Chiefs of Staff, Chairman of the Joint Chiefs of Staff Instruction (CJCSI) 3010.02 Series, *Guidance for Development and Implementation of Joint Concepts*, Washington, D. C.: GPO, 22 November 2013.

[182] U.S. Joint Chiefs of Staff, Chairman of the Joint Chiefs of Staff Manual (CJCSM) 5120.01A, *Joint Doctrine Development Process*, Washington, D. C.: GPO, 29 December 2014.

[183] U.S. Joint Chiefs of Staff, Chairman of the Joint Chiefs of Staff Instruction (CJCSI) 5120.02D, *Joint Doctrine Development System*, Washington, D. C.: GPO, 5 January 2015.

[184] U. S. Joint Chiefs of Staff, Chairman of the Joint Chiefs of Staff Instruction (CJCSI) 5705.01D, *Standardization of Military and Associated Terminology*, Washington, D. C.: GPO, November 10, 2010, Directive Current as of March 18, 2014.

[185] U.S. Joint Chiefs of Staff, Chairman of the Joint Chiefs of Staff Guide (CJCSG) 3501, *The Joint Training System: A Guide for Senior Leaders*,

Washington, D.C.: GPO, 8 June 2012.

[186] U.S. Joint Chiefs of Staff, *Dictionary of United States Military Terms for Joint Usage* (First Revision from 1948), Washington, D. C.: GPO, June 1950.

[187] U.S. Joint Chiefs of Staff, JCS Pub. 1, *Department of Defense Dictionary of Military and Associated Terms,* Washington, D. C.: GPO, 3 January 1972.

[188] U.S. Joint Chiefs of Staff, *Joint Doctrine Hierarchy Chart,* Washington, D.C.: GPO, 06 Feburary 2018.

[189] U.S. Joint Chiefs of Staff, *Joint Doctrine Hierarchy Chart,* Washington, D.C.: GPO, 08 October 2014.

[190] U.S. Joint Chiefs of Staff, Joint Publication 1, *Joint Warfare of the U. S. Armed Forces,* Washington, D. C.: GPO, 11 November 1991.

[191] U.S. Joint Chiefs of Staff, Joint Publication 1, *Doctrine for the Armed Forces of the United States*, Washington, D.C.: GPO, May, 2007.

[192] U.S. Joint Chiefs of Staff, Joint Publication 1, *Doctrine for the Armed Forces of the United States*, Washington, D.C.: GPO, 25 March 2013.

[193] U.S. Joint Chiefs of Staff, Joint Publication 1-0, *Doctrine for the Armed Forces of the United States*, Washington, D. C.: GPO, 14 May 2007.

[194] U.S. Joint Chiefs of Staff, Joint Publication 1-01, *Joint Publication System, Joint Doctrine and Joint Tactics, Techniques, and Procedures Development Program*, Washington, D.C.: GPO, 15 April 1988.

[195] U.S. Joint Chiefs of Staff, Joint Publication 1-01, *Joint Publication System, Joint Doctrine and Joint Tactics, Techniques, and Procedures Development Program*, Washington, D.C.: GPO, 1 June 1990.

[196] U.S. Joint Chiefs of Staff, Joint Publication 1-01, *Joint Publication System, Joint Doctrine and Joint Tactics, Techniques, and Procedures Development*

Program, Washington, D.C.: GPO, 30 July 1992.

[197] U.S. Joint Chiefs of Staff, Joint Publication 1-01, *Joint Publication System, Joint Doctrine and Joint Tactics, Techniques, and Procedures Development Program,* Washington, D.C.: GPO, 14 September 1993.

[198] U. S. Joint Chiefs of Staff, Joint Publication 1-01.1, *Compendium of Joint Publications*, Washington, D. C. : GPO, 23 April 1999.

[199] U.S. Joint Chiefs of Staff, Joint Publication 1-02, *Department of Defense Dictionary of Military and Associated Terms,* Washington, D. C.: GPO, 1 December 1989.

[200] U.S. Joint Chiefs of Staff, Joint Publication 1-02, *Department of Defense Dictionary of Military and Associated Terms,* Washington, D. C.: GPO, 15 April 1998.

[201] U. S. Joint Chiefs of Staff, Joint Publication 1-02, *Department of Defense Dictionary of Military and Associated Terms,* Washington, D. C.: GPO, 01 September 2000.

[202] U. S. Joint Chiefs of Staff, Joint Publication 1-02, *Department of Defense Dictionary of Military and Associated Terms,* Washington, D. C.: GPO, 31 August 2005.

[203] U.S. Joint Chiefs of Staff, Joint Publication 1-02, *Department of Defense Dictionary of Military and Associated Terms,* Washington, D. C.: GPO, 30 May 2008.

[204] U.S. Joint Chiefs of Staff, Joint Publication 1-02, *Department of Defense Dictionary of Military and Associated Terms*, Washington, D.C.: GPO, 8 November 2010 (As Amended Through 15 March 2014).

[205] U.S. Joint Chiefs of Staff, Joint Publication 1-02, *Department of Defense Dictionary of Military and Associated Terms*, Washington, D.C.: GPO, 8 November 2010 (As Amended Through 15 January 2015).

[206] U. S. Joint Chiefs of Staff, Joint Publication 1-02, *Department of Defense Dictionary of Military and Associated Terms* (8 November 2010, as Amended Through 15 February 2016).

[207] U. S. Joint Chiefs of Staff, Joint Publication1-02, *Department of Defense Dictionary of Military and Associated Terms,* Washington, D. C.: GPO, August 2017.

[208] U.S. Joint Chiefs of Staff, Joint Publication 2-0, *Doctrine for Intelligence Support to Joint Operations* (Test Pub), Washington, D.C.: GPO, 30 June, 1991.

[209] U.S. Joint Chiefs of Staff, Joint Publication 2-0, *Doctrine for Intelligence Support to the Joint Operations*, Washington, D. C.: GPO, 9 March 2000.

[210] U. S. Joint Chiefs of Staff, Joint Publication 2-0, *Joint Doctrine for Intelligence Support to Operations*, Washington, D. C.: GPO, 5 May 1995.

[211] U.S. Joint Chiefs of Staff, Joint Publication 2-0, *Joint Intelligence*, Washington, D.C.: GPO, 22 June, 2007.

[212] U.S. Joint Chiefs of Staff, Joint Publication 2-0, *Joint Intelligence*, Washington, D. C.: GPO, 22 October 2013.

[213] U. S. Joint Chiefs of Staff, Joint Publication 2-01, *Joint Intelligence Support to Military Operations*, Washington, D. C.: GPO, 20 November 1996.

[214] U.S. Joint Chiefs of Staff, Joint Publication 2-01, *Joint and National Intelligence Support to Military Operations*, Washington, D.C.: GPO, 7 October, 2004.

[215] U.S. Joint Chiefs of Staff, Joint Publication 2-01, *Joint and National Intelligence Support to Military Operations*, Washington, D.C.: GPO, 05 January 2012.

[216] U.S. Joint Chiefs of Staff, Joint Publication 2-01, *Joint and National Intelligence Support to Military Operations*, Washington, D.C.: GPO, 7 July, 2017.

[217] U. S. Joint Chiefs of Staff, Joint Publication 2-02, *National Intelligence Support to Joint Operations*, Washington, D. C.: GPO, 28 September, 1998.

[218] U. S. Joint Chiefs of Staff, Joint Publication 2-03, *JTTP for Geospatial Information and Services Support to Joint Operations*, Washington, D. C.: GPO, 03 March 1999.

[219] U. S. Joint Chiefs of Staff, Joint Publication 2-03, *Geospatial Intelligence Support in Joint Operations*, Washington, D. C.: GPO, 07 May 2017.

[220] U.S. Joint Chiefs of Staff, Joint Publication 3-0, *Joint Operations*, Washington, D.C.: GPO, 17 September 2006.

[221] U.S. Joint Chiefs of Staff, Joint Publication 3-0, *Joint Operations*, Washington, D.C.: GPO, 11 August 2011.

[222] U.S. Joint Chiefs of Staff, Joint Publication 3-0, *Joint Operations*, Washington, D.C.: GPO, 17 January 2017.

[223] U.S. Joint Chiefs of Staff, Joint Publication 3-13, *Information Operations*, Washington, D.C.: GPO, 20 November 2014.

[224] U. S. Joint Chiefs of Staff, Joint Publication 3-33, *Joint Task Force Headquarters,* Washington, D. C.: GPO, 31 January 2018.

[225] U. S. Joint Chiefs of Staff, Joint Publication 3-60, *Joint Targeting*, Washington, D. C.: GPO, June 2007.

[226] U. S. Joint Chiefs of Staff, Joint Publication 3-60, *Joint Targeting*, Washington, D. C.: GPO, 31 January 2013.

[227] U.S. Joint Chiefs of Staff, Joint Publication 4-0, *Joint Logistics*, Washington, D.C.: GPO, 16 October 2013.

[228] U.S. Joint Chiefs of Staff, Joint Publication 5-0, *Joint Operations Planning*, Washington, D.C.: GPO, 11 August 2011.

[229] U.S. Joint Chiefs of Staff, Joint Publication 6-0, *Joint Communications*

System, Washington, D.C.: GPO, 10 June 2010.

[230] U.S. Joint Chiefs of Staff, Joint Staff Manual (JSM) 5701.01E, *Formats and Procedures for Development of CJCS, Joint Staff, and J-Directorate Directives*, 19 September 2011.

[231] U.S. Joint Chiefs of Staff, *Joint Vision 2010*, Washington, D. C.: GPO, 1996.

[232] U.S. Joint Chiefs of Staff, *Joint Vision 2020,* Washington, D.C.: GPO, June 2000.

[233] U.S. Joint Chiefs of Staff, *National Military Strategy*, Washington, DC: GPO, 2016.

[234] U.S. Joint History Office, Office of the Chairman of the Joint Chiefs of Staff, *Organizational Development of the Joint Chiefs of Staff 1942-2013*, Washington, D.C.: GPO, April 2013.

[235] U. S. Joint History Office, Office of the Chairman of the Joint Chiefs of Staff, *The Chairmanship of the Joint Chiefs of Staff 1949-2012*, Washington, D. C.: GPO, 2012.

[236] U.S. Marine Corps Headquarters, Fleet Marine Force Manual 1, *Warfighting*, Washington, DC: GPO, 6 March 1989.

[237] U.S. National Geospatial-Intelligence Agency, NSG Publication 1-0, *Geospatial Intelligence (GEOINT) Basic Doctrine*, September 2006.

[238] U.S. National Imagery and Mapping Agency, *NIMA Geospatial Intelligence Capstone Concept*, January 2003.

[239] U.S. National Imagery and Mapping Agency, *NIMA Statement of Strategic Intent 2002*, January 2002.

[240] U.S. Office of Security of Defense, *Remodeling Defense Intelligence (RDI) Initiative Face Sheet*, Washington, D. C.: GPO, May 2006.

[241] U.S. Office of the Director of National Intelligence, *The National Intelligence Strategy of the United States of America,* Washington D.C.: Office of the Director of National Intelligence, September 2014.

[242] U.S. Office of the Under Secretary of Defense for Intelligence, *Defense Intelligence Strategy*, Washington, D. C.: GPO, 31 March 2008.

网络资源

[243] 美国参联会网站：www.jcs.mil

[244] 美国国防部网站：www.dod.gov

[245] 美国国防大学网站：www.ndu.edu

[246] 美国国防科技信息中心网站：www.dtic.mil

[247] 美国海岸警卫队网站：www.uscg.mil

[248] 美国海军陆战队网站：www.marines.mil

[249] 美国海军网站：www.navy.mil

[250] 美国科学家联盟网站：www.fas.org

[251] 美国空军网站：www.af.mil

[252] 美国陆军网站：www.army.mil

[253] 《联合部队季刊》网站：www.ndupress.ndu.edu